U0512438

战略选择与国际关系

STRATEGIC CHOICE AND INTERNATIONAL RELATIONS

DAVID A.LAKE AND ROBERT POWELL, EDS.

［美］戴维·莱克　罗伯特·鲍威尔 编

陈兆源 译

东 方 编 译 所 译 丛

上海人民出版社

译者序
以逻辑明晰思想：基于战略
互动的国际关系理论研究

　　哲学的目的是让思想以符合逻辑的方式得到明晰（Wittgenstein 2001:29）。如果我们认可在社会科学中同样应该或多或少地追求产生思想，那么"符合逻辑的推理"（logical reasoning）便显得十分必要。面对社会科学研究问题，方法论既包括理论化和提出实证假说的策略，也包括对理论和假说进行检验的技法。在此意义上，本书关于"战略选择路径"（Strategic Choice Approach）的讨论为政治学与国际关系研究提供了一套重要的"理论化"方法，甚至是一种普遍适用的思维方式，有助于我们增强逻辑一致性，避免被似是而非的理论机制或学术思想误导。该路径的主要优势在于：基于战略问题跨越藩篱、基于战略互动组织思考、基于战略选择优化逻辑。为更好理解并运用战略选择路径，此处将进一步考虑其提出的历史背景及不同的适用场景，并且指出该路径背后的"方法论赌注"，以期为更富成效的学术争鸣提供启示，推动国际关系理论创新。

以战略问题跨越传统区分

　　作为一套国际关系"理论化"的方法或取向，战略选择路径指的并不是某个单一理论,而是涵盖了拥有某些共同特征的诸多理论。战略选择路径在研究范式和分析层次等一众国际关系学者至今仍争论不休的问题上采取实用主义态度,将"战略互动"(strategic interactions)作为基本分析单元,并以行为体面对的"战略问题"(strategic problems)跨越传统区分。战略选择路径成型于20世纪90年代,该路径的提出与三方面历史背景密切相关。

一是愈演愈烈的范式竞争。20世纪80年代,新现实主义与新自由主义围绕权力与制度、无政府状态的性质、经济相互依赖的后果等进行辩论(Keohane 1986;Nye 1988),这也被称为国际关系理论的第三次范式间论战,前两次论战分别发生在理想主义与现实主义、传统主义与行为主义之间。到了20世纪90年代,戴维·莱克和罗伯特·鲍威尔组织参与加州大学系统内的国际关系工作坊时,现实主义、自由主义和建构主义三大理论范式(又称"三大主义")的鼎立之势正趋形成,理性路径与认知路径(或者说实证主义与后实证主义)的论战,也就是国际关系理论的第四次范式间论战若隐若现(Katzenstein,Keohane and Krasner 1999)。鉴于库恩式范式间的不可通约性,不同国际关系范式也存在不同程度的"聋子间对话"现象。作为本书主编之一,莱克尤其反对将"辩论"误认为"解释"的倾向,并且认为不应该将"范式辩论"作为书写国际关系学科史的主导叙事(Lake 2013)。认同战略选择路径的学者们认为,应该用具体的问题而不是特定的范式来界定我们的研究。如果我们同意国际关系学和一般意义上的政治学研究需要为行为体作出的选择或是决定提供解释,那么理解行为体面临的战略问题则是显而易见的讨论基础。

二是研究领域的机械划分。国际关系理论脱胎于国际体系与国内体系的二分(Wight 1960)。及至20世纪70年代,国际关系领域的重要变革进一步催生了国际政治经济学,打破了国际经济与国际关系的"相互忽视"(Strange 1970;Keohane and Nye 1972)。到本编著成书的20世纪90年代,无论是国际政治还是国际政治经济学研究均开始出现"研究层次的回落"(李巍、王勇 2006),国际关系与国内政治的关联日益密切(Milner 1998)。尽管如此,彼时不同研究领域的割裂依旧是普遍的。例如,不少学者认为,战争、和平与安全等"高政治"议题与贸易、投资与金融等"低政治"议题存在明显区分；国际政治与本国政治、比较政治等其他政治学领域存在明显差异；个体、群体、国家、国际体系等不同层次的解释变量适用的研究议题存在明显不同。由此引申出的结论是，不同等级、不同学科、不同层次的政治需要其专属的理论路径，这阻碍了我们对更具统一性的理论机制的认识，并且削弱了通过考察不同研究领域之间互动来推动理论发展的可能性。战略选择路径的一大创新，就是重视不同领域面临的相同或相似的战略问题，从而为国际关系研究中的学科融合与知识进步创造更多可能。

三是理性选择路径的广泛运用。本书第一章即指出，战略选择路径是政治学中蓬勃发展的"理性选择"（rational-choice）理论文献的一部分。理性选择路径通常被认为是 20 世纪 50 年代以来推动现代政治学、政治经济学等学科发展的重要学术路径之一（Simon 1955）。托马斯·谢林（Thomas C. Schelling 1960）、威廉·赖克（William H. Riker 1962）、罗伯特·贝茨（Robert H. Bates 1976）等人的论著对国际关系研究者产生了重要影响。本书各位作者注意到理性选择思想以及博弈论工具在国际关系研究中愈发广泛的应用及其取得的理论成果（参见 Keohane 1984；Oye 1986；Fearon 1995），并且身体力行地从事相关研究（例如 Morrow 1985；Powell 1987）。战略选择路径保留了理性选择路径的基本特征，即认为给定一组可能的结果和一组导致这些结果的可能行动，行为体能够对这些结果进行排序，并在备选行动中作出选择，以实现对结果的预期效用最大化。在此基础上，战略选择路径进一步强调了行为体和战略环境的区分，并根据国际关系研究的特点发展出了一套战略问题的组织方式。

了解提出战略选择路径的上述历史背景更有助于我们概括本书对于国际关系"理论化"的原创性贡献，即通过强调行为体所面对的战略问题，战略选择路径打破了传统区分。战略问题源自行为体对他人偏好和动机的不确定性，如詹姆斯·莫罗在本书第三章详细讨论的信号问题、承诺问题、议价问题。需要注意的是，许多战略问题实际上是交织在一起的，可信性和不确定性是所有这些战略问题的核心所在。

我们此处以承诺可信性问题和道德风险两类战略问题为例进行简要说明（见表1）。当行为体的激励（incentives）随时间发生变化时，承诺可

信性就会成为一个问题。不管具体研究对象看似多么迥异,承诺可信性
这一战略问题在不同层次、不同领域都会发生并且反复出现。在国际安
全中,国家可能因信息不对称的存在导致无法作出可信承诺,从而导致谈
判失败和冲突升级。在国际经济中,由于存在时间不一致性(time incon-
sistency),东道国政府可能无法可信地承诺维持对外资的优惠或保护,进
而影响到投资者的区位选择。在对外经济政策中,固定汇率政策通过限
制政府的货币政策自主权,增强了承诺可信性和市场信心。在国内政治
中,分权制衡通过将权力"缚住手脚"的方式提升了执政者的承诺可信性,
有助于提升国家财政能力。

表 1 跨越传统区分的战略问题

议题领域 ＼ 战略问题	承诺可信性问题	道德风险问题
国际安全	国际冲突爆发 (Fearon 1995)	联盟困境 (Benson 2012)
国际经济	外国直接投资流入 (Li and Resnick 2003)	国际借贷 (Vaubel 1983)
对外经济政策	汇率政策 (Leblang 1999)	贸易政策 (Dixit 1987)
国内政治	分权制衡 (North 1993)	软预算约束 (Qian 1994)

注:笔者自制。

　　道德风险问题同样是一类跨层次、跨领域的战略问题。在道德风险
情境下,由某个行为体来决定承担多少风险,但如果事情发展不利,风险
的成本由其他行为体来承担(Krugman 2008:63)。在国际安全中,获得保
护的联盟成员可能采取更冒险的行动,因其预期其他联盟成员会分担由
此产生的后果。在国际经济中,若风险和成本由贷款方承担,则借贷国将
更倾向于采取不负责任的行为。在对外经济政策中,贸易保护主义可能
导致更高的道德风险,进而降低整体经济效率和福利。在国内政治中,软
预算约束意味着组织或企业在出现财务困难时可获得政府救助,从而导
致其在资源使用和风险管控上不够审慎。

　　不难发现,不同层次的行为体在不同的议题领域以及在国内和国际

政治中往往面临着类似的战略问题。通过识别并且提炼特定的战略问题,战略选择路径超越了分析层次的区别,跨越了安全研究与国际政治经济学之间的鸿沟,并且成为国际关系理论和其他政治学领域之间的分析桥梁(Lake and Powell 1999:26)。除了以战略问题跨越传统区分的重要创见,战略选择路径的优势还体现在其对微观基础与演绎逻辑的重视。通过对战略问题的有效组织,该路径为研究国际关系中的战略互动提供了坚实的微观基础。并且由于采用演绎推理,战略选择路径在创新理论机制时的严谨性大为提升。

作为分析单元的战略互动

国际关系及一般意义上的政治学研究者通常会对分析、解释、判断行为体的选择或决定感兴趣。作为分析对象的行为体是各式各样的,包括国家、国家领导人、政党、族群、军事组织、企业以及个人,不一而足。无论是何种行为体,他们的选择通常是战略性的(strategic),这意味着每个行为体实现其目标的能力取决于其他行为体的行为方式,因此每个行为体在作出选择时都应将其他行为体的目标和行动纳入考虑。也就是说,不同行为体之间存在普遍的战略互动。

需要指出的是,战略互动以及战略选择语境下的"战略"与国际战略、大战略等国际政治术语中的"战略"(Clausewitz 1976;Rosecrance and Stein 1993;Balzacq and Krebs 2021)不完全相同。前者更多强调行为体是战略性的,即在自己作出选择或决定时会考虑其他行为体的行为方式。后者则更多讨论行为体所采取或所应采取的战略本身,这在具体的博弈论语境下一般称之为行为体的"策略"。不过,考虑到中文学术界的使用习惯(参见克鲁格曼 2000;钱德勒 2002;谢林 2006),我仍将行为体在战略互动中作出的选择称为"战略选择"而非"策略选择"。

战略选择路径将战略互动分为两个要素:行为体及其所处的战略环境。在现实世界中,行为体与其环境之间密切关联、相互影响,因而难以断言行为体独立于其环境而存在,反之亦然。战略选择路径的出发点是,行为体与其环境可以"被有用地分开"(be usefully separated),至少是出于分析性目的。这种区分带来了国际关系研究从结构约束转向战略互动的重大突破。历史上,无论是在经济学、管理学还是政治学中,战略选择论都构成了对结构决定论的严肃挑战。不过,与所有理性选择分析一样,战略选择路径在强调行为体战略互动的同时并没有丢掉"结构",而是综合了结构论和能动论的优点,同时又避免结构论陷入宿命论,并且为能动论中行为体的战略提供了选择范围。

早在 20 世纪 80 年代,邹谠在向中国国内介绍理性选择论时将这种研究趋势称为"结合宏观与微观的政治学",并以"战略的思维方法"(strategic thinking)作为其一大特点。邹谠(1986)提到,"所谓战略不是限于武装斗争的战略,而是广义的战略思维,这就是说个人或集体行动者在抉择过程中,不但受自己的偏好、信念、判断和价值观念的影响,而且也考虑到其他人的抉择和行动,经过考虑到彼此的可能的抉择与行动,然后再做最后的抉择"。在这里,邹谠对"结合宏观与微观"的提法其实是"结合结构与能动"的另一种表述,尽管不一定完全准确。照此理解,战略选择路径对战略互动的拆析同样可被视为宏观与微观的结合。其中,环境代表了宏观结构,行为体则意味着微观行动。

具体而言,在战略互动中,行为体及其环境可分别进一步分解为两个属性(见图1)。就环境而言,一方面,所有战略环境都是由行为体可采取的行动组成的,也就是说,环境包括了决策和事件可以展开的所有可能方式。另一方面,战略环境还包括了特定的信息结构,这界定了行为体可以肯定知道的内容,以及他们必须从他人的行为中进行推断才可能得知的内容。就行为体而言,一方面,行为体拥有偏好,即他们能够对其环境所

图 1　战略互动的构成要素

注:笔者自制。

定义战略互动的可能结果进行排序。另一方面，行为体拥有关于他人偏好的事先信念（prior beliefs）。当行为体不确定时，信念对战略选择和互动的结果至关重要。这些信念可用概率分布表示，用于描述行为体认为各种可能性的概率大小。

由于基于分析的目的区分了行为体及其环境，战略选择路径使两类广泛的"概念实验"（conceptual experiments）的开展变得更加便利。这些实验可在国际关系不同层次、不同领域的战略互动中反复进行，使战略选择路径具有广泛的适用性和较强的分析能力。

第一类概念实验是在保持行为体互动的环境不变的同时，改变行为体的属性，即他们的偏好或信念，来探知这类变化对战略互动结果的影响。比如，如果一国内部不同群体对经济全球化的偏好发生了变化，会如何影响该国的选举结果及对外经济政策；如果一国领导人对风险的态度由风险厌恶转向风险偏好，那么对外战争的可能性会如何变化；如果霸权国偏好保持孤立而不愿承担提供国际公共物品的责任，会对世界经济造成什么后果；行为体进入互动时所持信念的变化如何影响其选择以及结果；一国对另一国是否为修正主义国家的信念变化，如何作用于两国的双边关系及国际战略。

第二类概念实验则是在保持行为体属性不变的同时改变环境，讨论战略环境中可采取行动的变化或是信息结构的变化如何影响战略互动的结果。比如，国际治理结构的变化如何改变了国家间的信息结构，从而影响国家行为体围绕特定议题的合作行为；不同的国内政治制度会影响国内行为体的利益结构、权力结构和信息结构，这如何有助于解释国家间的对外政策差异；特定技术的运用如何拓展了国家间"经济战"可采取的手段，而这在国家行为体偏好和信念不变的情况下会怎样影响其战略选择；大国竞争激烈程度的变化如何影响了特定区域国家的行为方式；两级体系和多级体系在信息透明度上存在区别，这会导致发生误判和冲突的风险有何不同。

如果我们进一步将环境和行为体分解成其中包括的行动、信息、偏好和信念四个属性，那么便意味着可以把上述两类广泛的概念实验细分为四种不同的概念实验。这些概念实验在本质上都属于比较静态分析

(comparative statics analysis)的范畴。环境中的可选行动和信息结构,连同行为体的偏好和信念,共同描述了一种战略场景(strategic setting)。通过将环境要素和行为体要素作为主要自变量,战略选择路径试图通过观察它们的变化来解释所观察到的结果的变化。

战略选择路径倾向于认为,至少在原则上,行动、信息、偏好和信念可以彼此独立地变化,并且可以通过不同的概念实验来推断并确认这些变化对行为的影响。当然,其他变量也可以在战略选择理论中有所体现并发挥作用,不过它们只有通过对一个或多个主要自变量产生影响而具有意义。

了解战略互动的构成要素及实施相应研究的组织方式,使我们更能体会战略选择路径带来的一个重要优势,即在国际关系研究中帮助加强和明晰我们的理论逻辑,以便更好借助实证工作来评估相互竞争的主张和假说。战略选择路径对行为体及其环境的重视也有利于引导研究者更完整地说明相关的微观基础,为更有成效的经验和理论工作开辟道路。战略选择路径将战略互动作为分析单元还有助于发现各研究层次和各研究议题之间尚未被意识到的相似之处,并且为更好理解它们之间的不同之处提供更深刻、更精妙的洞见。

战略选择路径的方法论赌注

我们只能认识一个被简化后的世界。在国际关系研究中,理论并不一定是关于"现实世界"的准确描述或完美陈述。相反,它们是分析者用来使复杂现实在某种程度上变得更易于驾驭的工具(Lake and Powell 1999:14)。与所有研究路径一样,战略选择路径也反映了研究者在理论化的方法上作出的选择,也就是书中所强调的"方法论赌注"(methodo-logical bets),其中包括了一系列关于怎么做才更有利于我们增进对国际关系理解的判断。明确这些方法论赌注有助于我们更好地认识到不同研究路径的优势和局限。就战略选择路径而言,至少包括了四项方法论赌注。

其一，战略选择路径对国际关系中合适的分析层次持不可知论。在谈及战略选择路径时，王正毅（2006:36）敏锐地指出："行为体的选择不仅反映出其偏好和约束条件，也必须考虑其他行为体的决策过程，这样就彻底打破了现实主义的层次分析法。"相比于层次分析法，战略选择路径并不认为哪个层次或哪组政治行为体对于理解国际关系具有天然的优先地位。该路径作出的方法论赌注是，不论相关行为体是谁，也不论他们位于哪个"层次"，最好将重点放在战略问题上。

其二，战略选择路径隐含地假定社会系统是"有序的"，一组行为体之间的互动会以一种清晰明确的方式在更高的聚合层次上影响到其他行为体的选择。这一方法论赌注体现在战略选择路径关于"套盒"（boxes within boxes）的思想比喻中。对于特定的盒子来说，被装入盒中的行为体及其环境属性都可以被认为是由那些暂且无需进行分析的战略互动所外生确定的。不过，在一个盒子中被视为外生的事物，在另一处可能被内生化或使之成为需要被解释的问题的一部分。以对贸易政策的相关分析为例，在特定盒子中，可将一国特定行业对贸易政策的偏好视为外生的。这意味着暂不探讨特定行业贸易政策偏好的由来，而是重点研究不同行业如何影响政府的贸易政策选择（Gourevitch 1986）。在另一个更小的盒子中，可进一步讨论为何不同行业对国家的贸易政策会拥有不同的偏好（Jones 1971；Baccini, Osgood, and Weymouth 2019）；而在另一个更大的盒子中，则可将行业影响下的国家贸易政策偏好视为外生的，着重讨论国际结构或是国际制度对一国贸易政策产生的影响（Krasner 1976；Mansfield and Reinhardt 2003）。战略选择路径认为，行为体一般是可被拆分和还原的，因而可以通过将行为体进行分解或聚合来获得对整体的理解。针对具体问题，研究者可出于分析性目的将某些因素视为外生的，从而集中精力来分析所关心的战略互动。

其三，战略选择路径是基于局部均衡的视角。这在"套盒"的思想比喻中亦有所反映。国际关系的系统复杂性使得直接分析一般均衡通常困难重重。通过将整体系统拆分为具体的盒子，研究者可以在特定条件下寻找变量之间的关系和均衡状态。这种局部均衡的视角不仅提高了分析的可操作性,也有助于对整体系统的知识积累。相比于一般均衡路径下同时考虑所有事物间的互动和反馈,局部均衡分析帮助我们将复杂的国际关系现象分解为可借由理论的手术刀切入的各个部分,并通过忽略某些反馈效应来简化问题。从方法论上看,采取局部均衡视角的战略选择路径赌定,不同事物之间并非总是具有显著关联;或者说在多数情况下,对事物进行简化带来的收益会超过因忽略某些反馈效应而可能引发的扭曲。

其四,战略选择路径强调对战略互动的刻画应具体说明行为体的属性,并认为这至少与具体说明环境同样重要。这一方法论赌注使战略选择路径区别于国际关系中的结构决定论。不过,在设法解释行为体的选择时,战略选择路径把求助于未经理论化的基于偏好或信念的解释作为最后使用的着数(Lake and Powell 1999:18)。因为在许多情况下,行为体的偏好和信念是难以观察的,援引偏好或信念中未经解释的变化来说明行为变化的原因,这在某种程度上显得"太容易了",并且往往有同义反复之嫌。在缺乏对行为体偏好或信念的演绎理论时,战略选择路径的分析主要通过行为体的学习、行为体环境的变化,以及通过将行为体分解为更基本的行为体来解释其选择或行为的变化。

毫无疑问,研究者对其所采取路径背后的方法论赌注有所"自觉"是大有裨益的。战略选择路径与认知论或建构主义等其他路径在对"真实世界"政治本质的看法上可能并无二致,它们之间的区别更多地体现为在方法论上的不同赌注。明确战略选择路径的方法论赌注有助于研究者把握该路径的优势来源,并且在面对其他路径时更好地进行辩护或加以融合。与此同时,上述方法论赌注也有助于战略选择路径的使用者们清醒地意识到该路径的边界以及局限。

从其方法论赌注看,战略选择路径本质上是一场"还原主义的赌博"(Oatley 2011),这使该路径至少存在两方面的缺点。一方面,战略选择路径假定社会系统是有序的,这可能忽视了系统实际的混沌性,导致对行为体战略互动的局部分析难以聚合成或推导出整体情形。另一方面,战略选择路径可能面临"特定化"的内在诱惑,导致在理论上更加复杂地处理更加特殊的问题和案例,阻碍了对国际关系进行一般化并从根本上对其进行解释的努力。此外,上述方法论赌注也提示我们尤其需要关注本书最后两章对战略选择路径局限性的精彩讨论。迈尔斯·卡勒在第六章中考虑了演化理论中的动态过程以及行为体和环境相互塑造的情况。阿瑟·斯坦在第七章中则对博弈论思维及其理论许诺作出了更为根本性的批判。这些缺点和局限勾画了战略选择路径的适用边界。

争论中的国际关系理论

采用"战略选择"这套研究路径当然不意味着国际关系领域的理论争论就此消弭,然而有价值的是,战略选择路径可以使许多学者就如何有效地表述和评估他们之间的分歧达成一致,并通过更有意义的理论争论和实证检验来促进知识增长。在重思冷战结束后国际关系理论中广受关注的理性主义与建构主义之争时,双方的代表人物在其合著文章中颇为正确地指出:"如果这一领域强调理性主义和建构主义之分,那么国际关系研究的核心争论就不是关于国际关系的争论,而是关于如何研究国际关系的争论(Fearon and Wendt 2003:52)。"严格地说,理性主义和建构主义都是方法论路径,而非实体理论(田野 2013:60)。尽管战略选择路径的确与生俱来地亲近理性主义,但该路径并不热衷于标榜所谓理性主义的胜利,而是在直面其他替代性路径的同时,使争论以一种更富成效的方式进行。

关于理性与非理性。战略选择路径不仅接受了理性的广义定义,从而使分析视野更加宽阔,而且保留了关于理性狭义定义的基本假设,即人类行为一般都是目标导向的,以大体上的理性计算为基础。在乔恩·埃尔斯特(Jon Elster 1989)看来,政治行为体"在战略上是理性的",即使他们有时也许会作出无理性和非理性的举动。局部的非理性只有在全局的理性背景下才能被理解。近来,国际关系理论界关注到了行为主义革命对战略选择路径带来的挑战(Hafner-Burton, Haggard, Lake, and Victor 2017)。行为主义的实验证据表明,行为体的决策过程会受到认知偏差、情绪和其他心理因素的显著影响。但即便如此,战略选择路径依旧可以通过更加谨慎地寻找推断偏好的微观基础,以及保留"套盒"的方法论赌注来捕捉不同过程中的因果链条,从而提升对实际行为的解释和预测能力。

关于形式科学与经验科学。战略选择路径大量借鉴了博弈论的思维方式,并且对形式逻辑及形式语言抱有好感。不过,将形式科学中的演绎推理作为经验世界的因果关联依旧需要十分谨慎。正如乔治·萨拜因(2015:370—371)在谈论大卫·休谟时指出的,"因果之间所谓的必然联系乃是一种虚构的观念……经验科学同数学或演绎推理有着根本的区别,因为经验科学所研究的是实际发生的事件以及事件之间实际发生的各种相互关联,而数学或演绎推理仅仅表明某一命题是从另一命题中得出的"。有些绝对地说,形式语言中一切禁得起推演(推导和演绎)的命题本质上都是同义反复,不过其中有的同义反复不那么容易借助直觉或自然语言发现。博弈论的本质是一项"规范事业"(normative enterprise),因此,当学者采用这种方法来进行"实证事业"(positive enterprise)时必须意识到其中的规范性,即行为体并不一定按照规范所预期的那样行事。通过结合形式模型与实证数据,战略选择路径能够对其理论机制进行必要的调整和必需的验证,在提高理论对经验世界解释力的同时,还有望推动理论与实证研究互促发展。

关于战略选择路径与其他替代性路径。战略选择路径中对信念、信息等行为体及其环境属性的强调,实际上为在理性主义框架内尝试性地兼容建构主义等竞争性学说提供了丰富空间。比如,以贝叶斯更新和学习为重点的战略互动的理性主义分析,与关于认知模型、意识形态以及身份和意义诠释的文献具有明显交集。又如,对不同行为体围绕制度和治理竞争的分析强调,关于制度的观念本身就是一种"专用性资产",是一种对知识的投资。政治行为体会投资于那些关于制度如何运作的观念,并利用这些观念来实现其理性目标(Lake and Powell 1999:chap.5)。博弈论作为一种分析工具和一项规范事业,有助于阐明理性主义与建构主义间的一致性和分歧,从而促进两者的融合与对话。战略选择路径可以使建构主义的分析更加具备实证基础,建构主义则可以帮助战略选择路径更好地把握知识、认知和观念等元素对行为体的影响。与其他替代性路径的交融有助于战略选择路径提高对国际关系中复杂现象和互动的理解。

以战略选择路径为参照,可以进一步激发理论辩论,使这些辩论更加"结构化",进而更具"积累性",从而使不同研究路径都有机会得以完善。仅就这点而言,战略选择路径对于国际关系理论研究便意义重大。至于是否应该选择相信战略选择路径,本书在结尾处以禅师被问到是否相信上帝时的回答作出了睿智的回应:"如果你信,那么我不。如果你不信,那么我信。"由于仍有太多人对战略选择路径一知半解或是将信将疑,故我们应对其心存信任;而面对那些对战略选择路径深信不疑的人,我们则应对理性的局限怀有谦卑。

陈兆源

2024 年 7 月于京西万泉河

参考文献

[美]艾尔弗雷德·D.钱德勒,2002:《战略与结构:美国工商企业成长的若干篇章》,云南大学出版社。

[美]保罗·克鲁格曼主编,2000:《战略性贸易政策与新国际经济学》,中国人民大学出版社。

[美]乔治·萨拜因,2015:《政治学说史》(下卷),上海人民出版社。

[美]托马斯·谢林,2006:《冲突的战略》,华夏出版社。

李巍、王勇,2006:《国际关系研究层次的回落》,《国际政治科学》第 3 期。

田野,2013:《建构主义视角下的国际制度与国内政治》,《教学与研究》第 2 期。

王正毅,2006:《超越"吉尔平式"的国际政治经济学》,《国际政治研究》第 2 期。

邹谠,1986:《如何发展新中国的政治学并介绍西方政治理论的两个新趋势》,《国际政治研究》第 2 期。

Baccini, Leonardo, Iain Osgood, and Stephen Weymouth. 2019. The Service Economy: US Trade Coalitions in an Era of Deindustrialization. *The Review of International Organizations* 14(2):261—296.

Balzacq, Thierry and Ronald R. Krebs, eds. 2021. *The Oxford Handbook of*

Grand Strategy. Oxford: Oxford University Press.

Bates, Robert H. 1976. *Rural Responses to Industrialization : A Study of Village Zambia*. New Haven: Yale University Press.

Bensen, Brett V. 2012. *Constructing International Security: Alliances, Deterrence, and Moral Hazard*. New York: Cambridge University Press.

Clausewitz, Carl von. 1976. *On War*. Princeton: Princeton University Press, 1976.

Dixit, Avinash. 1987. Trade and Insurance with Moral Hazard. *Journal of International Economics* 23(3—4):201—220.

Elster, Jon. 1989. *The Cement of Society: A Survey of Social Order*. New York: Cambridge University Press.

Fearon, James D. 1995. Rationalist Explanations for War. *International Organization* 49(3):379—414.

Fearon, James, Alexander Wendt. 2002. Rationalism v. Constructivism: A Skeptical View, In *Handbook of International Relations*, edited by Walter Carlsnaes, Thomas Risse, and Beth Simmons. London: Sage.

Gourevitch, Peter. 1986. *Politics in Hard Times: Comparative Responses to International Economic Crises*, Ithaca: Cornell University Press.

Hafner-Burton, Emilie M., Stephan Haggard, David A. Lake, and David G. Victor. 2017. The Behavioral Revolution and International Relations. *International Organization* 71(S1):S1—S31.

Jones, Ronoald W. 1971. A Three-Factor Model in Theory, Trade and History, In *Trade, Balance of Payments and Growth*, edited by Jagdish N. Bhagwati, Ronald W. Jones, Robert A. Mundell, and Jaroslav Vanek. Amsterdam: North-Holland Publishing Co.

Katzenstein, Peter J., Robert O. Keohane, and Stephen D. Krasner, eds. 1999. *Exploration and Contestation in the Study of World Politics*. Cambridge: The MIT Press.

Keohane, Robert O. 1984. *After Hegemony: Cooperation and Discord in the World Political Economy*. Princeton: Princeton University Press.

Keohane, Robert O. and Joseph S. Nye, Jr, eds. 1972. *Transnational Relations and World Politics*. Cambridge: Harvard University Press.

Keohane, Robert O., ed. 1986. *Neorealism and Its Critics*. New York: Columbia University Press.

Krasner, Stephen D. 1976. State Power and the Structure of International Trade. *World Politics* 28(3):317—347.

Krugman, Paul. 2008. *The Return of Depression Economics and the Crisis of 2008*. New York: W. W. Norton.

Lake, David A. 2013. Theory is Dead, Long Live Theory: The End of the Great Debates and the Rise of Eclecticism in International Relations. *European Journal of International Relations* 19(3):567—587.

Lake, David A. and Robert Powell, eds. 1999. *Strategic Choice and International Relations*. Princeton: Princeton University Press.

Leblang, David A. 1999. Domestic Political Institutions and Exchange Rate Commitments in the Developing World. *International Studies Quarterly* 43(4): 599—620.

Li, Quan and Adam Resnick. 2003. Reversal of Fortunes: Democratic Institutions and Foreign Direct Investment Inflows to Developing Countries. *International Organization* 57(1):175—211.

Mansfield, Edward D. and Eric Reinhardt. 2003. Multilateral Determinants of Regionalism: The Effects of GATT/WTO on the Formation of Preferential Trading Arrangements. *International Organization* 57(4):829—862.

Milner, Helen V. 1998. Rationalizing Politics: The Emerging Synthesis of International, American, and Comparative Politics. *International Organization* 52(4):759—786.

Morrow, James D. 1985. A Continuous-Outcome Expected Utility Theory of War. *Journal of Conflict Resolution* 29(3):473—502.

North, Douglass C. 1993. Institutions and Credible Commitment. *Journal of Institutional Theoretical Economics* 149(1):11—23.

Nye, Joseph S., Jr. 1988. Neorealism and Neoliberalism. *World Politics* 40 (2):235—251.

Oatley, Thomas. 2011. The Reductionist Gamble: Open Economy Politics in the Global Economy. *International Organization* 65(2):311—341.

Oye, Kenneth, ed. 1986. *Cooperation under Anarchy*. Princeton: Princeton University Press.

Powell, Robert. 1987. Crisis Bargaining, Escalation, and MAD. *The American Political Science Review* 81(3):717—735.

Qian, Yingyi. 1994. A Theory of Shortage in Socialist Economies Based on the "Soft Budget Constraint". *The American Economic Review* 84(1):145—156.

Riker, William H. 1962. *The Theory of Political Coalitions*. New Haven: Yale University Press.

Rosecrance, Richard and Arthur A. Stein, eds. 1993. *The Domestic Bases of Grand Strategy*. Ithaca: Cornell University Press.

Schelling, Thomas C. 1960. *The Strategy of Conflict*. Cambridge: Harvard University Press.

Simon, Herbert A. 1955. A Behavioral Model of Rational Choice. *The Quar-*

terly Journal of Economics 69(1):99—118.

　　Strange, Susan. 1970. International Economics and International Relations: A Case of Mutual Neglect. *International Affairs* 46(2):304—315.

　　Vaubel, Roland. 1983. The Moral Hazard of IMF Lending. *The World Economy* 6(3):291—304.

　　Wight, Matin. 1960. Why Is There No International Theory? *International Relations* 2(1):35—48.

　　Wittgenstein, Ludwig. 2001. *Tractatus Logico-Philosophicus*. London: Routledge.

中文版序言

距《战略选择与国际关系》问世已有 25 年。我高兴地看到，自出版以来，本书已成为国际关系研究的基础性著作，并在研究生研讨课上广为使用，至少是在北美如此。我乐见这一译本，也乐见这部编著有机会能触达更广泛的读者。

《战略选择与国际关系》起源于罗伯特·鲍威尔和我在 20 世纪 90 年代中期为加利福尼亚州的国际关系学者组织的研讨会。我们每年会面三到四次，期间参与者和外来的发言人都会展示工作论文，我们觉察到一种研究世界政治的新兴路径，这一研究路径与彼时流行的研究路径存在显著差异。当时是国际关系学科"范式战争"（paradigm wars）的时代。《国际组织》（*International Organization*）50 周年的纪念刊将本学科领域的历史描绘为现实主义/新现实主义、自由主义/新自由制度主义以及建构主义之间的较量（Katzenstein, Keohane and Krasner 1998）。那时显眼的是所谓"相对收益"的辩论，该辩论起因于相互竞争的不同版本的新现实主义与新自由主义（Baldwin 1993），而且许多人注意到第三次（或者是第四次）"大辩论"发生在理性主义与建构主义路径之间（Lapid 1989；Smith 2007）。虽然这些范式体现了面向世界政治的不同哲学路径，但我们逐渐认识到，它们并不是相当明确的理论（well specified theories）。这些范式过去是——并且现在仍然是——不完全明确的，需要额外的假定来支撑其结论（见书中第一章）；也是不一致的，在预测会发生制衡的同时也预测会发生制衡的反面（James 1995）；并且还是重叠的，因为每种范式的核心命题都可作为另一范式的特例被推导出来(Powell 1991；Snidal 1991)。此外，辩论还退化成了无益的、近乎神学的争论，这些争论围绕各色拥护者所做假定的真理地位而展开(Lake 2011；2013)。我们这群人的结论是，为了增加对世界政治的知识，这并不是一种富有成效的发展理论的方式。在我们研讨会的讨论中，我们注意到一种形成中的替代性路径绕开了这些争论。鲍威尔和我，还有我们的合作者(他们都是研讨会的核心参与者)，开始着手对这一替代选项进行编纂并使之成型。我们并不自命不凡地认为我们自身创造了这一新的路径，我们只不过是将尚未成熟的一些趋势整合成一个条理连贯的整体。尽管仍然存在与各种范式相似的活跃引用网络(active citation networks)(Kristensen 2018)，但我们勾勒的路径如今在很大程度上刻画了国际关系学。

受到将博弈论作为一种组织方式隐喻(organizing metaphor)的启发，《战略选择与国际关系》认为任何完整的国际关系理论都必须明确谁是行为体(由其对结果的偏好及其信念来定义)，以及所处的环境(包括可供行为体采取的行动及行为体掌握的信息)。体系理论试图捕捉国家间的互动如何以及何时"大于其各部分之和"(Waltz 1979)，博弈论则是一种更为明确细致的方法，用于捕捉那些战略互动，这些战略互动有时会产生与国家意愿大相径庭或是在社会上不得人心的结果。行为体及其环境的设定还允许研究者们走出分析层次"问题"(levels of analysis "problem")，该"问题"在过去占据重要位置(Singer 1961)。在这种设定下，现在可以便利地分析某个单一国家(unitary state)与另一个国家内部相分离的行政机关和立法机构之间的互动(Milner 1997)，也可以便利地分析那些试图对社会势力或政治领导人造成影响的跨国非政府组织(例如Gourevitch, Lake and Stein 2012)。最后，战略选择路径并不试图为全部的世界政治寻求某种单一的概莫能外的理论，而是将注意力转移至那些无法从直觉上进行解释的关于国家行为的问题或困惑，并且针对像气候变化和大国竞争等如此不同的议题创立中层理论或定制理论。战略选择本身并不是一种单一理论，而是一种思维方式，一种对战略互动位于国际政治的核心并可在一个共同框架内被分析的认识。在这一框架内，学者们可以提出不同的行为体和环境，继而根据经验证据来检验由此得出的理论。虽然该路径以博弈论为架构,但并不要求学者们写下形式模型并求解证明,尽管这么做通常有助于澄清复杂互动中的逻辑。相反,战略选择路径只是旨在提供一套工具,以突出世界政治中普遍的战略互动。

正如书中第一章解释的那样,战略选择路径通常会做出一些我们所说的"方法论上的赌注"。其中最主要的方法论赌注如下,即开展研究最好是在保持战略环境尽可能不变的同时改变单个参数,推断该参数的作用并观察其影响。这种比较静态分析方法在所有实证主义的社会科学中都很常见,且已被证明能相对有效地增进我们对世界政治的了解。不过,第二个方法论赌注的潜力发挥一直要慢一些,该赌注认为战略互动在一系列"套盒"("boxes-within-boxes")中聚合。战略互动在政治的所有层次中反复出现,从个体形成群体,到利益集团在一国内部为了有利政策而相互竞争,再到各国在国际层次的彼此谈判。我们在《战略选择与国际关系》中提出,可以将这些互动放在不同的"盒子"里进行分析,然后将这些"盒子"相互嵌套,从而形成对政策选择的完整理解。通过这种方式,一些研究可以侧重于不同利益集团在同一套国内政治制度内的互动(一个"小"的盒子),然后将其整合到国家间不同的谈判立场中(第二个"大"的盒子)。其设想是,我们可以在一个层次上对一组互动进行装盒,然后再整齐有序地将那个盒子放入一个更大的盒子中。虽然这一方法论赌注仍对战略选择路径极为重要,并允许学者们进行专业分工,例如有些学者专注于国内政治制度,另一些学者则专注于国际谈判,但事实证明,将这些盒子连通起来比我们最初预想的要更难。这便是国际关系中的聚合问题,也是战略选择路径可以从新的以及更进一步的理论化中受益的地方。

罗伯特·鲍威尔于2021年离世实在太早。鲍威尔是一位杰出的学者和慷慨的同事,是《战略选择与国际关系》背后起推动作用的智者。作为一名技艺精湛的博弈论专家,鲍威尔发展了一些在我们国际关系领域最为精巧的模型(Powell 1990;1999),他清楚地认识到战略互动如何刻画了世界政治的方方面面,并且如何能够用于框定该领域中各式各样的研究。我确信,他和我一样,都会极其高兴地看到我们的成果得以延续,并经由陈兆源的出色翻译提供给中国读者,我们对他的努力心存感激。

戴维·A. 莱克

美国加州圣迭戈

2024 年 3 月

参考文献

Baldwin, David A. 1993. *Neorealism and Neoliberalism: The Contemporary Debate*. New York: Columbia University Press.

Gourevitch, Peter, David A. Lake, and Janice Gross Stein. 2012. *The Credibility of Transnational NGOs: When Virtue Is Not Enough*. New York: Cambridge University Press.

James, Patrick. 1995. "Structural Realism and the Causes of War." *Mershon International Studies Review* 39(2):181—208.

Katzenstein, Peter J., Robert O. Keohane, and Stephen D. Krasner. 1998. "International Organization and the Study of World Politics." *International Organization* 52(4):645—85.

Kristensen, Peter Marcus. 2018. "International Relations at the End: A Sociological Autopsy." *International Studies Quarterly* 62(2):72—84.

Lake, David A. 2011. "Why 'Isms' Are Evil: Theory, Epistemology, and Academic Sects as Impediments to Understanding and Progress." *International Studies Quarterly* 55(2):465—80.

———. 2013. "Theory Is Dead, Long Give Theory: The End of the Great Debates and the Rise of Eclecticism in International Relations." *European Journal of International Relations* 19(3):558—78.

Lapid, Yosef. 1989. "The Third Debate: On the Prospects of International Theory in a Post-Positivist Era." *International Studies Quarterly* 33(3):235—54.

Milner, Helen V. 1997. *Interests, Institutions, and Information: Domestic Politics and International Relations*. Princeton, NJ: Princeton University Press.

Powell, Robert. 1990. *Nuclear Deterrence Theory: The Search for Credibility*. New York: Cambridge University Press.

———. 1991. "Absolute and Relative Gains in International Relations Theory." *American Political Science Review* 83:1303—20.

———. 1999. *In the Shadow of Power: States and Strategies in International Politics*. Princeton, NJ: Princeton University Press.

Singer, J. David. 1961. "The Levels-of-Analysis Problem in International

Relations." *World Politics* 14(1):77—92.

Smith, Steve. 2007. "Introduction." In *International Relations Theories: Discipline and Diversity*, edited by Tim Dunne, Milja Kurki, and Steve Smith. New York: Oxford University Press.

Snidal, Duncan. 1991. "Relative Gains and the Pattern of International Cooperation." *American Political Science Review* 85:701—26.

Waltz, Kenneth N. 1979. *Theory of International Politics*. Reading, MA: Addison-Wesley.

作者简介

杰弗里·弗里登(Jeffry Frieden)：哈佛大学政府系教授,2018 年当选美国艺术与科学院院士。他的研究领域为国际货币与金融关系的政治学,著有《将世界当银行：美国国际金融的政治学》(1987)、《债务、发展与民主：现代政治经济与拉丁美洲(1965—1985)》(1991),并共同主编了多部关于欧洲一体化的著作。他撰写的关于国际经济议题的政治学文章散见于多种学术期刊和大众出版物。

彼得·亚历克西斯·古勒维奇(Peter Alexis Gourevitch)：加州大学圣地亚哥分校政治学杰出荣休教授,1986 年至 1998 年担任该校全球政策与战略学院创始院长,1995 年当选美国艺术与科学院院士。古勒维奇在国际关系和比较政治领域有广泛的发表,著有《艰难时世下的政治：五国应对世界经济危机的政策比较》(1986)。时任《国际组织》(*International Organization*)期刊联合主编。

迈尔斯·卡勒(Miles Kahler)：美利坚大学国际服务学院杰出荣休教授,时任加州大学圣地亚哥分校国际关系与太平洋研究学院罗尔太平洋国际关系教授。1994 至 1996 年间,他曾任美国对外关系委员会国际政治经济高级研究员。他的出版作品包括《资本流动与金融危机》(主编,1998)、《自由化与外交政策》(主编,1997)和《国际制度与一体化的政治经济学》(1995)。

戴维·A. 莱克(David A. Lake)：加州大学圣地亚哥分校政治学杰出教授、杰里-安与加里·E. 雅各布斯社会科学讲席教授,2006 年当选美国艺术与科学院院士。他是国际政治经济学会(IPES)创始主席,曾任国际研究协会(ISA)主席(2010—2011)、美国政治学会(APSA)主席(2016—2017)。在本书准备期间,他担任加州大学全球冲突与合作研究所国际关系研究主任,以及《国际组织》期刊联合主编。莱克在国际关系、国际政治经济学、安全研究和美国外交政策方面有广泛的发表,彼时新著有《纠缠的关系:美国在其世纪中的外交政策》(1999)。

詹姆斯·D. 莫罗(James D. Morrow):密歇根大学政治系 A.F.K. 奥根斯基世界政治学教授,时任胡佛研究所高级研究员及斯坦福大学政治学礼任教授,2014 年当选美国艺术与科学院院士。他在国际关系领域有广泛的发表,著有《政治学博弈论》(1994)。他的研究涉及国际政治中规范的角色与国内政治制度如何塑造外交政策。

罗伯特·鲍威尔(Robert Powell):曾任加州大学伯克利分校政治学教授,2005 年当选美国艺术与科学院院士。他在核威慑理论和国际关系理论方面著述颇丰。他著有《核威慑理论》(1990)和《在权力的阴影下》(1999)。

罗纳德·罗戈夫斯基(Ronald Rogowski):加州大学洛杉矶分校政治学杰出荣休教授,时任该校政治系主任。他著有《合乎理性的合法性》(1974)和《商业与联盟》(1989)。他于 1994 年当选美国艺术与科学院院士。

亚瑟·A. 斯坦(Arthur A. Stein):加州大学洛杉矶分校政治学杰出教授,他的出版作品包括《战争中的国家》(1980)、《国家为何合作:国际关系中的情境与选择》(1990)和《大战略的国内基础》(共同主编,1993)。

致　　谢

　　本书是加利福尼亚大学全球冲突与合作研究所(Institute on Global
Conflict and Cooperation，IGCC)主办和资助的多校区国际关系工作坊
的产物。此工作坊始于 1990 年 9 月，来自加州大学系统内的学者们举行
了一次小规模的务虚会，思考冷战的结束及其对国际政治的意义。工作
坊随后发展为"不定期"研讨会，1991 年至 1994 年间在加州大学的不同校
区举行。在这些会议期间，我们开始认识到，我们对如何研究国际关系有
一个共同的视角，而这个视角在现有的文献中并未得到很好的阐述。《战
略选择与国际关系》尝试为我们自己和他人捕捉到这一共同视角，并探讨
其优势、劣势和局限性。

　　本书的第一次"头脑风暴"发生在 1994 年 5 月。除书中收录章节的
各位作者之外，彼得·考希(Peter Cowhey)、朱迪思·戈尔茨坦(Judith
Goldstein)、斯蒂芬·哈格德(Stephen Haggard)、约翰·奥德尔(John
Odell)和兰道夫·西沃森(Randolph Siverson)也帮助我们确定了后来的
方向。各章的文稿在拉古纳海滩(1994 年 12 月)、圣巴巴拉(1995 年 7
月)和圣迭戈(1996 年 9 月)举办的会议以及美国政治学协会年会(1995
年 9 月)上得以讨论。我们感谢参与圣巴巴拉会议的本杰明·科恩(Ben-
jamin Cohen)、詹姆斯·费伦(James Fearon)、斯蒂芬·哈格德、莉萨·马
丁(Lisa Martin)和保罗·帕帕约安努(Paul Papayoanou)的评论;也同样
感谢詹姆斯·卡波拉索(James Caporaso)、朱迪思·戈尔茨坦和贝思·西
蒙斯(Beth Simmons)，他们在美国政治学协会年会上担任两个小组的讨

论人。

也许最重要的是,感谢各章作者们的耐心和耐力,他们以愉快的心情——尽管并不总是以飞快的速度——数易其稿。我们从他们的努力中学到了许多东西,并在此过程中获得了极大乐趣。

全球冲突与合作研究所在支持国际关系工作坊之余还对编写本书给予了资助。我们感谢全球冲突与合作研究所时任主任谢淑丽(Susan Shirk)的支持以及全球冲突与合作研究所工作人员的协助。我们还对全球冲突与合作研究所的珍妮弗·普内尔(Jennifer Pournelle)和卡林·休格(Caryn Sugar)、书签媒体(Bookmark Media)的林恩·爱德华兹(Lynn Edwards)以及普林斯顿大学出版社的马尔科姆·利奇菲尔德(Malcolm Litchfield)和丽塔·伯恩哈德(Rita Bernhard)心怀感激,他们的帮助使七个章节成为一本书。

目　录

第一章
国际关系：一个战略选择路径

戴维·莱克、罗伯特·鲍威尔

　　长期以来，国际关系研究被大量且通常无益的范式辩论所撕裂。在其短暂的历史中，这门学科被分化为理想主义者与现实主义者、现实主义者与自由主义者，近来又有了新现实主义者与新自由制度主义者的划分——更不用说各种较小流派和其他变节（apostasies）对这一领域的分裂。此外，国际关系学者对理论和方法所扮演的角色争论不休，传统主义者和行为主义者、定量和定性研究者，以及当下各种实证主义者、后实证主义者和后现代主义者之间产生了重要分歧。此外，在这些所谓的大辩论（great debates）中，学者们对从单元（国内）和体系层次（国际）解释行为原因的相对重要性、安全政策（高政治）理论与经济政策（低政治）理论彼此之间的适用性、国际政治研究与政治学其他领域的区别等问题的观点不一。[1]这些众多的分歧，以及将辩论误认为解释的倾向长时间阻碍了对国际关系理解的进步。

　　任何理论框架的目的都是给某个领域带来智识秩序，识别被接受的和有争议的知识，并指导未来的研究。在本书中，我们试图将国际关系中许多不同的既有理论和研究纳入我们所称的"战略选择路径"。此路径始于一个简单的洞见。国际关系学和一般意义上的政治学研究者通常会对解释行为体的选择或决定感兴趣——无论这些行为体是国家、国家领导人、政党、族群、军事组织、企业还是个人。并且这些选择往往是战略性的；也就是说，每个行为体实现其目标的能力取决于其他行为体的行为方式,因此每个行为体都必须将其他行为体的行动纳入考虑。若是离开行为体所做的战略选择以及这些战略选择间的相互作用,我们将无法理解从各国的外交政策到战争与合作等国际现象在内的各种结果。

战略选择路径由三个主要部分组成。一是将战略问题和战略互动作为分析单元(unit of analysis)。战略选择路径不是以预先定义的行为体(如国家)作为分析单元,而是将两个或多个行为体的互动作为分析对象,并试图解释这种互动是如何展开的。[2]我们相信——并且本书正是为了表明——将行为体之间的战略互动作为分析单元为研究国际政治提供了一种卓有成效的方法。

二是对国际关系中出现的战略互动进行研究的一种组织方式。我们首先将行为体与其环境区分开来。依次地,行为体由它们所拥有的偏好和信念来定义,而环境则被分解为行为的集合和行为体可获得的信息。这些分析范畴是概念实验(conceptual experiments)的基础,在各个层次的战略互动中反复出现。正是这种分析方案赋予了战略选择路径中的理论以解释力。

三是用于分析战略问题的一种方法论路径,或许更准确地说,是一组关于如何有效思考战略互动的方法论赌注(methodological bets)。战略选择路径符合一种基本的实用主义,它强调理论的构建要与研究的问题相适应。正如后文所阐述的那样,战略选择路径对何为国际关系中恰当的分析层次持不可知论,该路径假定某一层次上的战略互动将以有序的方式整合为其他层次的互动,采用局部均衡视角(partial equilibrium perspective),并在可能的情况下避免用未被理论化的偏好和信念变化来解释所观察到的行为变化。

我们并不认为战略选择路径是新出现的。几乎在国际关系领域的所有经典作品中都可以找到这些要素。早在 1959 年,肯尼思·华尔兹(Kenneth Waltz)便认识到体系或曰第三意象路径的本质是行为体间的战略相互依赖:他认为国际上的各种结果总是由不止一个行为体——对他来说是国家——作出选择的产物。莫顿·卡普兰(Morton Kaplan 1957)很早就利用博弈论来刻画这种战略互动。类似地,托马斯·谢林(Thomas Schelling)在《冲突的战略》(*The Strategy of Conflict*,1960)和

《军备及其影响》(*Arms and Influence*，1966)中对战略互动十分关注，其他许多早期核威慑理论家也是如此。战略互动也是约翰·赫兹(John Herz 1950)和罗伯特·杰维斯(Robert Jervis 1978)关于安全困境成果的核心。战略选择路径在国际关系学中有着悠久且受人尊重的血统。然而，由于其多样性，该路径尚未被确定为一个连贯一致的研究纲领(research program)。通过明确此路径的原理，我们希望突出其贡献，辨认迄今未被重视的不同研究与理论之间的关系，揭示空白点，并阐明未来的研究议程。

在我们看来，战略选择路径有三大好处。其一，它确实是人们组织其对国际政治思考的有用方法。这种路径所提出的分析范畴与现行范式中的分析范畴不同。

其二，战略选择路径有助于加强我们理论的逻辑。如后文所述，国际关系中的许多辩论都可追溯到关于理论中实际被假定的内容或是关于将假定与据称从这些假定中得出的结论相联系的论点的争论。更加清晰和严密的演绎推理是检验和评估任何理论所必须进行的困难实证工作的先决条件。通过强调微观基础和更全面地描述战略环境，战略选择路径呼吁人们关注假定与逻辑的一致性。

其三，战略选择路径倾向打破传统区分，这些区分在过去可能有用，但现在却适得其反。正如我们将看到的那样，国内行为体经常面临的战略问题与国家面临的战略问题非常相似。层次分析路径倾向通过强调原因所在的层次来掩盖这种相似性，而战略选择路径则将这种相似性凸显出来。行为体在国际经济问题中也会遇到与它们在安全领域所面临的类似的战略问题。通过将战略问题作为分析单元，战略选择路径突出了这些相似性，从而开始将国际政治经济学和安全研究统一在同一个框架内。[3]甚至更广泛地说，虽然国内行为体在政治以及经济上会面临与国际关系几乎不相干的战略问题，但它们与其他行为体在国际政治领域面临的战略问题有所相似。[4]战略选择的视角强调了这些相似之处，并且在理想情况下，它可以作为将国际关系研究与政治学其他领域结合起来的一种方式。

本章接下来分四个步骤展开。下一节阐述该路径的主要组成部分。

然后,我们重点介绍了该路径组成部分中所隐含的几个特点。第三,我们将战略选择路径与其主要的竞争对手,特别是国际关系中的认知与建构主义路径进行了对比。最后,我们提供了后面各章的概述。其中每一章都侧重战略选择路径的不同方面,并且从整体看来,它们构成了对此研究纲领广泛且全面的评述。

战略选择路径

战略选择路径具有理论包容性。当前大多数国际关系理论或多或少都明确承认政治中的战略性质。即使是从国家之间的战略互动中抽象出来的单元-层次理论(unit-level theories),也往往包含了国家内部的战略互动。这一共同的核心为整合和综合许多原本相互竞争的国际关系理论提供了基础。

战略选择路径,说白了是一种方法或取向,而非理论。理论是由一系列特定的假定(如关于人性的假定)或对某些变量(如技术或制度)的关注所界定的。因此,任何特定路径均包含了与其相一致的许多理论。尽管如此,所有可被划入战略选择路径的理论都拥有某些共同特征:它假定行为体是有目的性的,将战略互动作为分析单元,为组织各种互动提供了一种共同框架,以本质上的实用主义对待理论,并对如何富有成效地分析和思考国际关系下了一系列方法论赌注。

有目的性的行动

战略选择路径是政治学中蓬勃发展的"理性选择"(rational-choice)理论文献的一部分。像其他理性选择分析一样,战略选择路径假定行为体会作出有目的性的选择(purposive choices),即它们审视自己所处的环境,并尽其所能地选择最能满足其主观目标的战略。这一路径并不假定行为体总是能获得它们最为偏好的结果——实际上,当理论有助于解释为何行为体虽有最好的意图却还是失败时往往最为有用——但它确实假定行为体会尽可能地追求它们的目标。

尽管经常有人提出相反的批评，但战略选择路径并不一定假定行为体是能够执行复杂计算或评估所有可能选择的所有可能后果的成本和收益的"人型计算机"（human computers）。[5] 所谓的"理性"，在大多数理论中仅简单地意味着行为体能够以一致的方式对已知行动的可能结果进行排序，或者更正式地说，它们的偏好具有完备性和传递性（参见 Morrow 1994a，18—19）。该路径也不要求行为体对情况有着完全的了解，能够无成本地获取它们自己或其他行为体的信息。[6] 将个体视为"行走的百科全书"的极端观点显然是错误的，但是很少有理论建立在这种不切实际的假定之上。该路径一般只需要最低限度定义（minimalist definition）的认知能力。简言之，战略选择理论通常不假定行为体是无所不知的，而只是假定它们是有目的性的。

作为分析单元的战略互动

这一路径的核心是将国际政治视为行为体之间的战略互动。这些行为体可能是抗议环境退化（environmental degradation）的个人、游说政府以保护其免受"不公平"外贸做法影响的公司、为控制政策而争斗的部门或部委、寻求控制核武器扩散的政府、试图动员各国开展国际维和行动的联合国，或是陷入领土争端的国家。如果一个行为体推进其目标的能力取决于其他行为体所采取的行动，那么这种情况就是战略性的。[7] 如果是这样，那么每个行为体都必须努力预计其他行为体会做什么。当然，其他行为体会做什么也往往部分取决于它们认为第一个行为体会如何行事。例如，在贸易争端或军事危机中，一国决定是坚守立场还是作出让步，可能取决于它对对手会采取行动的预期。如果它认为对方即将作出重大妥协，该国可能会等待对手让步。但是，如果它认为对手不太可能作出任何让步，那么它就可能会让步。反过来，对手是否让步可能取决于它是否预期另一个国家让步。正是相关行为体作出的一系列决定构成了战略互动并产生了被观察到的结果，无论该结果是战争、危机还是某种形式的合作。

战略问题的组织

与所有理性选择分析一样,战略选择路径将战略互动分为两个要素:行为体及其环境。[8] 正是这一假定,即至少出于分析性目的,行为体和环境可以被有用地分开(be usefully separated)的假定,将战略选择路径与建构主义和其他社会学视角区别开来,我们将在下文关于替代性路径的一节中更充分地阐述这一观点。

行为体及其环境可以进一步分解为两个属性。首先,所有战略环境都是由行为体可采取的行动组成的。可采取的行动概括了行为体互动时可能发生的情况;也就是说,战略环境的第一个特征是包括决策和事件可以展开的整组可能方式。例如,我们熟悉的囚徒困境矩阵(Prisoner's Dilemma matrix)的四个单元格显示了互动可能发生的所有方式(两个行为体都合作,第一个行为体合作而第二个行为体背叛,等等)。[9] 更一般地说,我们可以把博弈树想象成事件展开的所有可能方式的抽象总结。树中的每一条路线都描述了一个可能的决策和行动顺序,树作为整体说明了事件发生的所有不同路线或方式。[10] 需要强调的是,尽管"二乘二博弈"(two-by-two games)在国际关系中被广泛使用,并且将可能的行为典型地规定为"合作"与"背叛"(参见 Oye 1986a;Snyder and Diesing 1977),但在现实和理论中,行为的种类可能相当广泛。对于可被视为环境一部分的行为的数量或类型并没有内在限制。

环境还由一种信息结构组成,这种信息结构界定了行为体可以确定知道的内容,以及如果可能的话,它们必须从他人的行为中进行推断的内容。正如詹姆斯·莫罗(James Morrow)在第三章中阐述的那样,一个行为体知道些什么会对其选择要做的事情产生深远影响。用一个简单而具体的例子说明这一点,假设一群人在玩扑克,而一个玩家正试图判断另一个玩家是否在虚张声势。如果牌没有被标记过,那么前者必须根据后者过去的行为来作出决断。然而,如果信息结构不同,牌是被标记过的,那么第一个玩家就可以确定地知道对方是否在虚张声势。显然,信息结构——即牌是否被标记——对玩家的行为有重要影响。更加实质性的问题是,基欧汉(Keohane 1984)认为制度促进合作的方式之一便是为国家提供更多的信息,尤其是为国家提供更好的方式来监督彼此的行为。由此可见，在一个没有制度的国际体系中，国家的选择可能与一个有许多国际制度体系中的国家的选择不同。正如莫罗所讨论的那样，分析家们最近开始考虑具有不同信息结构的环境，并且正在对国际政治产生新的重要见解。

行为体也由两个属性组成。首先，行为体拥有偏好，可将偏好简单地定义为它们如何对其环境所定义的可能结果进行排序。就博弈树而言，偏好是终点结（terminal nodes）或是战略互动结果的排序。按照这些说法，我们熟悉的囚徒困境和胆小鬼博弈间的不同之处并不在于玩家可采用的行动和可获得的信息。在这两种博弈中，每个行为体都有两种选择，并且必须在不知道对方选择了什么的情况下作出决定。使这些博弈彼此相区别的是行为体偏好——它们对可能结果的排序（例如，囚徒困境中假设相互背叛（DD）>无偿合作（CD），而胆小鬼博弈假设无偿合作>相互背叛）。*

国际关系理论家们经常以含糊不清和相互矛盾的方式使用偏好一词，而这向来是造成相当大困惑的一个原因。造成这种困惑的一种可能解释是，将偏好简单地形式化为博弈终点结之排序的看法（formal notion）掩盖了一个重要的微妙之处。博弈树或历史案例研究在哪里结束，是研究者对如何限定研究问题作出的判断。这些限定不是先验给出的。毕竟，无论学者决定在哪里结束他的分析，历史都将继续下去。或者，一个一般模型，如贸易政策模型，可能会抽象并忽略贸易保护将采取的形式问题（关税、资源出口限制等），只是将这个问题纳入"贸易限制"这个广泛的结果下进行分析。这些界限反映了研究者的赌注（a researcher's bet），即认为以这种方式将问题概念化将被证明是有洞察力的。

事件通常在博弈树结束后仍在继续，而终点结则隐含地描绘了事件将如何展开，鉴于行为体已经抵达了该特定结点。例如，在囚徒困境中，

＊ 其中 C 代表合作（cooperation），D 代表背叛（defect）。在两个行为体以合作和背叛作为两类典型行动策略的"二乘二博弈"中，CC 表示相互合作、DD 表示相互背叛、DC 表示单边背叛、CD 表示无偿合作。这类常见的博弈包括囚徒困境、猎鹿（Stag Hunt）、胆小鬼等。——译者注

如果一位嫌疑人坦白交代,另一位保持沉默,那么博弈就结束了:终点结"坦白交代—保持沉默"一般被认为表示了第一位嫌疑人获得自由并逃脱惩罚,而第二位嫌疑人则要入狱数年的结果。但假如我们试图研究一个由黑手党来执行缄默法则(code of silence)的情形。那么,在"坦白交代—保持沉默"结点中被缩略掉的未被模型化的事件进展将非常不同。在这种情况下,告密的嫌疑人会受到严厉惩罚。显然,嫌疑人在博弈终点结的排序取决于他离开审讯室后未被模型化的事件展开方式。类似地,一个核危机决策模型可能包括一个"核战争"的结点,其中包括一个未被模型化的行动顺序来描述战争实际是如何进行的。各国如何评估"战争"结点取决于它们预期一旦真正开战后会发生什么。

更概括地说,博弈树的终点结是博弈之外所发生事情的缩略,这意味着行为体对博弈终点结的偏好通常反映了两点考虑。第一点可以被称为行为体的基本偏好。这些愿望在各式各样情形下都保持不变。例如,企业通常被假定在大多数情况下偏好选择较大的利润而非较小的利润。同样,在新现实主义中,国家通常被假定为偏好更多的安全而非更少的安全。第二点考虑因素是具体的实质性互动以及关于正式博弈结束后会发生什么的隐含假定。行为体在特定博弈中的偏好将这些更基本的偏好或愿望与对未来的隐含假定或一系列更精确的继续展开的行动结合起来。

有时,为了给特定的博弈结果排序而将这两方面的考虑结合起来是非常简单的。例如,在许多核危机的边缘政策模型中,只有两个行为体和三种可能的结果(Nalebuff 1986;Powell 1987)。在这些模型中,挑战者(challenger)可能在一场两国都避免大规模核交战的危机中获胜,防御者(defender)也可能在这样的危机中获胜,或者两国都可能在核爆炸中毁灭。在仅有上述可能结果的简单设定下,如果不假定挑战者对这三种可能性的排序或偏好首先是获胜,其次是防御者获胜,最后是核战争,那就显得很奇怪了。然而在其他时候,要从一个行为体的基本偏好推导出其对我们所研究的特定问题的终点结的排序方式是极为困难的。的确,正如杰弗里·弗里登(Jeffry Frieden)在第二章中所阐述的那样,由于没有认识到这些困难,而且没有仔细地定义特定博弈中的偏好,导致了许多混淆。

　　行为体的第二个属性是其关于他人偏好的事先信念（prior *beliefs*）。例如，即使行为体不确定对手具有囚徒困境还是胆小鬼博弈的偏好特征，但其仍然对对手具有其中一种或另一种偏好的可能性持事先信念。同样，谢林（Schelling 1966）将核危机描述为一场"冒险竞争"（competition in risk taking），其本质是每个国家都不确定对方国家愿意冒的风险，但行为体仍然必须对对方是风险规避还是风险接受作出某种概率评估。当行为体不确定时，信念对战略选择和互动的结果至关重要，因此必须包含在对战略互动的完整描述中。[11]这些信念通常用概率分布表示，描述了行为体认为各种可能性的概率有多大。

　　假定行为体和环境在分析意义上是可分开的，这自然会导致两类广泛的概念实验（conceptual experiments）。无论是立法机关和行政机关之间就制定外交政策进行的互动，还是两国在危机期间是否决定升级的互动，这些实验都在战略互动的各个层次反复出现，并使战略选择路径具有很强的分析能力。战略选择路径中的所有理论都或明确或隐含地对行为体及其环境作了区分，并参与了这些基本概念实验中的一项或两项。

　　第一类实验是在保持行为体互动的环境不变的同时，改变行为体的属性，即它们的偏好或信念。比如，如果一个国家改变其偏好，变得更具侵略性，就像德国在 20 世纪 30 年代希特勒统治下那样，那么战争的可能性会如何变化？又如，大国的偏好对国际经济具有重要影响吗？如果霸权国偏好保持孤立而不愿承担提供公共物品的重任，会发生什么？例如，金德尔伯格（Kindleberger 1973）认为，这种偏好是造成"大萧条"的重要原因。最后，行为体进入互动时所持信念的变化如何影响它们的选择以及结果？如果一国确信另一国不是修正主义国家，其动机主要是出于对安全的担忧，那么，由于该国对对方的军备增强持更为宽容的态度（Glaser 1994—1995），威慑螺旋（deterrence spiral）的危险（Jervis 1978）以及战争的可能性是更小，还是由于国家推迟了回应并增加了修正主义国家获得军事优势的可能性，从而增大了威慑螺旋的危险和战争的可能性（Powell 1996c）？

　　第二类概念实验是在保持行为体属性不变的同时改变环境。例如，国内或国际制度重要吗？换言之,制度结构的变化是否会影响行为体在必须采取行动时可获得的信息或行为,这些变化是否会影响互动的结果？如前所述,基欧汉(Keohane 1984)认为国际制度通过向国家提供信息来促进合作。同样,米尔纳(Milner 1997)也认为国内制度通过规定谁可以决定什么,何时决定,以及向不同行为体提供信息来影响合作的前景。类似地,我们也可以提问,是两级体系还是多级体系更为稳定？新现实主义者认为,两级体系更加透明,因而战争的可能性较小(Waltz 1979；Mearsheimer 1990—1991)。思考这个问题的方法之一是像新现实主义者假定的那样,想象国家的偏好和动机保持不变,但行为体可获得的行为和信息是变化的。然后,我们可以依次研究国家的战略及其结果如何随着环境的不同而变化。

环境被分解为一系列行动和一个信息结构,而行为体则被分解为各种偏好和信念,它们描述了一种战略场景(strategic setting)。* 环境和行为体也构成了主要的自变量,战略选择理论试图通过它们来解释所观察到的结果的变化。至少在原则上,行动、信息、偏好和信念可以彼此独立地变化,且通过分析可以试图推断并确认它们对行为的影响。行为体和环境之间的区分意味着两类广泛的概念实验,而将这些元素分解成四个属性则意味着四种不同的概念实验。事实上,属于战略选择路径的研究通常正是通过解释这些属性如何构成互动以及这种互动又如何影响被观察到的行为来进行的。

其他变量也可能会在战略选择理论中有所体现,不过它们只有通过对一个或多个主要自变量产生影响而具有意义。例如,分析家们将资产专用性同进口竞争、贸易政策之间建立了联系(Frieden and Rogowski 1996；Rogowski 1989)。然而,对因果链的完整说明将显示,这些因素之所以重要是因为它们会影响企业对不同类型政策结果的偏好,或者影响到将资产重新配置到其他用途的可能性。类似地,民主制可能为这类国

---

* 此处,"战略场景"既包括战略环境(strategic environment),也包括行为体的偏好和信念。似乎"战略场景"是一种比"战略环境"更为广义的概念。但这一说法在全书中并没有得到严格遵守。在书中的绝大多数情况下,"战略场景"和"战略环境"是可交替使用的,均被视为与行为体偏好和信念相区别的概念,而并非已包含了后者。——译者注

家之间带来和平，其途径包括：规范——反映在民主国家间对战争的不同偏好；国内制度——体现为次国家行为体（substate actors）可采取的不同行动，而这些行动继而又会聚合成不同的国家偏好（Russett 1993）；或是带来更高的透明度（Schultz 1999）。

如同行为体和环境之间的区别一样，这四种属性在战略互动的各个层次都反复出现。无论行为体是组成游说团体的个人，还是试图影响本国政府甚至是投资所在国政府的公司，还是在立法授权下与外国合作伙伴进行谈判的总统，上述四种属性均可描述相关的战略互动。正如紧接着将要讨论的那样，这些在任何战略互动中反复出现的特征使分析者能够更便利地建立起沟通传统分析层次的理论。虽然对于许多目的来说，按照传统方式关注国家间或国家内互动或许是合适的，不过构建一种允许一国政府各部门之间存在战略互动，而同时将另一国家视作单一行为体（unitary actor）的理论也同样合适（Milner 1997）。在这里，重要的不是从哪个层次来刻画行为体，而是它们可能的行动、信息、偏好和信念。

理论的实用主义性质

原则上，国际政治是一张无缝之网（seamless web），*将普通个体的愿望和欲求与其国际结果联系起来，如第一次世界大战和第二次世界大战、20 世纪 30 年代的大萧条、欧洲经济一体化，或是苏联帝国在东欧不同寻常的和平解体。虽然这一详尽的图景很吸引人，但如果每个国际结果都要追溯到个体的目标和行动，或者每个个体的行动都要追溯其国际后果，那么对国际政治的研究将变得极其复杂。为了分析这张无缝之网，分析者必须简化国际政治。

理论不一定是关于"现实世界"的陈述或准确描述。相反，它们是分

---

* 美国技术史家托马斯·休斯（Thomas P. Hughes）较早阐述了"无缝之网"。在学术语境下，无缝之网通常比喻某种大型系统，如国内政治、国际关系等。这些系统中存在大量因素交织，从而使传统意义上的区分带来误导。参见 Thomas P. Hughes，"The Seamless Web：Technology，Science，Etcetera，Etcetera，"*Social Studies of Science*，Vol.16，No.2，1986，pp.281—292。——译者注

析者用来使复杂现实在某种程度上变得更易于驾驭的工具。所有的理论都试图简化复杂的现实,因此,它们都反映了理论家们对在其分析中放入哪些内容和省去哪些内容的判断。这就是阿瑟·斯坦(阿瑟·斯坦,第七章)所说的"关于选择的科学中的艺术",这同样适用于所有社会科学路径。在构建理论的几乎每一阶段都需要作出务实的判断,这意味着在国际关系中可能存在多种方法来处理同一个问题。例如,没有联盟形成或自由贸易的正确理论,只有或多或少有用的理论。

战略选择路径往往预设,国际政治中的许多重要问题都可以通过以下假定来进行富有成效的研究,即假定次国家行为体之间存在互动,这种互动有效地将这些行为体聚合为国家,这些国家继而又彼此进行互动。在最基本的层次上,个人是行为体。但在更高的抽象层次上,行为体还可能是其他的次国家群体,如企业、官僚机构、利益集团、军事组织、政党、族群等等。这些次国家行为体无疑在国内舞台上展现出不一致的利益和目标。无论以何种方式,这些次国家行为体在这一国内舞台上的互动会聚合为一个国家的偏好和信念。接着,国家在国际舞台上与其他国家互动。这种特定的简化方式的作用是将国家置于任何国际互动之前,因为这些互动并不塑造国家的内在偏好(尽管对这些国家间互动的预判还是可能会影响到次国家行为体所选择的策略)。这种假定已经带来了许多优质且重要的作品,我们相信之后的章节会表明这一点。然而,这种预设有时是不恰当的。次国家行为体与类似的国外行为体之间,甚至是一国的次国家行为体与另一国政府之间的跨国互动也可能是重要的(Keohane and Nye 1972;Risse-Kappen 1995)。当这种跨国互动处于某一特定战略场景的中心位置时,必须将它们纳入分析范围。

除了个人之外,所有行为体都是社会聚合体(social aggregates)。[12] 考虑到它们的聚合性质,在国际关系理论中行为体的设定并没有什么对或错——尽管学科的惯例是将注意力集中在诸如集团、阶级、政府或国家等普遍接受的断点(breakpoints)上。由于国际关系中没有任何固定不变或与生俱来的行为体,从哪里切入该社会行为体的聚合便是一个关于作者目的及作者局限性的函数。虽然这种选择会影响到所得理论的解释力,但在一个特定模型中纳入哪些行为体是所有分析者都必须要作出的务实判断。在某些情况下，将国际关系视作单一国家(unitary states)*之间的互动进行分析是有见地的——正如当前的体系理论一样。然而，在其他情况下，关注(聚合了一组社会偏好的)立法机关、(聚集了另一组社会偏好的)行政机关和(出于实用目的被视为单一行为体的)其他国家之间的互动可能更为可取。在另一些情况下，关注一国内部的社会集团与另一国家之间的互动也可能是有见地的。

行为体一般是更多基本行为体的聚合，而在何种层次上进行适当的聚合则取决于眼前的研究问题，这意味着战略选择路径经常类似于一组"套盒"("boxes within boxes")。在任何特定理论中，人们都希望通过此前定义的四种属性的相关取值来分离和解释一个具体的战略互动。例如，在单个盒子中，一个聚合行为体的偏好被视为外生的，研究的是这些偏好对选择和结果的影响。然而在一个更大的盒子中，这些偏好本身便可能成为被解释的对象。在一个"盒子"或一种表述中被视为外生的事物，在另一处可能被内生化或问题化(problematized)。在某些表述中，将国家及其偏好视为外生可能是有用且富有洞见的，而在其他表述中，对国家这些目标和利益的解释才是问题所在。[13]

像所有实用的表述一样，这种战略问题的组织方式也有其优点和缺点。一个主要的优点是其会集中关注何种因素会对这些互动结果产生影响。例如，产业结构的变化如何影响企业的策略聚合成为一个国家的贸易政策偏好(Hiscox 1997)？这些国家层面的偏好又是如何影响国际经济中国家的策略(Lake 1988)？权力分配的转变如何影响国家可采取的行动，继而影响整个国际政治(Gilpin 1981)？国际制度是否如制度主义者所认为的那样，在塑造国家间互动方面具有重要且独立的影响，无论是通过框定可采取的行动还是通过提供信息(Keohane and Martin 1995)？或是像新现实主义者声称的那样，这些制度仅仅反映了国家之间的权力分配，而对国家的行为没有独立影响(Mearsheimer 1990—1991，1994—1995)？那么如果制度确实对次国家行为体有约束作用，而对国家的影响

---

* 单一国家意味着暂不考虑不同国家的内部差别，而将国家视为一个统一的聚合行为体。"单一行为体"也表示的是类似含义。作为国际关系术语，不能认为"单一国家"等同于"单个国家"或"统一国家"。——译者注

较小，那么造成这种差异的原因是什么呢？关注次国家行为体之间的互动和聚合为国家，然后关注国家之间的互动，会使这些问题凸显出来。而后，之前讨论的四个主要自变量则为思考和阐释权力、制度或其他因素如何影响行为体的选择提供了有用的机制。

然而，这种路径的缺点之一是它可能导致在理论上更加复杂地处理更加特殊的问题与案例。从逻辑上讲，分析家可以就一个独特的事件提出"理论"。事实上，通过关注行动、信息、偏好和信念来著述历史事件将是一种有用的组织手法——这可能会比不那么有针对性的调查探究产生更完整和有用的历史。然而风险在于，我们失去了对国际关系进行一般化并从根本上对其进行解释的能力。通常情况下，对可一般化的知识的渴望会限制这类趋向于更具体且更精确定制的理论，但我们承认在战略选择路径中存在这种内在诱惑。

方法论上的赌注

方法论路径（methodological approaches）就其本质而言，会使某些形式的解释比另一些形式的解释受到优先考虑，而这实际上是对哪些方法将被证明为能够有效解决某组特定问题的方法所押下的赌注。除前文已提到的那些——特别是行为体和环境的可区分性以及理论的实用主义性质，四个最重要的方法论赌注构成了战略选择路径的基础。

其一，如前所述，战略选择路径对国际关系中合适的分析层次持不可知论。没有哪个层次或哪组政治行为体无处不在，并且总是有助于理解国际现象。至于适合国际政治理论的行为体是个体、集团、国家、国际组织还是其他实体，我们有意对此存而不论。

此外，在传统的分析层次"问题"中，存在一个隐含的方法论赌注，即我们对国际政治的理解最好是按照因果力量所发端的层次进行分类和分离，无论是体系层次、单元层次还是一些其他可区分的层次（Waltz 1959，1979；Singer 1961；Rosenau 1976）。因此，分析者们努力生产着那些将原因定位在不同且独立类别的理论——随之而来的是关于应该将这个或那个因果力量分配到哪个层次的许多争论，仿佛仅仅将原因定位在某种分析方案之中就能告诉我们一些关于国际关系有意义的事情。战略选择路径作出了不同赌注，即不论相关行为体是谁，也不论它们位于哪个"层次"，最好将重点放在战略问题上。这一路径与华尔兹（Waltz 1959，1979）和其他体系理论家的相似，他们认识到行为体的意图并不总是能充分解释结果，但战略选择路径强调的是普遍的战略行动——而不仅是单一国家之间的互动。

其二，正如已指出的那样，战略选择路径假定战略互动在一张从个体到国际结果的无缝之网中反复出现。通过假定人们可以在任何地方切入此网，并出于分析性目的将某一战略互动"装进盒中"，因此获得对更大整体的一些理解，这一路径隐含地假定社会系统是"有序的"，即一组行为体之间的互动会以一种清晰明确的方式在更高的聚合层次上影响到其他行为体的选择。然而，一些新兴的研究对该假定提出了挑战，认为社会系统是"混沌的"。虽然"局部"层次的互动在这种观点看来或许是运行良好的，但作为整体的系统是如此复杂，以至于"聚合的"结果是不确定的或是本质上不可预测的（Fearon 1996；Gaddis 1992—1993）。如果存在某个聚合的程度，超过这个程度后局部的决定性互动就变得不确定了，那么战略选择路径的功用就会下降。虽然我们认同爱因斯坦关于宇宙秩序的直觉，但事实上，我们目前还没有依据来确定哪种假定更准确或在理论上更有用。战略选择路径中的方法论赌注是，互动确实以一种有序的方式发生聚合。不过，尽管并非如此，战略选择路径仍可能在一些范围的聚合和行为中被证明是有用的。

其三，这种"套盒"的路径是基于局部均衡的视角。一般均衡的路径预设一切事物都与其他事物具有显著关联，因而试图纳入所有形式的互动和反馈。相比之下，局部均衡分析通过忽略某些反馈效应来简化问题，从而赌定不是一切事物都与其他事物具有显著关联，或是赌定简化带来的收益将超过忽略某些反馈带来的扭曲效应。[14] 如同之后章节所展示的，当下最前沿的进展发现，有时通过搁置某类反馈可以获得重要的洞察和见解。不过，未来研究的一个重要目标是通过整合我们分析的最初可能排除的重要反馈渠道来加深我们的理解。

其四，在刻画战略互动时，具体说明行为体的属性与具体说明环境同样重要。若不具体说明行为体的偏好和信念，分析就无法进行。但在设法解释行为变化时,战略选择路径把求助于未经理论化的基于偏好或信念的解释作为最后的手段。我们在前文曾指出,在任何特定的理论中,行为体的属性都可被视为外生的。然而,援引偏好或信念中未经解释的变化来说明行为变化的原因,这在某种程度上"太容易了"。在许多情况下,偏好和信念是难以观察的,分析者们无法直接了解或测量。因此,把行为变化解释为偏好或信念变化的结果往往被证明是同义反复。正如杰弗里·弗里登在第二章中所解释的,当偏好(或信念)是从其他一些理论中推导出来的,并且建立在一些可观察的特征之上时,在偏好(或信念)起源处的变化和行为变化之间建立联系是完全合适的。然而,由于缺乏完善的关于偏好或信念的演绎理论,战略选择路径中的分析通常主要通过学习、通过行为体环境的变化,甚至通过将行为体分解为更基本的行为体来解释行为的变化。

学习是许多战略互动的重要组成部分。例如,学习是危机议价模型的核心,因为它解释了为何一国行为改变的方式是退让而不是继续升级(Morrow 1994b;Nalebuff 1986;Powell 1987,1988,1989;Fearon 1994a)。例如,在一些理论中,两国起初不确定彼此是否愿意开战。在危机期间,每个国家都会观察对手的行为,并试图从行为中进行推理,以更新其先前对对方战争意愿的信念。危机持续的时间越长,每个国家就对判断他国是愿意承担高风险还是付出高代价越有信心。最终,一国可能会充分相信对方愿意承担更高代价或更大风险,进而选择让步。当一国断定其对手更加坚决时,它就会退让。如此一来,学习可以解释为何在一组行为体相互作用并相互反应的动态互动过程中行为会发生变化。

环境的变化可以解释为何相似行为体中不同群体的行为会发生变化。这类解释是基于之前讨论过的第二种一般性的概念实验。比方说,想想世界大战前的大国结盟行为。柯庆生(Thomas Christensen)和杰克·斯奈德(Jack Snyder)(1990)认为,第一次世界大战前各国倾向像链式团伙(chain gang)般行事,而第二次世界大战前则倾向推卸责任(pass the buck)。换句话说,各国在 1914 年之前倾向通过其联盟的承诺将彼此紧密地联系在一起,而意外后果则使它们更有可能卷入一场它们本不想打的战争,但在两次世界大战之间的年岁里,它们更努力地避免冲突,由此将战斗成本转嫁给其盟友。一种试图解释这些不同行为的方法是认为国家的基本动机和目标发生了重要且根本性的变化——即它们的偏好发生了变化。战略选择路径尽量避免这种类型的解释，除非有很好的理论理由来预计偏好的改变。相反，战略选择理论通常假定国家的基本目标在两种情况下均保持不变，并试图通过战略环境的变化，如军事技术的性质，来解释行为的变化。实际上，这正是柯庆生和斯奈德所做的，他们将不同的联盟行为追溯至所感知到的进攻和防守之间平衡的变化。[15]

想要避免未经理论化的基于偏好的解释，为达此目标甚至可以心甘情愿地改变行为体，而不是让相同的行为体因为某些无法解释的理由而改变其偏好。如果我们对比建构主义和战略选择路径，这种心甘情愿是最明显和最容易看到的（Wendt 1992，1994；Wendt and Friedheim 1995）。[16]在我们看来，亚历山大·温特（Alexander Wendt）等人正确地论证了国家的目标和偏好是随时间的推移而变化的，当我们考虑足够长的时间间隔时尤其如此。[17]为了解释这些变化，温特继续假定国家是单一行为体，但试图将它们的偏好问题化。相反，战略选择路径会将国家分解成更多的基本行为体。假定国家是单一行为体，毕竟只是一种假定，像所有简化的假定一样，它有时可能是有用的，而在其他时候则会变为障碍。战略选择路径会试图把国家分解成更多的基本行为体——无论是公司、国家领导人、官僚机构、利益集团、阶级、党派或是组织——其基本偏好可被认为是随着时间的推移保持不变的。进而转向分析环境如何变化的问题——比如国内权力在不同政党或阶级之间的分配发生了变化，以及这些变化如何影响行为体互动的方式，并最终影响到它们的目标聚合成国家目标的方式。[18]

总而言之，与所有研究路径一样，战略选择路径实际上是一系列关于什么将被证明是增进我们对国际关系理解的富有成效方法的赌注。这一路径的某些方面无疑会比其他方面更有助益。确切地说，有些方面可能还会被证明是适得其反的。遗憾的是，我们不可能提前确定哪些赌注会收获成果。未来的研究将不得不探索有用性的界限。

特 色 与 启 示

战略选择路径最终必须根据其经验上的效用来评判。它在多大程度上帮助我们理解了国际政治？不过,鉴于大多国际关系理论的现状,战略选择路径也有望带来一个重要的中间收益,即可以帮助加强和明晰我们的理论逻辑,而这样做将有助于我们确定哪些理论值得投入大量必要的时间和精力来进行艰难的实证工作,以评估相互竞争的主张和假说。这一中间收益源于战略选择路径的两个特点。

第一是战略选择路径强调微观基础,即强调行为体的需求、它们为促进自身利益而努力的环境,以及这种互动结果之间的联系。对此的强调之所以重要,是因为国际关系中许多理论的微观基础是薄弱或不明确的。这一弱点是许多混乱、激烈论战和徒劳无功的起因。关注战略互动可以使分析者们更清楚地了解他们所使用的微观基础。

优势的第二个来源是战略选择路径,如前所述,倾向打破分析层次、安全研究和国际政治经济学,以及最一般地,打破国际关系和政治学其他领域之间的传统区分。打破这些传统区分使我们有可能将注意力集中在互动的逻辑,而不是集中在不相关的、通常具有误导性的区分上。这或许也使得利用新的经验证据和理论洞见变得可能。

微观基础

现有国际关系理论普遍对行为体及其相互作用的环境阐述不足或不充分。对于明确哪些是相关的行为体、它们的环境,尤其是将行为体及其环境与所声称的由这些变量产生的结果联系起来的因果链,理论家们常常未给予足够的重视。简言之,现有的国际关系理论普遍缺乏坚实而可靠的微观基础。[19] 甚至那些广义上可被归为战略选择路径的理论,有时也未能充分说明其微观基础。我们在阐述这一路径的基本原理时,部分目的便是鼓励分析者们更加用心地具体说明其理论的微观基础。

未能充分明确微观基础导致难以理解战略环境的变化如何影响结果。这是一个重大缺陷，因为能够追踪这些影响往往对回答国际关系中的重要问题必不可少。例如，带来更大先发制人动机的军事技术变化是否会使战争更有可能发生？国际制度是否以重要的方式塑造并影响了国家的行为？对外经济政策如何随国内制度结构而变化？规模收益的增加和有效生产水平的变化是否会使贸易集团更有可能形成？上述各问题实际上都是第二类概念实验——即环境的变化如何影响结果——的不同版本。要回答这些问题，关键在于能够将互动的预期结果追溯至关于行为体的假定和它们所处环境之间的联系。

几个简单的例子显示，现有理论通常没有充分重视对微观基础的具体说明。近几年来，人们对相对收益和绝对收益问题给予了很多关注。[20] 现实主义者和其他许多人认为，如果一个国家必须为其自身安全提供保障，如果绝对意义上获益但相对意义上受损可被转化为对该国的未来威胁，那么国家在关注绝对收益的同时必须关注相对收益。许多争论的焦点在于，一个符合现实主义核心假定的模型是否必须在偏好排序中，或等价地，在行为体的效用函数中体现这种对相对收益的关注。约瑟夫·格里戈（Joseph Grieco）认为，现实主义需要这样一种表述：

> 现实主义料想国家的效用函数包含两个不同的项。该函数需要包括国家的个体收益……反映了现实主义的观点，即国家受绝对收益驱动。然而，函数中还必须包括一个将国家的个体收益……和同伴的收益合并起来的项……这样，对该国有利的那些差距会增加其效用，且更重要的是，有利于同伴的那些差距会减少其效用。（Grieco 1988a，500）

另一些人则认为，绝对收益最大化的假定与现实主义是完全一致的，并提供了一些模型来表明，即便行为体在努力使自己的绝对收益最大化，它们也仍然可以关注相对收益（如 Powell 1991，1993）。

这种争论的存在既是现实主义微观基础薄弱的表征，也强调了明确说明现实主义关于战略环境的假定与这些假定所产生的结果之间的因果关系的重要性。首先，现实主义关于国家偏好的假定能够成为一场大辩论的主题，这一事实本身就表明这些假定未被很好地阐明。其次，这场争论的基础是,对相对收益的关注意味着一国的效用(至少部分上)必须是相对收益的函数。换句话说,要想获得行为体对相对收益表现出关注的结果,唯一的方法就是让行为体的效用成为彼此收益的函数。很容易找到这种说法在形式上的反例,也就是说,在一些模型中,行为体试图最大化其绝对收益,但在一种战略环境中,它们的互动导致了对相对收益的关注。[21]这些反例表明这种说法是错误的。但提出这一说法的事实表明,在基本的微观基础不明确的情况下,正确推断结果是困难的。

另一场关于无政府状态影响的相关辩论也显示,现有理论往往只提供了薄弱且有问题的因果论证来将关于战略环境的假定同结果联系起来。结构现实主义有两个基本假定。首先,国家至少要生存下去,其次,国际体系是无政府的(Waltz 1979,88,91)。第一个假定描述了行为体的偏好:国家想要生存而不愿灭亡。第二个假定描述了行为体可以采取的行动,尽管这种描述是模糊的:在无政府状态下,由于没有更高的权威或共同的政府来执行协议,国家无法作出有约束力的威胁、保证或承诺来克制自己不采取其他可能采取的行动;简言之,在无政府状态下,国家可以做任何它们实际能够做的事情。[22]

从这些假定中至少可以得出两个结论,但这两个结论都存在问题。其一是无政府体系一般具有冲突性,合作是不太可能的(Grieco 1988a;Waltz 1979,105—106)。然而,基欧汉(Keohane 1984,6)认为,无政府状态并未阻止合作,只要国家在"友好的政治条件下"。最近,格拉泽(Glaser 1994—1995,51)提出,即使国家处在不友好的政治条件下且这些国家之间存在重大的政治军事分歧,无政府状态也不意味着缺乏合作:

> 国家普遍具有强烈的竞争倾向,这并不能从结构现实主义的基本假定中演绎推导出来。相反,在各种各样的条件下,结构现实主义预测,国家可以通过合作政策而不是竞争政策来最好地实现其安全目标,因而应该会选择合作。(强调为作者后加)*

这两项挑战表明,无政府状态和渴望生存的假定并不一定意味着合

---

* 值得注意的是,此处的引文与查尔斯·格拉泽(Charles L. Glaser)发表的原文略有不同。本书作者所强调的"演绎推导"在格拉泽的原文中对应为"不可避免的逻辑结果"(inevitable logical consequence)。——译者注

作是没希望的。起码可以说，结构现实主义在这些假定和所主张的缺乏合作之间的因果联系是有问题的。

其二是结构现实主义还认为，这两个假定意味着均势政治（balance-of-power politics）；也就是说，在任何一个无政府的、行为体寻求生存的系统中，行为体会有制衡的倾向。正如肯尼思·华尔兹（Kenneth Waltz 1979，121）所明确预言的那样，"只要满足两个（而且只有两个）要求，均势政治就会盛行：[体系的]秩序是无政府的，而且它是由希望生存的单元所构成的"。但这同样也是有问题的。

重复博弈的无名氏定理（folk theorem）表明，这两个假定意味着制衡的说法在形式上是不正确的（formally incorrect）。在一个重复博弈中，本质上任何利益的分配都可以被作为一个均衡结果来实现——换句话说，本质上对于任何利益的分配，都存在这样的策略，即没有任何行为体有动机偏离其策略，而一旦按照这些策略行事，就会产生那样的利益分配。此外，支持这种均衡结果的策略也不会使制衡必然发生。相反，这些策略与集体安全机制非常相似，令人想起国际联盟（League of Nations，以下简称国联）的理想。如果任何行为体偏离商定的利益分配，所有其他行为体都会对偏离者进行严厉惩罚，以至于惩罚的代价超过偏离的收益。因此，只要这种威胁是可信的，实施这种惩罚的威胁就会阻止行为体的偏离，而无名氏定理表明，这些威胁是可信的——原因是参与对偏离者的惩罚符合每个行为体的自身利益。[23]总而言之，这些均衡中不存在制衡，尽管行为体想要生存。战略环境也是无政府的，因为这些均衡所依据的威胁是自我实施的，所以也不需要一个共同的政府来监督其实施。因此，无政府状态和国家寻求生存的假定本身并不意味着制衡。

这两个假定并不意味着重复博弈中存在制衡，此观点必须被谨慎地加以解释。它并不是说，制衡不是国际政治中的主要特征（尽管外交史学家保罗·施罗德[Paul Schroeder 1994]相信追随比制衡更为普遍）。但它确实说明，从无政府状态和生存欲望到制衡行为的因果链是不完整的。若要使该链条变得完整，就必须对战略环境作出其他假定。不过，即使是谨慎地加以解释，对此前关于新现实主义的"检验"而言，这一事实也具有重要含义。尽管国际政治中关于国家是"制衡"还是"追随"的争论一直很热烈,但由于理论本身不够明确,实证结果在很大程度上与理论无关。[24]即使国家的确进行制衡,这也不能证实新现实主义的理论,因为该预测并不是从假定中演绎推导出来的。激烈的实证辩论揭示了国家实际行为的重要模式和归纳性见解,但分析者们——包括支持和反对的双方——实际上对新现实主义的解释力没太弄明白。

虽然我们上文讨论的重点是新现实主义,但在其他国际关系理论中也出现了类似的微观基础不够明确的问题。查尔斯·金德尔伯格(Charles Kindleberger 1973,305)在最初讨论大萧条时为所谓的霸权稳定理论奠定了基础,他认为"世界经济要想稳定,必须有一个稳定者,且只有一个稳定者"。这种观点一开始得到了广泛的接受,并激发了长达十年的创造性理论和研究。[25]不过,之后聚焦于国家在无政府国际环境中的战略互动的研究对这一观点提出了挑战,并证明由不止一个国家组成的"K集团"(k-groups)*的确也是可能的(Snidal 1985),霸权既非稳定产生的必要条件,也非充分条件(Lake 1988,1993)。类似地,当从战略互动的角度来考察时,格雷厄姆·艾利森(Graham Allison 1971)的三种外交政策决策模型的局限性和逻辑上的不确定性也清楚地显现出来(Bendor and Hammond 1992)。同样,虽然上述两套理论都产生了大量的实证文献,但理论中具体说明的不足限制了这些检验的意义和重要性。未被完全进行具体说明的理论既不能被经验证据证明成立,也不能被经验证据证明不成立。

总的来说,既有的国际关系理论通常缺乏可靠的微观基础。人们很少花功夫具体说明战略环境以及将假定与结果联系起来的因果链。薄弱的微观基础反过来又使我们难以追踪战略环境的变化对结果的影响。为了弥补这一弱点,有必要强调更细致地阐述一组行为体所面临的战略问

---

* "K集团"是解决公共物品供给问题的尝试之一。在包含多个行为体的集体行动困境中,如果存在某个小集团,无论他人怎么做,小集团内的合作将确保困境的解决,这种小集团被称作"K集团"。与所谓"霸权稳定论"相关地,"K集团"的存在意味着霸权国的衰落并不一定意味着公共物品的供给必定变得难以为继。关于"K集团"及其与最小贡献集(minimal contributing set)区别的相关讨论亦可参见 James A. Caporaso, "International Relations Theory and Multilateralism: The Search for Foundations," *International Organization*, Vol.46, No.3, 1992, pp.599—632。——译者注

题。通过确定战略环境的各个部分，以及在特定模型中可以进行的各种概念实验，战略选择路径可以引导分析者更完整地说明相关的微观基础。这是进行实证检验之前必要的第一步。反过来，阐明完整的微观基础可以为更有成效的经验和理论工作开辟道路。

超越传统区分

理论框架最重要的功能之一是表明各种现象是如何关联、联系或相似的。理论框架帮助我们在实证和历史经验的混乱中发现模式和规律。理论路径帮助我们进行组织。国际关系学者倾向从三个主要方面来组织对国际政治的研究。第一，按照华尔兹（Waltz 1959，1979）的说法，对解释进行分组根据的是它们定位原因的层次。在这种层次分析路径中，个体层次或曰第一意象（first-image）的论证以人的属性或特征来解释结果（既可以是个别的人——如历史"伟人"理论，也可以是作为集体的人们）；国家层次或曰第二意象的论证以国家的属性或特征来解释结果；而结构的或曰第三意象的论证以国际体系的属性和特征（最常见的是体系结构）来解释结果。第二，国际关系学者以被解释对象来划分它们的领域。虽然这种划分长期以来一直受到质疑（参见 Bergsten，Keohane，and Nye 1975；Cooper 1972—1973），但是"高政治"中的战争、和平与安全被认为不同于"低政治"中的货币、贸易和金融，因此每种政治都需要属于自己的理论路径。例如，通常与战争原因研究相关的现实主义和通常与国际政治经济学议题相关的制度主义，据说是基于不同的核心假定（见上文）。最后，国际关系理论家们用无政府状态的概念——即没有一个超国家的权威来确保国家履行它们的承诺——来定义他们的领域，并把它和其他政治场域分开。的确，无政府状态经常被认为是国际关系的基本事实，是"国际政治与一般政治的区别"（Wight 1978，102）。然而，通过强调行为体所面对的战略问题，战略选择路径超越了分析层次的区别，跨越了安全研究和国际政治经济学之间的鸿沟，并且成为国际关系理论和其他政治科学领域之间的分析桥梁。对战略互动的关注表明，不同层次的行为体在不同的议题领域以及在国内和国际政治中往往面临着类似的战略问题。

　　三个例子说明了关注战略互动的桥接潜力。在《合作的进化》(1984年)一书中,罗伯特·阿克塞尔罗德(Robert Axelrod)利用重复的囚徒困境来考察当每个自利的行为体都有利用对方来为自己谋利的短期动机时,这些自利的行为体维持合作的能力。他认为,重复的囚徒困境可以作为一个模型,或至少作为一个隐喻,用于解释美国参议院的立法行为、国际贸易以及第一次世界大战中的堑壕战等各种情况。该提议在《无政府状态下的合作》(Oye 1986a)一书中得到进一步发展,其中重复的囚徒困境被用来研究欧洲协调(the Concert of Europe)、1914 年 7 月危机中的合作失败、军备竞赛、贸易战和国际银行业务。重复的囚徒困境现在被广泛应用于国际关系理论中,用来对安全困境(Jervis 1978)、联盟竞争(Snyder 1984)、军备竞赛(Downs and Rocke 1990)、联盟对贸易的影响(Gowa and Mansfield 1993;Gowa 1994)和贸易协定(Yarbrough and Yarbrough 1992)进行建模。从行为体面对的一般性战略问题而非贸易或安全议题的具体细节来描述这一系列广泛的议题,揭示了这些议题之间根本上的相似性,不然的话,这种相似性可能不会得到重视。

　　当然,重复的囚徒困境是一种非常简单的博弈,可能并未抓住特定问题的重要方面。例如,在重复博弈中,参与者会一次又一次地面对相同的局面;无论参与者在上一轮做了什么,他们在下一轮都将面临同样的局面。故重复博弈对于互动性质随时间推移而改变的情况来说是一种糟糕的模型,因为行为体可以采取改变战略环境的行动,如发动罗伯特·吉尔平(Robert Gilpin 1981)所说的霸权战争。[26]不过,此处的重点并非重复的囚徒困境是否足以作为国际关系中具体问题的模型。而是说重点关注这些情况中内在的战略问题——或许可以先将其描述为重复博弈,然后再追问这一表述方式遗漏了什么——揭示了其他分析视角可能会忽略的重要相似之处和不同之处。

　　重复的囚徒困境现在被如此广泛地使用,它的特性如此广为人知,以至于由此得出的结论似乎显而易见。詹姆斯·费伦(James Fearon 1993)对族群冲突的分析为说明关注战略问题的潜在优势以及这种关注如何可以超越分析层次间的界限提供了一个更加精巧的例子。[27]他认为,不同群体冲突的一个重要原因可能是占多数的族裔群体无法承诺不剥削少数群体。在过渡时期，少数群体可能面临两难境地，例如许多东欧国家和苏联共和国在苏联撤退和解体之后都出现了这种情况。就尊重少数群体权利可能会达成协议，考虑到战争的代价和各群体间现有的权力分配，多数群体和少数群体都宁愿选择这种协议而非诉诸暴力。这可能意味着两个群体都不愿打仗，而且他们将会避免内战。遗憾的是，如果多数群体无法承诺遵守双方所共同偏好的协议，少数群体仍可能发起斗争。随着多数群体在过渡时期巩固其权威，相对于少数群体而言，多数群体可能会变得更有权势。一旦多数群体变得更强大，其可能会寻求与少数群体就协议进行"重新谈判"。预计到这些变化，少数群体面临的两难境地是，要么在此刻实力相对较强或以后实力相对较弱的时候进行斗争，要么接受多数群体在谈判后提出的协议。费伦表明，少数群体往往更倾向在此刻实力较强的时候就选择斗争。

费伦还指出，族群面对的战略问题与国际体系中国家面对的预防性战争问题类似（另参见 Fearon 1995）。使用武力通常代价高昂，而协议经常是根据利益分配达成的，相比战斗，所有国家都更偏好达成协议。但是，如果均势在朝着对一国不利的方向转变，而且如果没有什么能阻止较为强大的国家利用其提高了的地位来"重新谈判"一份协议，那么一国可能会发现其最好的选项是发动一场预防性战争。费伦的分析以行为体所面临的战略问题为中心。该方法揭示了导致族群冲突的一些动机和导致预防性战争的一些动机之间在根本上的相似性。如果把族群冲突问题的重点放在国内政治层次，而把预防性战争问题的重点放在国际体系层次，是否还能受到这种相似性的启发就难说了。

权力影子下的讨价还价（bargaining in the shadow of power）提供了第三个例子，用以说明关注战略问题的潜在优势。假设两个国家正在就改变领土现状进行讨价还价。这两个国家不断提出要约和反要约，直到它们达成协议，或是其中一国对达成协议的前景非常悲观，以至于使用武力强行解决。这一战略议题与潜在的诉讼当事人在法律影子下就解决的条件进行讨价还价所面临的战略问题极为相似。[28]这些当事方提出要约和反要约，直到他们达成协议，或者直到其中一方对达成双方都能接受的解决方案的可能性变得足够悲观，以至于将争端诉诸法庭。比如，施魏泽

(Schweizer 1989)研究了一个模型,其中被告和原告拥有关于他们辩词有力程度的私人信息(private information)。* 根据这一信息,被告提出一个"要么接受要么放弃"(take-it-or-leave-it)的报价,原告可以选择接受或是通过将案件提交审判的方式来拒绝这一要约。[29]如果对施魏泽的表述进行重新解读,把被告和原告分别看作现状国家和不满国家,如果把在法庭上获胜的概率看作赢得战争的概率,那么施魏泽的模型将是我们在国际关系中所拥有的关于讨价还价最好的形式模型之一(另一个例子可见Morrow 1989)。事实上,他的模型所强调的特征——即每个行为体都有关于其实力的私人信息,因而不确定其获胜的可能性——是许多战争成因理论的核心。例如,布莱尼(Blainey 1988)认为,战争是由于国家对权力分布和获胜概率的不确定性造成的。[30]

再一次地,对战略问题的关注提示了一种原本不甚明显的相似性。这种相似性之所以尤其引人注目,是因为它超越了无政府状态与等级制之间的区别,而许多国际关系理论正是建立在这种区别的基础上。没有哪个领域比两个诉讼人在一个可以强制施以解决方案的法院影子下讨价还价更有等级制的感觉。然而,这些诉讼人所面对的战略问题与无政府国际体系中的国家所面对的问题相似,至少在一级近似**时是这样。当然,对这些战略问题的关注最终也可能揭示出重要的差异,这同样将加深我们对这些问题的理解。这也是关注战略互动许诺的前景之一。

跨越传统区分有两方面的好处。首先,发现此前没有意识到的相似之处可以为经验检验开辟新的渠道。新的证据来源或证据种类可能会对旧的问题造成影响。其次,对两个议题间相似性更为清晰的理解,也可以为它们的不同之处提供更深刻、更精妙的理解。似乎自相矛盾的是,打破不同分析层次、安全研究和国际政治经济学、国际关系和其他政治科学领域之间的传统区分,或许会最终揭示出新的、更为精炼的区分。

---

* "私人信息"为一般博弈论中的通常译法。当然,拥有"私人信息"的行为体并不一定是严格意义上的"个人"、企业、国家等行为体也都可以拥有"私人信息"。有学者将其更一般化地译为"私有信息"。——译者注

** 一级近似(first approximation)原为数学术语,指一个量在更精确测定之前的粗略近似值。——译者注

其他替代性路径

战略选择路径与现有国际政治理论之间的许多比较已在上文涉及。虽然现实主义和自由主义并不把战略互动作为它们的分析焦点和分析单元,但这两种主要范式及其众多变体,以及许多第二意象和第三意象的理论一般都对战略互动有所关注。因此,其他这些范式通常与战略选择路径是兼容的。当然,这种兼容性并不能消解一种范式或理论与另一种范式或理论之间的重要差异。将这些范式和理论纳入一个强调战略互动的共同框架,确实既突出了它们的共性,也突出了它们的差异。此共同框架也允许我们更好地探究这些明显的差异在什么情况下会产生重要影响:什么情况下所选择的假定比其他假定更富有成效或更为恰当,或者什么情况下特定变量起到的解释作用更大或更小。这种分析开辟了新的研究机遇和探索途径,而非在特定领域造成新的分化。关于绝对收益和相对收益之间争论的解决便是这方面的典范之一(Grieco 1993;Keohane 1993)。在证明了对每种视角都很重要的行为可以作为特殊条件从基于另一种理论假定的模型中推导出来之后(见 Snidal 1991a;Powell 1991),这场辩论正在转变为一个旨在评估关键变量大小并估计其因果重要性的研究纲领。这清楚地表明了将看似不同的范式整合进一个强调战略互动的共同框架的价值。

尽管国际关系中的许多理论和路径都共同强调战略互动,但并非所有的理论和路径都是如此。关于战略选择路径最普遍和最具影响力的替代选项是国际关系中的认知路径和建构主义路径。本节将这两种路径与战略选择路径进行对比。

国际关系的认知路径认为,个体——并暗示其他类型的行为体——都是"非理性的",也就是说,他们没能通过相对一致的目标-手段计算来对环境作出反应。认知局限性(如有限理性)、有动机的偏误(其中一些是"前景理论"的核心)、错误意识(特别是思想和意识形态的作用)以及缺乏动机的偏误和错误知觉,所有这些因素都会使行为体处理或解释周围世界信息的方式产生偏误。[31]这些曲解产生了可观察到的行为,这些行为与其他更"理性主义"的理论所预测的行为有一些显著不同。用我们的话说,认知理论的预测是,具有相同可采用的行动(available actions)、信息、偏好和信念的行为体会因为认知差异而选择不同策略,这些策略会产生不同结果。简而言之,认知主义者在方法论上下的一个赌注是,他们可以通过关注行为体如何处理和解读信息来解释与政治相关的行为和结果。通过分析行为体如何感知或错误感知其环境,他们试图解释世界政治中的重要模式。

战略选择路径押下的是一个不同的赌注,即我们可以通过关注行为体之间的信息不对称、它们可采取的行动、它们的偏好等等来解释世界政治的许多重要而有趣的方面。通过分析个体必须作出选择的战略环境,而不是分析他们如何处理信息,战略选择路径力图对许多相同的模式作出更为成功且更为简洁的解释。如前所述,行为体在任何聚合层次上都是有目的性的,这是作为战略选择路径出发点的基本假定;也就是说,行为体对世界的不同状态有其偏好,而且它们会鉴于所面临的战略处境尽可能地追求这些偏好。这并不意味着它们会获得自己最喜欢的结果。该假定也不要求个体(或更为聚合的行为体)拥有无限的计算力。此处提出的战略选择路径的实用主义版本只是假定行为体是有目的性的,即它们根据自身所理解的战略环境来选择策略。如果某种理论不能预测所观察到的行为,那么分析者通常会质疑他或她的理论,而不是行为体的认知能力。

此外,近来的理论创新,尤其是博弈论领域的理论创新,使得现在的战略选择理论家能够至少处理一部分导致认知路径产生的那些行为。正如莫罗在第三章所讨论的,早期的博弈论模型假定行为体拥有关于其他行为体偏好的完全信息。这些理论的批评者们正确地认识到,行为体往往不知道其他行为体的目标。这直接导致了对错误知觉及其来源的研究,错误知觉指的是行为体没有——至少根据其理论设计没有——正确地解读客观现实的情况(参见 Snyder and Diesing 1977;Jervis 1976)。然而,不完全信息博弈现在允许战略选择理论家以系统化的方式解决这些相同的问题。分析者并不假定行为体知道他人的偏好，他们现在可以设想行为体拥有这些变量的概率分布，并且他们可以探究行为体在其信念变化时如何选择不同的策略。而且，分析者现在还可以应用贝叶斯法则来捕捉行为体如何在博弈展开时通过观察他人的选择来更新他们的概率估计，并以这种方式从环境中学习。[32]

建构主义近来自称对国际关系的"主流"理论提出了挑战，其中许多"主流"理论都采用了战略选择路径（参见 Katzenstein 1996a）。建构主义在更多时候是作为一种批评而不是一种实证理论，至少在其早期发展阶段是这样；尽管如此，建构主义者强调行为体及其环境是相互构成的，而且即使出于分析的目的，他们通常也不愿将行为体与其环境分开。例如，对建构主义者来说，国家并不是先天给定或固定的，而是与其他类似构成的国家进行自我肯定式互动的产物。建构主义者认为，如果改变国家的性质或它们之间互动，那么它们的"身份"和"实践"也会发生变化（Wendt 1992）。简而言之，建构主义者是方法论上的"整体主义者"（wholists），他们坚持认为对行为体的研究不能独立于其社会环境，反之亦然。

尽管有相反的批评，但战略选择路径同样是"整体主义"的，不过其方式与建构主义略有不同。任何均衡都是行动、信息、偏好和信念的共同产物。一个战略环境是由这四个特征所决定的，如果任何一个特征没有明确说明，结果就不能完全解释清楚。战略选择路径认为，智识上的进步和解释来源于每次改变一个特征，并在保持其他特征不变的情况下推导和评估其效应，但这并不意味着单一特征就能"解释"任何特定的结果。例如，行为体所能获得的信息的变化或许会影响它们的战略，进而影响结果，但这仍取决于一些偏好、信念和行动的集合。同样，每个均衡都反映了对行为体在特定环境中如何行事的一种共同理解（shared understanding）或常见推测（common conjecture）。结果取决于不同行为体对其行动、信息、偏好和信念的相互预期。与建构主义者一样，战略选择路径将国际关系视为一个"社会领域"，所有特征在该领域中都发挥影响，而且共同理解是重要的。

建构主义者在方法论上下的一个赌注是，通过关注施动者和结构相互构成的社会化过程，他们可以解释国际政治的重要模式和特征。这一赌注对于那些在长时期内逐渐展开的过程来说可能是最有益的,并且也许是必不可少的。然而,即使承认它的优势,这种方法论赌注也并非没有缺点。建构主义者拒绝了进行概念实验的可能性——这是战略选择路径的核心,他们发展了一种知识立场,在该立场中所有事物都是"内生的",或是依赖于其他一切事物。这或许的确是对"真实世界"的一种正确描述。然而,由于建构主义者坚持行为体、环境以及行为的相互构成性,他们有可能掉入数学上所说的"未知数太多"的陷阱。在这个陷阱中,变量数多于方程数,因而也许会存在不止一个的可能"解"。[33] 由于所有关键变量都是内生的,建构主义者可以正确地论证,不同的因素组合事实上有可能产生一种不同于我们观察到的情形——权力政治并不是无政府状态唯一的逻辑结果(Wendt 1992)。尽管如此,面对太多的未知数,建构主义者只能推测这种实际发生情形之外的可能性。多种解是可能的,但是,在他们自成体系的逻辑中,建构主义者无法解释为什么会出现某个特定的解。为对此问题作出反应,正如保罗·科维特和杰弗里·勒格罗(Paul Kowert and Jeffrey Legro 1996)指出的,建构主义者在进行实证研究时通常把"规范"这个关键的自变量作为外生或是给定的。因此,建构主义者违背了他们自己的假定,即行为体和环境是相互构成的。[34]

战略选择路径押下的是另一种赌注,即社会化过程在单一"回合"的互动中保持不变。这反映在上文提到的假定里,也就是行为体的偏好、它们的信念等——在特定"盒子里面"的东西——在任何特定的互动中保持不变。这个赌注是,对于国际政治中的许多重要问题,战略环境的特征可以被有用地看作是不变的,至少在短期内或对单次互动而言如此。不过,战略选择路径认识到此赌注的局限性,用两种方式之一来处理其后果。

首先,如前所述,战略选择路径下的研究将问题视为"套盒",并通过将一种理论的自变量转化为其他理论的因变量来推进研究。一种表述中的外生事物在另一种表述中变成了需要解释的东西。如果一个行为体的偏好即使在单次互动中也不能被合理地视作给定的,那么一个可能的回应是将该行为体分解成一组更为基本的行为体,这些更为基本的行为体的偏好可以被有用地假定为独立于所考虑的环境变化。例如,体系理论假定国家是单一行为体,并把它们的偏好视为给定的,但其他理论的核心关切是通过观察次国家行为体的行为和互动来解释为什么国家会有如此这般偏好。以这种方式将偏好内生化是战略选择路径的重要组成部分。

其次,从更长期的角度看,战略选择的分析者认识到,战略环境的特征不可能是一成不变的,也许会受到战略互动结果的影响。这就需要具体说明行为体及其环境如何相互影响。尽管这一领域的工作仍处在起步阶段,但战略选择路径目前正寄望于演化模型和选择过程(processes of selection),如迈尔斯·卡勒(Miles Kahler)将在第六章所讨论的,以捕捉和解释战略环境特征的长期变化过程。

认识论者提醒我们决策出现偏误的可能性。建构主义者对当下国际关系领域中被广泛接受和采用的许多理论根基给予了有益的关注并使之成为问题。这些都是重要的贡献。战略选择理论家们最近才开始接受这些替代选项带来的挑战。不过,这些路径之间的差异更多地体现为它们在方法论上的赌注,而不是它们对"真实世界"政治本质的看法。哪套方法论赌注最终被证明是最有用的,这是一个悬而未决的问题,而且很可能成为未来数年内继续研究和辩论的源头。

各 章 详 述

总之,与大多数理性选择路径一样,战略选择路径假定行为体是有目的性的,且至少在分析意义上可以有效地将行为体与环境区分开。这种路径通过在互动的所有层次反复进行概念实验来组织其探究过程;最广义地说,这些实验使行为体和环境发生变化,更具体地,它们使行为体可采用的行动和信息以及偏好和信念都发生变化。

实用主义位于战略选择路径的中心。例如,此路径不会赋予一组行为体相对于另一组行为体的特殊待遇。哪些行为体是相关的,哪些行为体必须纳入对特定问题的分析中,这取决于手头的问题。即便如此,也没有一种先验的方法来获知应该包括哪些行为体。在理论中选择行为体是研究者对什么可能被证明是分析手头问题一种富有成效的方法所作出的实用主义判断。类似地,战略选择路径是基于这样一种假定或希望,即国际关系研究可以通过切入许多不同领域的问题来取得进展。在这种局部均衡取向中,某一分析里所假定的东西很可能是另一分析里试图解释的东西。一旦我们理解了这些不同的问题,最终的目标则是将它们整合成一个更为普遍的表述。这种局部均衡视角使人们把政治想象成一种"套盒"智力游戏,在这种智力游戏中,更为基本的行为体进行互动,并通过这种互动构成更大的行为体,继而这些更大的行为体又与其他行为体互动。

最终,必须根据经验主义的收益来评判战略选择路径。它是否指向了有趣的研究问题,同时它是否有助于我们回答这些问题?无论如何,一个重要的中间收益是,它可以帮助我们将理论逻辑变得牢固和清晰,从而帮助我们决定哪些理论是值得花精力去进行实证评估的。这种中间收益来自战略选择路径的两个特点:它强调微观基础,也就是把行为体及其环境和结果联系起来,并且打破传统区分,包括不同分析层次、作为"低政治"的国际政治经济学和"高政治"的战争与和平、国际关系和其他政治领域之间的区分。

接下来的各章讨论了战略选择路径的特定维度。前两章突出了既有文献中存在大量混淆的议题,例如偏好(参见弗里登,第二章),或是已取得重大进展但可能未被重视的议题,例如不对称信息和动态互动的分析(参见莫罗,第三章)。接下来的两篇文章重点关注基本行为体的偏好聚合成"更高层次"行为体的问题,首先关注的是在已确立的政治制度的背景下,此领域同样取得了实质性进展(参见罗戈夫斯基,第四章),然后关注的是在制度薄弱或不存在的背景下,我们对这些情形的理解仍然还很初步(参见古勒维奇,第五章)。最后,第六章和第七章考虑了战略选择路径的一些局限性和未来研究方向。

在第二章中,杰弗里·弗里登探讨了偏好问题。首先,他认为将偏好和其他战略环境要素区分开来是非常重要的,如果不这样做,就会导致国际关系研究中许多理论和经验上的混乱。接着,他概述了三种可用来确定偏好的方式——通过假定、观察或演绎——并讨论了每种选项的优缺点。他的结论是,从先前的理论中推导出偏好通常是(但不总是)最令人满意的方法。

　　詹姆斯·莫罗在第三章中重点讨论了战略互动，特别是不对称信息和动态互动的问题。三个重要特征描绘了各式各样政治环境中的许多互动。首先，行为体可能无法约束或承诺履行它们的威胁和保证。例如在国际政治中，如果到履行承诺的时候一国发现这么做似乎不再符合其自身利益，那么无政府状态会使该国承诺执行一项誓言变得不可能。在美国政治中，没有哪届国会能约束另一届国会。而在国会内部，议员之间交换选票的约定也无法被强制执行。一名国会议员不能因为另一名议员在互投赞成票（log roll）中未履行他或她那部分职责而起诉后者。其次，行为体——无论是次国家行为体还是国家——往往不能确定其他行为体的动机、利益和偏好。例如在一场危机中，一国可能不确定另一国愿意冒多大的战争风险。最后，行为体往往有动机通过虚张声势、撒谎或是其他方式歪曲地呈现自己的真实偏好，以试图利用其他行为体的不确定性。这些特征产生了许多问题，而莫罗讨论了国际关系中出现的三个最为重要的问题：信号、承诺和议价。他展示了从这些问题的博弈论分析中得出的见解如何重塑我们对国际关系重要领域的理解，包括联盟和危机议价。

　　第二章和第三章集中关注的是行为体的属性及其环境。第四章和第五章则详细阐述了战略互动的组织方式，以及从这种互动中产生的见解。如上所述，战略选择路径通常假定更为基本的次国家行为体进行互动，并通过这种互动聚合成在国际舞台上互动的国家。制度在塑造行为体行为方面所起的作用一直是许多著作和辩论的主题。在国内政治中，行为体往往把它们的制度环境视作理所当然的，并在其中采取行动。国内制度经常作为约束因素，在一定程度上界定了国内行为体互动的战略场域，并且可以说，国际制度有时也会约束和塑造国家的行为。[35]第四章和第五章特别关注制度问题。

　　在第四章中，罗纳德·罗戈夫斯基（Ronald Rogowski）利用之前描述的第二类概念实验，研究不同的制度环境如何影响行为体的互动及其偏好的聚合。他特别研究了民主国家制度特征的变化对其外交政策特征的影响。他假设次国家行为体的基本偏好保持不变，但这些行为体追求其目标的制度环境在三个维度发生变化——选举权的范围、代表的性质（the nature of representation）和政府内部的决策规则。在一项内容广泛的实证评述中，罗戈夫斯基展示了这三个维度的变化如何影响一国外交政策的偏向性、可信性和连贯性，如何影响其为推行该政策而动员资源的能力，以及如何影响国内行为体的战略环境。随后，罗戈夫斯基将他从国内制度研究中得出的见解推广到国际领域。

罗戈夫斯基在第四章以及彼得·古勒维奇（Peter Gourevitch）在第五章中对制度的处理说明了战略选择路径的局部均衡取向。罗戈夫斯基考虑的是行为体将治理它们的制度结构视为理所当然的情况。然而，有些时候制度本身也会成为需要解决的问题。在这些治理问题中，行为体可能会就如何建立或改变那些将作为他们后续互动结构的制度进行讨价还价。古勒维奇通过区分两类情况来探讨治理问题中的政治。[36]当改变制度的成本较低时，古勒维奇认为制度在很大程度上是一种附带现象，对行为体的行为影响不大。行为体会选择那些能产生它们所偏好结果的制度。当制度变迁的成本较高时，制度很可能塑造行为体的行为以及政策结果。单是古勒维奇的这一区分就推进了新现实主义者和制度主义者之间关于制度约束效应的争论。如果制度投资的成本较低，我们就会得到新现实主义的国际关系图景，在这幅图景中，国际制度是附带的，仅仅反映了权力分配。如果成本较高，那么制度就会像制度主义者所相信的那样，具有重要的约束作用，且会影响国家行为。通过将关注重点放在那些决定制度在多大程度上塑造国家及其他类型行为体行为的因素上，古勒维奇的区分使我们超越了关于制度不同效应的竞争性说法。之后，古勒维奇接着考察了关于治理的争议如何解决这一问题。

第六章和第七章考虑了战略选择路径的局限性。将战略互动在分析意义上分解为由行为体和环境独立组成的，当被用于研究可能被称为演化的情况时，即行为体与其环境相互塑造的情况时，这一方法论赌注的收益可能是最小的。在这些情况下，人们无法进行之前所讨论的两个概念实验。例如，如果行为体和环境相互影响，那么人们就无法想象在不同环境下的同一组行为体。因为要是环境不同了，就会对行为体产生影响，而且它们也会变得不同。然而，即使当行为体和环境共同决定彼此时，人们仍然可以想象行为体依旧在努力增进其自身利益。这类情况只是研究起来更加困难。在第六章中，迈尔斯·卡勒着眼于演化理论，这些理论必然涉及行为体和环境相互塑造的情况，并讨论了这些理论可能对国际关系研究作出的贡献。

最后，阿瑟·斯坦在第七章中指出，对战略选择路径最常见的一些批评大多是关于特定的模型选择，而非路径本身。他接着转向战略选择路径的局限性以及根本性批评，强调了理论的不完备性。通过考察战略选择路径的弱点和局限，卡勒和斯坦都勾画了此路径下的方法论赌注获得回报的边界。

注　释

1. 关于国际关系中大辩论的近期评述可参见 Katzenstein，Keohane，and Krasner 1998。

2. 这大致相当于从以企业为分析单元的新古典经济学向以交易为基本单元的交易成本经济学的转变。参见 Williamson 1994，87—88。

3. 许多学者提倡将安全研究和国际政治经济学统一到一个共同理论路径之中的尝试。例如可参见 Jervis 1988；Keohane 1984；Lipson 1984；Powell 1991；以及 Stein 1983，1984。

4. 仅举一例，可比较对关系契约理论（relational contracting theory）的应用，该理论最早在经济学中发展起来，之后被应用于分析国会内部组织（Weingast and Marshall 1988）、贸易组织（Yarbrough and Yarbrough 1992）、殖民主义（Frieden 1994b）和美国外交政策（Lake 1999）。

5. 在建立他的"决策控制论"（cybernetic theory of decision making）时，斯坦布鲁纳（Steinbruner 1974）正是基于这些理由对理性选择理论进行了批评。在他所批评的强理性形式中，网球运动员将需要理解复杂的物理学，对击球时的轨迹进行近乎瞬时的计算，并在所有可能的回球位置和挥杆中进行识别和选择。很少有（如果有的话）网球运动员符合这种模式——而且我们怀疑那些符合的人也并不会特别擅长这项运动。在我们看来，一个"理性"的网球运动员，假定他（她）希望击中球，只需要评估几种实践过的方案，决定哪种方案最有可能获得回球成功，并采取相应的行动。

6. 行为体基于相对较少的信息也可以作出非常在行的决策。例如，通过了解特定投票提案（ballot proposition）的支持者，选民往往可以准确地决定支持或反对某项提案，甚至无需阅读其具体条款。参见 Lupia and McCubbins 1998。

7. 这点既适用于少数行为体相互之间拥有依情况而定的战略（mutually contingent strategies）的情况，如军备竞赛；也适用于有大量行为体但没有一个行为体能够影响结果的情况，如经典的集体行动困境或完全竞争市场。前者最好通过博弈论来建模，后者则通过博弈论或决策论来建模。尽管我们大量借鉴了博弈论的见解,但这一路径并不是由建模技术所界定的。

8. 下文将讨论此假定的一些局限性。

9. 不熟悉囚徒困境的读者请参考第三章的图 3.1 及其相关讨论。

10. 关于博弈树的讨论和博弈论的入门介绍,参见 Morrow 1994a。

11. 描述互动开始后这些信念如何演变亦是分析互动的一部分。

12. 有些理论甚至将个体进一步分解为由心理学的(如自我、本我与超我)或遗传学的(自私基因)成分构成。

13. 考虑到这种路径的灵活性,以及跨国互动被纳入特定理论的可能性,"盒子"很容易装进"其他盒子"的比喻可能会产生部分误导;准确地说,可能会有些奇形怪状的"盒子",它们的一些部分会突出到"其他盒子"中并可能在其他理论中被视作社会聚合体。尽管如此,我们在这里想表达的想法是,无论"盒子"中是哪一组行为体,它们的行动、信息、偏好和信念都是由那些无需立即进行分析的战略互动所外生确定的。

14. 当然,即使是所谓的一般均衡路径也会略去一些东西。例如,经济学中的一般均衡理论就不包括政治或文化因素。

15. 关于对柯庆生和斯奈德的分析的批评以及与战略选择路径一致的另一种解释,参见 Morrow 1993。关于部分基于偏好变化的解释的例子,可见米勒(Mueller 1989)对 1945 年以来没有发生重大战争的讨论。

16. 之后将讨论其他对比。

17. 杰维斯也认识到偏好会发生变化,他认为把志趣和偏好作为外生因素或许会使分析变得更加容易,"但代价是使注意力从可能包含大量我们感兴趣的解释性'行动'(explanatory 'action')的地方转移"(Jervis 1988, 3324—3325)。

18. 在建构主义路径中,卡赞斯坦(Katzenstein 1996b)亦将国家分解为更多的基本行为体,但他仍旧强调的是社会建构的身份和规范的重要性。

19. 我们所说的"微观基础"并不意味着所有的社会互动都可以或应该建立在个体行为的基础上。如前所述,谁是相关行为体是战略选择路径中一个实用主义的建模假定。更准确地说,我们使用此术语只是指需要明确有目的性的行为体的目标以及它们相互作用的环境。

20. 关于该辩论的评述,参见 Baldwin 1993 和 Powell 1994。关于个人在其中的贡献,参见 Gowa 1986;Grieco 1988a, 1988b, 1990, 1993;Keohane 1984, 1993;Lomborg 1993;Powell 1991, 1993;以及 Snidal 1991a, 1991b。

21. 人们也可以假定行为体寻求相对收益的最大化,并确定诱使它们采取行动以最大化其绝对收益的战略环境。参见 Snidal 1991a, 1991b。

22. 关于无政府状态的定义,参见 Art and Jervis 1992, 1;Axelrod and Keohane 1986, 226;Mearsheimer 1994—1995;以及 Waltz 1979, 88—93。

23. 关于无名氏定理的形式化表述,参见 Benoit and Krishna 1985 以及 Fudenberg and Maskin 1986。

24. 参见 Walt 1987;Schroeder 1994。

25. 其中可参见 Krasner 1976；Gilpin 1975，1981；Keohane 1980；1984。关于该理论的评论可参见 Conybeare 1984；Gowa 1989；McKeown 1983；Russett 1985；and Stein 1984。

26. 对重复博弈这种批评的详细阐述可参见 Powell 1991，1309—1310。

27. 费伦虽然考察的是克罗地亚这一特定案例，但他构建了一个更为普遍化的论点，在很大程度上重现了该原始模型的一篇已发表论文，参见 Fearon 1998。关于族群冲突中内在的一系列战略困境的讨论可参见 Lake and Rothchild 1996。

28. 关于法律议价(legal bargaining)的文献回顾，参见 Cooter and Rubinfeld 1989 和 Kennan and Wilson 1993，76—79。

29. 虽然在该模型中只能提出一个要约，但由于行为体双方都拥有私人信息，这使得此博弈在技术上难以分析。可参考 Powell 1996a，在其模型中行为体可以提出任意多的要约，并且在模型中，行为体对权力分布有一致意见。

30. 关于含私人信息的法律议价的其他博弈论模型，参见 Nalebuff 1987；Reinganum and Wilde 1986；Spier 1992。

31. 参见 Jervis 1976；Larson 1985；Khong 1992 和 Farnham 1994。利维(Levy 1994)对关于学习的文献进行了回顾。

32. 关于贝叶斯法则，参见 Morrow 1994a。

33. 举例来说，等式 $x + 1 = y$ 有无穷数量的解。

34. 在分析上，这等同于在更为理性主义的路径中将"偏好"作为外生因素。

35. 事实上，国际制度是约束了国家行为还是仅仅反映了权力分配，这是新现实主义和制度主义之间激烈争论的中心。我们采取的是一种中间立场。似乎很明显地，国际制度比国内制度的约束性要小。但要说它们没有作用似乎也很极端。在我们看来，真正的问题是要解释为什么制度的约束作用在国内政治和国际政治之间、在国际政治的不同议题之间，以及在国内政治的不同议题之间都是不同的。关于国际制度研究中选择性偏误存在的重要问题，参见 Downs, Rocke, and Barsoom 1996 和 Lake 1999。

36. 这种区分让人想起基欧汉和奈(Keohane and Nye 1989)关于机制理论(regime theory)的著作，以及他们所说的脆弱性相互依赖。如果改变一项机制的成本较低，那么这种情况就是低脆弱性的。如果成本较高，那么行为体就会变得脆弱。

第二章
国际关系中的行为体与偏好[*]

杰弗里·弗里登

　　利益在国际政治研究中处于中心位置。为了理解国家间的关系,我们必须考虑到它们的利益,就像在分析国家外交政策制定时,需要认真关注全国性辩论中各群体、官僚机构和其他参与者的利益一样。

　　然而,学术界对国家或次国家利益——或者我们称之为偏好——来源的关注却充满了混乱。在国际关系研究中,即使是对偏好的各种定义也有很大的不同,而对它们的分析使用更是千差万别。

　　本章就偏好在解释国际政治中的作用提出了两个主要观点。其一,为了大多数分析目的,必须将偏好与其他事物——最重要的是,与战略环境的特征——分开来看。否则,我们就无法在行为体的利益所起的因果作用以及它们所处的环境产生的因果作用之间作出区分。其二,学者们需要明确他们如何确定相关社会行为体的偏好。无论偏好是研究中感兴趣的变量还是控制变量,以清楚而明确的方式得到这些偏好是极其重要的。

　　本章与下一章有着错综复杂的联系。我强调在分析国际政治时需要

　　* 作者感谢全球冲突与合作研究所"国际关系中的战略选择"项目的其他成员,特别是戴维·莱克和罗伯特·鲍威尔提出的有益意见和建议,同时感谢威廉·克拉克(William Clark)、杰克·赫舒拉发(Jack Hirshleifer)、杰弗里·勒格罗(Jeffrey Legro)、莉萨·马丁(Lisa Martin)、杰克·斯奈德(Jack Snyder)和迈克尔·沃勒斯坦(Michael Wallerstein)的有益意见和建议。

仔细考虑行为体的偏好,而詹姆斯·莫罗则强调战略环境的作用。这两者都是战略选择路径的基本组成部分。

分析上用偏好来探究理论性问题、解释性问题以及具体案例,需要将偏好与其他事物区分开来,并明确地界定偏好。例如,在理论层面,关于战争在多大程度上是由国际体系的特征引起的,又在多大程度上是由国家利益的冲突引起的,解决这些争论需要我们能够确定国家的偏好。否则,我们就无法判断战争究竟是政府的好战目标造成的——在这种情况下解释的依据是对政府偏好的断定,还是敌对和不确定的环境造成的——在这种情况下即使是一片好意也会因环境的影响而显得徒劳。

在不那么抽象的层面,例如,国家之间的利益越相似就越有可能合作的假说需要以某种独立于其合作行动的方式确定国家的利益。出于同样的原因,较小数量的国家集团比较大数量的国家集团更有可能合作的假说也需要能够控制相关国家在利益相似程度上的差异。

对具体事件的评估也是如此。正如参与者们对德国在 20 世纪 30 年代行动的看法取决于他们对德国的目标(偏好)所持的信念,具体方式详见下一章,对德国行动在学术上的解读也是如此。貌似可信的是,德国对欧洲均势的反应同其他国家——甚至是那些有着非常不同的意识形态和其他偏好的国家——的反应大体相同。但同样貌似可信的是,该国及其领导人独特的——也许是独特地具有侵略性的——偏好才是德国行动的主要起因。这两种解释都需要对德国的实际偏好是什么有一些事先的概念,以便研究这些偏好对德国政策的影响。

关于偏好的问题特别重要,因为虽然偏好是所有解释的一部分,但它们是无法直接观察到的。与参与者们一样,国际政治学者只能观察到国家及其领导人的行为;我们无法知道他们的真实动机。虽然观察到的行为可能完美地反映了行为体的偏好,但行为也可能受到不确定性、制度和战略环境等其他因素的强大影响。因此,这需要我们仔细地关注行为体偏好独立的影响及来源。

本章阐明了偏好在国际关系研究中的作用。本章指出了常见的错误,坚持认为有必要明确区分偏好和其他因素,并探讨了得出偏好的不同路径。本章的目的并非作为一种原创性贡献,而是对学术界"最佳实践"

的总结和提炼。其动机是对一种共同语言的实际关注,这种共同语言使学者的工作有助于知识的积累,而不是助长那些基于误解和误会的辩论。

文章第一节给出了用于讨论偏好以及偏好形成的定义。在本书中,行为体被认为对结果有所偏好,比如财富或者领土;这些偏好引导它们制定战略,比如自由贸易和军事进攻。第二节将讨论在评估偏好和使用偏好解释其他事情时所必需的准确性。此节介绍了有关偏好的三组常见错误:在一个单次互动中把偏好混淆成战略,只关注偏好而忽略其情境,或者只关注情境而忽略偏好。

在第三节中,我将讨论分析者出于分析目的而试图确定偏好的方法。无论所关心的单元是个人、官僚机构、利益集团还是民族国家,如果事先没有对其目标的某种认知,就无法对其行动进行有效地分析。这些偏好可以由分析者根据惯例或选择来假定。偏好本身亦可进行经验性地研究。或者——我认为是最令人满意,但在某种程度上又是最困难的研究策略——行为体的偏好可以从先前的理论原理中推导出来。

第四节也是最后一节提供了一些示例,说明此处提出的路径如何有可能对学者有所帮助。我认为,对偏好的明确关注有助于在理论层面和实证应用中阐明国际关系中长期存在的问题。

定义:偏好与战略

偏好与战略以及其他与之相当的词在社会科学中不断被使用,但往往被赋予不同的含义。在这里,我们采用简单的定义,因为我们认识到没有一套普遍接受的术语,而且这也不是一个原则问题。

关键点在于,在任何特定的环境中,行为体都偏好某些结果而非另一些结果,并采取某种战略来实现其最为偏好的可能结果。正如本书第一章所指出的,行为体的偏好对特定环境中可能出现的结果进行排序。行为体的战略就是尽可能接近其最为偏好的结果的努力。

上述定义指的是一种特别的互动——一个"盒子",借用第一章的比喻来说,它很可能在其他"盒子"中。这种意义上的互动可以持续很长时间,如19世纪70年代直至第二次世界大战的英德关系,也可以持续很短时间,如1938年捷克危机中的英德关系。偏好与战略间的区分是复杂的,因为在一个"盒子"中被认为是偏好的东西,在另一个"盒子"中可能会是战略。不过,在任何特定的互动中,偏好和战略必须是有所区别的,而且偏好需要在特定互动中保持不变。

偏好

行为体的偏好是其对互动的可能结果进行排序的方式。就像我们在这里感兴趣的大多数情况一样,如果环境是一种战略互动(一个博弈),这就涉及对博弈树的终点结进行排序。

在一个确定的互动中,偏好被视为给定的,并用于分析其他因素。一家企业对贸易保护的偏好通常被用来解释其偏好本身之外的事情,比如

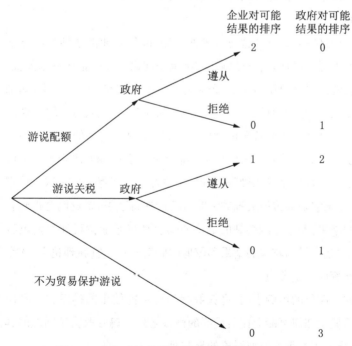

图2.1　企业对某种的偏好可用于分析其他行为。
在本例中,一家企业对贸易保护的偏好被用来解释其游说行为

它的游说行为。例如，一家企业面临的选择可能是，向政府请求关税，或是请求配额，或是完全不寻求保护。图 2.1 想要说明的是：一家企业最偏好配额，其次是关税，最不愿意没有保护的情况，这种偏好模式被认为是给定的，而且在这一互动中保持不变。在此图中，政府对企业游说努力的反应也被表示出来。如果企业寻求配额且政府也遵从，那么企业就获得了其最为偏好的结果，其收益我们比方说是 2。如果寻求关税且政府同意，那么企业将获得次好的结果。这给企业带来了一些较低的收益，比方说是 1。最后，如果不寻求任何保护或政府拒绝了其游说努力，那么企业将得到最坏的结果以及最低的收益。

进一步假设，该企业知道它与政府之间存在利益冲突。在这个非常简单的示例中，相比于其他选择，政府更偏好自由贸易，不那么喜欢关税，并且厌恶配额，但政府也希望能满足选民的需求。因此，相比起准予关税，政府更偏好不设贸易壁垒（在没有需求的情况下），依次地，政府宁愿准予关税也不愿拒绝选民的需求，但是它宁愿拒绝选民的需求也不愿准予配额。[1]

鉴于这些偏好以及这一简单的战略环境，企业的最佳行动方案便是为关税进行游说，即使它最偏好的结果是配额。如果企业寻求关税，政府将对它的游说努力作出让步，企业将获得 1 的收益。相比之下，如果企业争取配额或全然不游说，它将得不到任何保护，只能获得 0 的收益。

虽然这个示例非常简单（第三章考虑了更为复杂的战略互动），但它提出了一个关于偏好的重要观点。企业所拥有的偏好决定了它如何将可能的结果进行排序：配额好过关税，关税好过没有保护。在这一特定的互动中，如果它采取游说关税的策略且政府亦将准予，企业就会得到它最为偏好的结果，即它可能得到的最高收益。如果企业游说配额而政府予以拒绝，它就会得到较差的结果和较低的收益——尽管在理论上，该企业更偏好配额而不是关税。

这一简单的示例表明，将偏好视为对可能结果的排序这一看似直截了当的概念如何可能会掩盖重要的微妙之处。偏好取决于问题的具体说明，这指向了本章主题要讨论的那些难题。

与其进一步研究图 2.1 所示的互动关系，我们不如打开包含这种情况的"盒子"来发问,例如,为什么实际上企业比起关税更偏好配额——毕竟,这两者本身大概都是实现更基本目的的手段。对于这个"盒子"中的分析,我们同样需要确定好偏好,这里是偏好更多的而非更少的保护主义租金。企业的对手方(counterpart)现在是,比如说,一家外国生产商(在一个两国、两企业的世界市场中)。可供选择的包括外国和本国的贸易政策。如果两家企业都在其本国市场上获得配额,租金就会最大化(外国生产商和本国生产商从配额中分得租金,而本国生产商和本国政府则从关税中分得租金)。[2] 本国企业知道,如果它获得关税,那么外国企业也会这样做,而双边关税产生的保护主义租金比双边配额产生的保护主义租金要少。因此,企业偏好更多而非更少的保护主义租金意味着包含双边配额终点结的排序要高于包含双边关税的终点节,其中偏好是给定的并且在此互动中保持不变。

我们可以进入下一个"盒子"继续展开探究,也许会问到为什么该企业更愿意寻求政策诱导的(policy-induced)租金,而不是完全专注于市场活动。在这个"盒子"中,我们将企业的偏好固定为更多而非更少的利润(以实现利润最大化)。接着我们考察企业经营的环境,看其对寻租需求意味着什么。对于一个特别有活力的企业来说,政治游说的机会成本可能太高了,以至于没有理由把宝贵的经营时间从其极具生产力的其他用途中转移出来。也可能是——让我们回到之前讨论过的"盒子"中——对于一家陷入困境的企业来说,在其他方面效率低下的经营者们将精力用来努力让政府提供租金,这才是最有利可图的。那么在这个"盒子"中,利润最大化的偏好使得企业追求保护主义租金。

在一个特定的"盒子"中,政治科学家通常对偏好本身不感兴趣,而是对这些偏好如何影响选择感兴趣。在通常情况下,偏好之所以引起人们的兴趣,是因为它们所产生的行为。这并不是说偏好无须得到解释,事实上,很多社会科学都涉及解释企业、国家以及其他单元的偏好差异。从使分析成为可能的实用主义立场来看,问题的关键仅是指在所讨论的互动中,偏好被视为给定的并保持不变。这并非旨在描述现实,而是作为一种有用的分析边界来考察所要研究的问题。

这种观念常被称为对结果的偏好。如第一章所述,行为体的偏好是指它们如何对其自身行动以及他人行动的不同可能结果进行估值。行为体的偏好没法独立于实现这些结果的手段,其偏好只是独立于结果本身。[3]

我们可以回到之前贸易政策的示例,颠倒之前对案例的展现顺序,以便更充分地符合此示例的逻辑。在第一种情形下,给定企业偏好更多而非更少的利润,在这种设定下,企业确定保护主义租金是值得追求的。在第二种情形下,给定企业偏好获得更多而不是更少的保护主义租金,在这种设定下,企业确定最好的可能结果为双边配额。在第三种情形下,给定企业对配额的偏好多过关税并多过没有保护,在这种设定下,企业最终会请求征收关税,因为要求配额会产生更糟的结果,即没有保护。

偏好无法被直接观察到。行为体的偏好导致了其行为,但方式取决于环境。正如下一章中详细讨论的,战略环境能够从根本上影响人、企业和国家的行为。因此,如果没有更多关于战略环境和(或)偏好形成过程的信息,就不可能知道行为如何映射回偏好。可以想象,一个特定的公开贸易谈判立场是与一系列广泛的偏好相一致的。在上面的示例中,我们只观察到该企业向政府提出关税请求;在这种情况下,推断该企业更偏好关税而非配额是不正确的。

战略

国家、群体或个体需要有实现其目标的方法,需要有实现其偏好的途径。这些途径必须考虑到环境——其他行为体和它们的预期行为、可获得的信息、权势差异。在这种战略环境下,战略是行为主体用来尽可能接近其偏好的工具。

战略意味着达到目的的特定手段。因此,研究涉及的相关单元在一组战略或另一组战略之间没有独立的偏爱(independent predilection);相关单元只想要通过最佳的手段来达到所期望的目的。战略源于偏好;它们是在考虑到他者的预期行动、能力差别、知识和信息以及其他环境特征的情况下实现目标的方法;一些最为重要的信息特征将由詹姆斯·莫罗在第三章中论述。[4]

偏好的直接不可观察性与战略的直接不可观察性极其相似。行动是由什么产生的,是偏好还是战略、是潜在的利益还是这些因素在其中发挥作用的环境,这从来就不是显而易见的。

偏好在任何给定的环境中都是固定的,而战略则由其衍生而来。不过,按照"套盒"的标准,一个"盒子"中的偏好很可能是前一个"盒子"中的战略。回到贸易政策,在一次互动中,追求利润最大化的偏好导致了寻租战略;在下一次互动中,追求最大租金的偏好导致了双边配额战略;在最后一次互动中,对配额的偏好多过关税并多过对没有保护的偏好导致了要求征收关税的战略。

这些术语暗示了一种进程。给定一个行为体的偏好,该行为体会根据环境所提供的可能性形成战略。在随后的互动中——互动之间必须在分析意义上相区分,头一个例子里的战略可以被看作偏好,为实现这一偏好,行为体又根据环境的约束制定战略。此进程中的每一步都涉及某种偏好,然后是对追求该偏好的环境作出评估,最后是获得偏好衍生出的战略。在一个确定了的环境里,偏好会产生战略。

从外生给定的偏好得出战略,这一清晰进程的可取之处并未阻止对偏好本身进行解释的尝试。在一个语境下被看作外生的事物可能会在另一个语境下被"问题化"并加以研究。在某些情况下,从企业对贸易保护的偏好入手研究其如何影响企业的游说行为是有帮助的;在其他情况下,尝试确定企业贸易政策偏好的来源是有帮助的。

问及国家或其他行为体的偏好来源固然重要,但在一个"回合"的分析中保持这些偏好不变是可取的。如果我们对两国之间的外交关系感兴趣,那么仅仅断言其中一国的偏好在互动过程中发生了变化,对我们的分析没什么帮助。当然,真实情况很可能是这样——政府被推翻或被投票选下台,并被其他具有不同偏好的政府所取代——但这最好被视为互动特征的改变,故其被当成另一个回合或另一个博弈。

对此部分做个总结,在本书中,偏好代表一次互动中最期望的结果。在某一特定环境中,偏好会引导行为主体设计一种战略。在一次互动中,给定环境中的偏好(目的)决定了对战略(手段)的选择。将国家、群体和个体的偏好与其所面对的战略环境相区分,这在实践和分析意义上都是重要的。基于同样的道理,在实践和分析意义上保持一个回合互动中的偏好不变也是重要的。这使我们能够考察不同的偏好和环境如何影响结果。

关于给国家、群体、企业或个体指定恰当的偏好，学者们存在分歧。但对合理分歧（legitimate disagreement）的追求只会因定义不明而受阻；有鉴于此，我们提议使用一种共同的语言来进行理论和实证辩论。在接下来的内容中，我将进一步讨论如何对偏好进行假定、检验或推导，以及这种偏好的由来如何影响分析。不过在此之前，有必要指出与偏好概念及其在国际关系中的使用有关的一些问题。

关于偏好的问题

偏好—战略—结果之间的区分看似直截了当，然而在解释的过程中，偏好的作用往往被轻率断言所掩盖，或被含糊其词搅混。的确，国际关系中的大量混淆都可追溯至对作为分析性概念的偏好和战略的定义和使用不准确。

通常，社会科学探究的目标是解释结果、解释观察到的趋势或事件。对结果的分析一般涉及比较静态（comparative statics），即第一章讨论的"概念实验"。例如，我们可以问，某个结果如何受到一个行为体偏好变化或战略环境变化的影响。詹姆斯·莫罗在下一章给出了许多例子，说明战略环境的变化如何影响结果；罗纳德·罗戈夫斯基在第四章提供了许多例子，说明战略环境的一个特定组成部分——制度环境——的变化如何影响结果。社会科学的大量内容都与"概念实验"有关，其中一个或另一个类似的要素变化会对事件产生影响。

事实上，国际关系的分析者们长期以来一直在讨论偏好和战略环境如何共同地或分别地影响结果。[5]此领域的许多辩论都关于结果主要是由国际体系的约束还是由国家的偏好所导致的。例如，一种强现实主义流派认为，国家偏好被国家间竞争的压力所淹没，以至于所有国家都必须采取基本相同的战略。另一方面，一种强烈的国内支配视角可能认为，不同的国家战略主要起因于不同的国家特征和偏好。[6]评判国家利益和国际约束——偏好和战略环境——变化的解释效果是国际关系研究的核心,而这需要对两者在分析上进行明确的区分。

如果没有清楚地将偏好、战略、环境以及我们想要评估其影响的其他因素区分开来,我们就无法进行必要的"概念实验"来评估这些迥异的观点。具体地说,我们不能仅仅通过观察去确定偏好和环境是如何互动来影响结果的。偏好是无法观察且独立于结果的;事实上,行为体的利益可能解释得了某个事件,但是一个结果究竟是由一个群体或个体不受限制的意向性行动(untrammeled intentional action)造成的,还是群体和个体之间相互作用产生的结果,这在一个变动的环境中很少是不言自明的。在评估这样一些可能性时,预先清楚地了解行为主体的偏好至关重要。[7]

换言之,当行为体是具有战略性的,我们不能直接从它们的行为中推断出它们行为的原因。我们既要考虑它们的潜在偏好,也要考虑它们设计其行动的战略环境。如果一项政策只对一个行为体以完全明确的方式产生影响,那么从偏好到行为和结果的转化可能很简单。当涉及一个以上的行为体(或一组行为体)时,就会出现它们之间进行战略互动的可能性。如果信息环境是有问题的——对世界或他者的真实特征存在不确定性,那么从愿望到行动再到效果的因果链就更难勾勒出来。正如下一章所指出的,关于政治的许多内容都可以用上述说法来描述,因此,对于我们感兴趣的一系列广泛的问题,无论是简单了解偏好还是简单了解战略环境,都不足以理解政治的原因和效果。

在我们贸易政策的示例中,政府为一家企业给予了关税保护。对这一结果的分析可能会集中在试图了解企业的偏好、其他行为体的偏好和战略环境是如何相互作用从而产生所观察到的政策。将偏好和战略融合在一起可能会使分析者得出这样的结论:与其他政策相比,政府更为偏好关税——毕竟,这就是它所实施的政策。这也可能导致分析者得出结论认为,企业更为偏好关税而非配额——毕竟,这是它向政府提出的要求。这两种结论都是不正确的,在我们的设定中,政府更偏好没有贸易保护而非关税,而企业更偏好配额而非关税。

只有更复杂的研究设计,或一系列"概念实验",才能建立真正的因果链。首先,我们需要将偏好和战略明确区分开,并仔细考虑两者的作用。其次,我们需要一些事先的方法来确定哪些企业会持有哪些偏好。我会在下一节中回答后一个(确定偏好的)问题,并在这里集中讨论对前一个问题关注不够而易犯的错误。

政治学和国际关系中充斥着对下述原则的违反(violations),该原则即明确区分偏好和环境,并仔细考虑两者对结果的可能影响。这些违反通常分为三类,我称为混淆、委任和遗漏过错。

第一种是混淆过错(sins of confusion),把偏好和战略环境混为一谈,不允许对它们的独立影响进行考察。这种混淆为国际关系中最古老也是最不富成效的辩论之一注入了活力:关于"现实主义"路径下民族国家偏好的辩论。[8]许多早期现实主义者认为——现在仍有一些人这样认为——国家要最大化权力或生存可能性。两者都基于国家所处的相对位置,且类似于最大化"相对收益"(我认为两者是类似的,尽管它们也有些不同)。

对这一论断最直接的诠释是,渴望权力是国家的一种真实偏好,事实上这一点也经常被明确地指出:权力或生存都在国家的效用函数之中。这意味着国家重视权力本身,而且无论在什么环境背景下,都愿意使所有其他目标服从于权力。

这几乎肯定不是大多数现实主义者的内心想法;事实上,他们经常明确地表示,正是国际体系迫使各国最大限度地提升权力或生存概率。[9]如果是这样,那么权力最大化就不是一个偏好,而是一种战略。这意味着现实主义者并未定义国家的偏好,而这使得他们的分析具有内在的不完整性。

一种可能的解释是,现实主义者相信(并因而假定)国际环境的影响力是如此之大,以至于迫使所有国家,无论其偏好和面对的环境如何不同,都要采取相同的权力最大化战略。这意味着,国家的大小、形态、社会经济和政治构成以及国际环境对国家的权力最大化战略没有影响。

那么,现实主义立场的逻辑是,国家偏好在国际政治中是无关紧要的。之所以如此,是因为体系性的约束非常严格,所有国家都必须追求相同的权力驱动型战略。这一极其强烈的论断的含义并不总是被人们所理解。

　　这说明了明确定义的重要性。在国际关系中,至少有一些理论上的混淆是由于偏好与战略等术语的使用方式多种多样而且往往意义迥异所导致的。

　　例如,国际关系中通常把利益和地缘政治条件合并成一个总的解释变量。举个例子,斯蒂芬·沃尔特(Stephen Walt 1987)提出了对权力平衡分析(balance-of-power analysis)的修正,他称之为“威胁平衡”(balance of threat)。他的意思是,各国不仅对其面对的权力比例(power ratios)作出反应,而且对其他国家所构成的被感知到的威胁作出反应。对威胁的感知包含了诸如侵略意图、地理邻近性和意识形态等因素。沃尔特显然考虑到了包括相关国家偏好在内的特征,例如,内在的“利益冲突”程度。这就把国家的偏好、战略和环境混合成了单一因素:不仅要看行为体的权力有多大,还要看它想要什么,它打算如何达成目标,以及发生这种情况的环境背景。

　　毫不奇怪,这种对偏好和战略的混合比单纯关注权力(即从一国的相对地位出发所产生的战略)本身的效果要好,因为它扩大了解释因素的范围。沃尔特对联盟形成的实证应用(另参见 Walt [1991])确实将几个因素结合成了他所称的一个因素,即一国的偏好,再加上该国考虑到其偏好和环境特征(比如其权力)而采取的战略。

　　问题是,这种路径使人们不可能知道结果是如何受到国际权力关系、不同的国家利益以及其他环境特征的影响,这些因素捆绑在一起,构成了被感知到的威胁。首先,几个潜在的原因变量含混不清,使人们难以完整地看到论证的逻辑——例如,利益冲突是否以及如何影响国家的战略,或者国家战略本身受到权力差距的影响,又或者受到其他国家意图的影响。如果一国的偏好——也许是其意识形态的函数——在分析上与其战略——即行为的“进攻性”——区分开来,那么这个理论的逻辑就会更加坚固。其次,从经验上看,我们不可能厘清国家的政策及其结果会如何对偏好、环境和其他因素的变化作出反应。进攻性的意图可能会受到地理邻近、意识形态或权力差别的影响,而无法让其中一个或另一个因素保持不变,这就不可能进行大多数人心目中试图解释联盟模式的“概念实验”:如果国家之间有更为相似的偏好、更好的信息,或更小的权力差距,联盟将被如何改变?

偏好和战略的缠绕也会造成理论上的混淆。沃尔特似乎将其论点看作对强调权力(战略环境)的轻微修正。但这是不正确的:事实上,他坚持认为偏好和战略环境都很重要,这与现实主义者认为体系性约束占支配地位的看法相矛盾。

同时关注偏好和战略比只关注其中之一来说当然是向前推进了。然而,对两者的包含使得确保它们在分析上相区分变得更为重要。未能这样做会使解释变得混淆,而非清晰;这样也会妨碍对所提出的论点和证据的理论含义的仔细考虑。

除了混淆之外,不能独立于结果而直接观察到偏好,这使得另外两种错误变得常见且具有破坏性。其中一种,我称之为委任过错(sins of commission),即断言结果的变化仅仅是由于偏好的变化引起的。另一种,我称之为遗漏过错(sins of omission),即断言结果的变化与偏好的变化无关。每种过错都涉及未能实行第一章中讨论的"概念实验"之一。第一组过错忽视了在保持行为体属性不变的同时改变环境的比较静态分析操作;第二组过错则忽视了在保持环境不变的同时改变行为体属性的分析操作。

委任过错出现在当分析者观察到一个结果,并将其与行为体的偏好直接联系起来时。这种分析通常会断言,由于结果使某些行为体受益,所以是它们且只有它们造成了这种结果。这就犯了一个逻辑谬误,即认为最受结果青睐者的偏好一定决定了结果本身,而忽略了战略互动可能从根本上改变这一过程及其终点的可能性。事实上,这种论点往往是双重循环论证的:它们从结果中推断出权势大的行为体的动机,然后又说结果是由权势大的行为体决定的。

因此,这种委任过错将结果归结为偏好,而没有仔细注意战略互动和行为体偏好以外的其他因素。很可能像通常所断言的那样,国家间冲突的原因必须从特定国家的好战性中寻找,又或者说,采取贸易保护是受到那些从中获益者的影响。然而,如果不对偏好本身以外因素的潜在影响进行评估,我们就无法得知这些观点是否准确。在下一章中,詹姆斯·莫罗给出了关于战略环境影响行为的一般性指导原则和具体例子。

这种委任疏忽的一个常见变体是简单地通过断言国家偏好发生了变化来解释国家间关系的变化。[10]在我们排除一项结果的改变是由于战略环境的改变（如信息增加或议价条件变化）的可能性之前，需要仔细关注相关的互动。在面对国家间关系的变化时，太多的分析者会屈从于诱惑，援引国家偏好的变化本身来解释这种变化。虽然这种情况可能经常是事实，但判定此论点时需要拒绝下述可能性，即偏好保持不变而环境——那些改变一组固定政府间战略互动的特征和结果的事物——或许已经发生了改变。出于解释的目的，不能理所当然地把偏好直接转化成结果。

另一方面，遗漏过错包括了未控制行为体偏好情况下，关于战略互动和其他环境因素影响的断言。这在那些强调相关行为所发生的环境之重要性的学者中尤其常见，例如极大的不确定性或缺乏第三方执行机制（如国际政治的"无政府状态"）。这往往导致分析者将结果归因为战略互动本身，而未认真关注行为体的基本偏好。国家间的分歧既可能是由于在一个不确定的、信息贫乏的、缺乏第三方执行的世界中难以维持合作；又或是，这些分歧事实上可能是由于两个或多个国家固有的目标对立而产生的。贸易保护可能是合作破裂的结果，也可能是两国都抱有减少进口的简单愿望——不管是出于何种国内原因。

肯尼思·奥耶（Kenneth Oye 1986b，6—9）给出了一个尤为清楚的论证，以说明为何认真关注偏好对分析而言很重要。他指出，许多国际冲突或合作的事例被归结为结构性因素，而事实上，它们可能可以更准确地被归因于国家偏好的对立或和谐，这使对环境约束的关注变得多余。如果不能首先确定在其他方面可能存在一些带来分歧的原因，我们就不能断言是战略环境导致了国家间合作，反之亦然。马丁（Martin 1992b）因此将国家间互动区分为偏好基本和谐的互动和事实上存在现实或潜在利益冲突的互动。这就避免了遗漏过错，即以战略环境来确定结果，而未充分关注偏好。

要完全理解国际政治结果的起源，需要对偏好和战略环境两者都认真加以关注。而且还需要对两者进行仔细划分，并在理论和经验上仔细考虑各自解释的重要性。

然而，这首先需要以某种方式来确定行为体的偏好。如前所述，偏好是无法直接被观察到的;这意味着要把偏好"分配"给特定的个体、群体或国家是不容易的。的确,在社会科学和国际关系中,最令人生畏的问题之一就是确定行为主体的偏好。我现在要谈的就是这个问题。

偏好的假定、观察与演绎

因为偏好对分析是如此重要,所以有一些途径去了解这些偏好是至关重要的。学者们通常通过以下三种途径来明确偏好:假定、观察和演绎。这些方法并不相互排斥,但它们是不同的。

每种方法都有各自的优缺点。不过,我认为在分析上最令人满意的途径是根据先前的理论来推断偏好。[11]然而,当分析需要用到国家偏好时,必须承认,我们很少有国家层次的偏好理论——也就是说,仅仅根据国家的属性来确定一个国家的偏好是什么的方法。这就意味着,"国家偏好"最好是从次国家单元——特别是个体、企业和群体——的偏好理论与国家层次的偏好聚合理论(theories of preference aggregation)一起推导出来的。这条道路令人生畏,但却是最有希望的道路。部分由于我所论证的这一选择所存在的困难,对其他选项进行探讨是值得的。其中就包括对偏好的假定和观察。

假定

假定偏好是最为容易的。在国际关系对民族国家偏好的主要应用中,最简单的假定可能是国家试图使国民福利最大化。但这要么是空洞的,未能解决国民福利如何定义的问题,要么是难以置信的,假定政府通过一些简单的标准准确地反映了其公民的偏好。

我们可以假定国家偏好国家财富或规模的最大化。例如,牛铭实、奥德舒克和罗斯(Niou, Ordeshook and Rose 1989, 49)就假定国家会最大化其国家资源。[12]原则上,任何一组目标都可以用于国家和其他分析单元。事实上,使用假定偏好的方法与经济学所使用的方法最为相似,而且尽管长期以来争论不休，但这种方法似乎是合适的。

不过，假定国家偏好也存在问题。国际关系中关于偏好充满争议的讨论与经济学中使用偏好的相对简单的方式形成了对比，这并非偶然。事实上，对这两个领域进行比较有助于澄清为什么在国际政治分析中假定偏好会有如此大的问题。

在经济学中，通常假定个体和企业都是财富（或利润）最大化的。[13]大多数经济学家都承认，这不是对现实准确的描述，而只是对经济分析有用的描述。他们提出了财富或利润最大化的偏好，并在此基础上建立了个体和企业在不同环境下如何行动以实现收入最大化的模型。

在这种语境下，所有行为体本质上都有相同的财富最大化偏好，而起因于该偏好的一切事物都是某种战略。[14]结果的差异是由于具有相同偏好的企业和个体处于不同的情境之中。竞争性市场与寡头垄断市场中的价格不同，原因是市场结构，而市场结构对任何一家企业来说都是外生的，而不是出于企业的偏好。竞争性市场中的企业行为与寡头垄断市场中有所不同，不是因为在偏好上——所有的企业都是利润最大化者——存在差异，而是因为它们面对的情境不同。不同的结果（价格、数量）或不同的行为（营销或投资策略）并不是因为偏好不同——有些企业追求财富最大化，有些企业追求安全——而是因为条件不同。[15]

当然，情况并非如此简单。经济学中有大量文献致力于将企业的偏好"问题化"，即从组成企业的个体入手，然后试图了解这些个体之间的关系如何影响企业的目标。企业并不是纯粹的利润最大化者，而是反映了构成企业的个体的财富最大化动机，这一观点实际已被广泛接受，而且许多经济学家已经探讨了企业是如何由许多个体构成的。[16]（这与政治学家试图通过观察构成国家的个体来明确国家偏好的做法之间的相似性是显而易见的。）尽管如此，这并没有阻止大多数经济学家在大多数时候使用企业利润最大化的简化假定。[17]

国际政治研究的三个特点使对国家偏好进行简单的假定比经济学中的偏好假定更为困难。首先，经济学中行为体的变化是有限的，也就是企业和个体。在市场交易领域似乎不难接受，不同企业之间的偏好相对相似，不同个体之间的偏好也是如此，而且这两种偏好实际上也是类似的：

企业利润最大化而个体财富最大化。但是,国际政治涉及个体、企业、群体、民族国家、国际组织和跨国行为体等,也许还有其他的。而且没有什么理由指望所有这些不同行为体有类似的偏好,甚至没有理由指望同一类行为者(国家、群体、国际组织)的偏好是同质的。

其次,即使我们能够就国际政治中一些主要的同质化行为体达成一致,我们也无法毫不含糊地假定这些行为体的偏好。那些在模型中将民族国家视为有目的性的单一行为体的学者,他们彼此之间也无法就应该为民族国家假定什么目的(偏好)达成一致。换句话说,关于能被普遍接受的假定是什么,以及关于行为体偏好一般化的等价物(generalized equivalence)是什么,我们还缺乏像经济学那样的共识。

最后,国际关系涉及许多维度的多重议题。经济学主要是关于市场内部的互动,虽然市场行为体通常必须应对不止一项关切(例如价格、数量和质量),但与国际政治的复杂性相比,这就显得相形见绌了。国家,或其他任何国际政治分析的相关单元,其具有偏好和战略的事情可能包罗万象:其中固然包括贸易、财富和国防,但也包括文化和语言联系、跨境污染、移民、人权、意识形态和种族。要想象如何推导一家追求利润最大化的企业关于价格、数量和质量的战略是不难的,但要看出如何能对偏好给出既重要又有用的假定来分析法国文化政策、英国移民政策、伊朗宗教政策或是美国药品政策的国际成分则是困难的。

出于所有上述理由,经济学中常见的对偏好的简单假定在国际关系中往往不能令人满意。虽然经济学家通常从毫无疑问的利润最大化企业开始他们的分析,但国际政治学者则必须对行为体的偏好给予更多关注。

这并不是要否认可以用假定的国家偏好开展有价值的分析。与其他许多情况一样,这类有价值的分析很可能发生在那些我们有一定的理由相信假定恰如其分的地方——也许是通过逆向倒推(working backward),拆开"套盒",直至达到一定程度时会相对清楚地知道我们所需要作出的假定。这种情况可能是明显的分配性后果很少的国际公共物品,如防止全球变暖或控制传染病。以尽可能低的成本减少这些威胁的偏好并不牵强。在互动领域仅限于单一维度的情况下,也可以毫无疑问地假定偏好。核大国在重大危机中可能有着类似偏好,这看起来是合理的,其排序依次为不发生战争而取胜、发生战争后取胜、不发生战争就被击败、发生战争后被击败。同样，在债权国和债务国就债务偿还问题进行谈判时，似乎有理由假定，债务国希望尽可能少地偿还债务，而债权国希望尽可能多地得到偿还。

事实上，即便如此也还有乞题（begs the question）之嫌。如果说我们对假定"看似合理"的偏好感到放心，那只是掩盖了关于这些偏好的基本理论或经验论证。更有意义的做法是，明确地关注是什么让一些偏好看起来比另一些偏好显得合理。因此，虽然实际分析中往往需要一个外生决定的国家偏好假定，但我们有理由要求更多。

观察

用于确定国际舞台上民族国家偏好的第二种方法是观察（或者有时也被称为归纳）。在这种情况下，学者试图通过考察该国的行为来确定其国家偏好。这些观察到的（或"被揭示的"）偏好随后被用于分析国家之间或国家与非国家行为体之间的互动。

存在各种各样的例子；事实上，关于民族国家持久目标的大多数探究都属于这类。通常，学者们研究的是国家及其决策者的言行，并在此基础上归纳出国家偏好的功能性等价物。

具有广泛基础的国家意识形态观念往往被作为明确的偏好提出。其中包括国家认同（Larson, in Jervis and Snyder 1991，88—92）和关于何为适当的国家目标的广泛共同信念。查尔斯·库普乾（Charles Kupchan）将此称为"战略文化"，"为国家安全的构成提供了一种深度嵌入的见解"（Kupchan 1994，89）。其中一项研究（Krasner 1978）考察了美国的海外原材料投资政策，并得出结论认为美国的"国家利益"在很大程度上是意识形态的。

国家偏好通常被更狭义地追溯到国家精英的意识形态观点，这些意识形态观点比国家的文化特征更为具体；库普乾（Kupchan 1994）区分了战略文化——这属于全体民众——和战略信念。后者在他看来是精英们的事情，比如包括"在设定地理上的优先事项时对军事、经济和声誉等考虑因素所赋予的相对权重"（Kupchan 1994，68）。

对国家大战略的援引通常是指精英们在一个相对较长的时期内所确定的目标,但又并不像种族认同那样是固有的。[18] 大概冷战时期的美国和苏联分别对资本主义和社会主义进行投入就属于这类。可以说国家舆论的持久特征也是如此。这些都与援引偏好的意识形态起源或其他观念性起源密切相关,并且上述援引的偏好起源都是观察者通过研究所确定的。[19]

在确定国家偏好本身的过程中有一个步骤被拿掉了,即断言这些偏好是由主导国家偏好形成的持久的次国家利益相关者所决定的。这通常涉及的不是"归纳出"国家的偏好,而是那些被认为决定了国家目标的有权势行为体的偏好。换句话说,学者们探求的并非国家被揭示的偏好,而是在探求群体、政党、官僚机构或其他据称设定了国家优先事项的行为体被揭示的偏好。

例如,有些人关注重要的私人或公共团体对一国"国家"偏好定义的持久影响。他们认为,比如说,德国或日本的官僚决定了国家的目标,因此我们可以从官僚利益出发得到国家动机。凯恩和霍普金斯(Cain and Hopkins 1993a, 1993b)论述了从 18 世纪中叶至今英国国际经济和政治偏好形成过程中,乡绅地主和金融部门的中心地位。在国家内部,一些学者将不同政党与它们所面临的国际选择联系起来;艾肯伯格(Eichenberg 1993)在讨论德国和美国时就是这样做的,他利用这些差异及其演变来帮助解释 1977 年至 1988 年间北约对中程核力量的政策走向。同样,行为体的目标是由观察所决定的,但这种变体中还包括关于特定群体影响国家偏好的论证。

学者们有时也会根据国家暂时的政治条件来观察国家的偏好。如果要解释的问题持续时间短或范围有限,这种做法就特别有吸引力。战争与和平问题可能涉及更广泛的关切,但大部分国际政治都与这种惊天动地的选择无关。我们可以在更有限的领域探索国家偏好,比如渔业政策或人权。

所有这些将归属于民族国家的偏好用于进一步分析的方法都共同存在一个严重问题,此问题在研究任何无法被直接观察到的事物时普遍存在。试图通过观察来"归纳"偏好的做法可能会使偏好与其效果相混淆。

观察到的行为——政策、声明、对调查的回应——被"归纳性地"用于表征偏好。不过,在所有这些情况下,行为很可能只是部分地产生自偏好,也许行为产生自偏好这一观点本身就是误导性的。也许行为发生的环境是造成这种行为的重要原因,这使得无法从行为"回读"(read back)偏好。调查研究人员很清楚这个问题,他们花了大量时间试图确保观察结果(答复)尽可能真实地反映个体的信念(想法)。[20]但其实这是一个更一般性的问题。

政府代表、政治家、经理人、游说者或工会领袖的职位通常会嵌入对该职位可能产生的影响的计算。如果我们试图从国家(或其他行为体)在讨价还价中采取的立场来"回读"其偏好,这点就尤其让人生畏。我们预计公共职位既反映了行为体的偏好,也反映了行为体对其立场将如何影响他人行动的预期。一个在领土问题上偏好妥协超过纠纷的国家,如果它认为采取不妥协的口吻最有可能诱发解决争端的行动,那么就可以这样做。若根据该国的行为(包括其表态)将其偏好归结为好战或扩张主义的,那么我们会曲解该国的偏好。也就是说,重复上面所说的,一个行为体的行为既包含了其潜在的偏好,也包含了其对所处环境所作的战略反应。仅仅靠观察是无法将两者分开的。

这个问题是无法回避的。我们的观察在很大程度上局限于个体、群体或政府的行为(也包括他们说的话),而不是他们的潜在动机。任何试图从政府的行动中推断出其偏好的做法都存在风险,即这些行动既反映偏好也反映环境。这尤其令人不安,因为通常情况下,试图通过观察来确定偏好是为了能够看出这些偏好是如何影响结果的。如果根据观察推断出的偏好中包括了其他因素,那么由此得出的因果结论将会是不准确的。

比方说,一位学者可能要着手研究德国的国家目标(偏好)对发生第二次世界大战的影响,这将在下一章中详细讨论。他可能会看看战前几年德国领导人的行动和言论,从中发现无数的和平提议以及和平情绪的表达。与当时的英国和法国决策者一样,如果这位学者由此得出(或"归纳出")德国人偏好现状与和平的结论,那就疏忽大意了。德国领导人很可能想要扩张甚至发动战争,但为了使他人自鸣得意而放松警惕,或者为了不使用暴力而尽可能多地获得利益,他们淡化了自己的好战性。只要德国的行动和言论带有德国事先对其言行潜在影响的计算(正如我们所预期的那样),我们就不能用它们来得出关于德国人偏好的结论,也不能用由此得出的偏好来解释结果。

从观察到的行为中"归纳出"偏好,然后用这些偏好来解释同样的行为,这种做法尤其恶名昭彰。如果用美国对日本的谈判立场来"归纳出"美国人对自由贸易的偏好,那么认为这些谈判立场是美国偏好自由贸易的结果就是同义反复了。

这并不是说观察在确定行为体偏好方面毫无用处。在许多情况下,这也许是可找到的最佳研究策略。而且尽管公开的言论和行动可能无法反映出偏好,但学者们往往可以从档案或访谈等处获得更准确的私人信息。不过用观察或归纳的路径来确定偏好有其严重缺陷。

演绎

确立偏好的最后一种方法是在已有理论的基础上进行演绎或推导。在这种情况下,我们知道行为体的特征,而理论则会预示在一个确定的情境中,这些特征将形成一组特定的偏好。

这就提出了一个事先的偏好理论(prior theory of preferences)。当行为体的特征发生变化或情境发生变化时,行为体的偏好就会以理论所预期的方式发生变化。换句话说,感兴趣的"盒子"("box" of interest)中使用的偏好是从事先的"盒子"推导出来的。如果我们想知道一家企业在贸易保护方面的偏好,我们就从上一级开始,在一个更大的"盒子"中,企业的属性和环境是已知的,而它们影响了企业贸易偏好的次序。以我们上文的示例为例,一个非常初步的偏好理论可能是,企业对保护的偏好随着其盈利能力的下降而增加:盈利能力越弱的公司越偏好保护。[21]在这一"理论"的基础上,如果我们知道企业的盈利能力,我们就可以推断出它对保护的偏好。

这就将先前存在的理论应用于行为体和环境的可识别特征,以得出不同行为体的预期偏好。国家越小,其越赞同贸易自由化;产业的贸易逆差越大,其越赞同贸易保护;在人力资本丰富的国家,工人的人力资本禀赋越好,其越赞同贸易自由化;国家的外国净资产越大,其对稳定的国际产权的偏好越强;等等。这些国家、群体和个体的偏好随后会被用于分析相关的互动。

这种利用行为体的特征和情境，在理论基础上得出其偏好的比较静态做法，在分析上是有价值的，原因有二。其一，后续分析中被用到的偏好本身不是假定出来的，而是推导出来的。应该清楚的是，事先的偏好（分析中要使用的偏好正是由它推导出来的）实际上正是按照前面描述的方法所假定或观察得到的。上面的贸易政策例子并没有推导出企业对利润最大化的偏好，而是假定了它，然后再推导出对保护的偏好。有些事物总是外生的。其中的选择在于：我们要把基于理论的偏好探索往前推多远？例如，这里所描述的演绎法把企业利润最大化视为给定的，在此基础上推导出企业关于贸易保护的偏好。

其二，以这种方法推导出的偏好预计会随条件的变化而变化，而考察这些条件要比考察偏好本身更容易或更"客观"。这种做法通常是结构化的，以使决定偏好如何被推导的那些特征相对容易观察。上文讨论的关于贸易偏好的预测是企业盈利能力的函数，而盈利能力比贸易偏好更容易被直接测量。再举一些其他的例子，由于对地理环境和资源禀赋的评估或多或少容易一些，故可合理地推导出，处于不同地理环境的相似国家将具有不同的偏好，或者拥有不同资源禀赋的相似国家将具有不同的贸易偏好。当然，这些可能的偏好是什么则取决于所采用的地缘战略学或政治经济学理论。

这一方法也可以用来解释或预测偏好的变化。如果某个行为体的特征发生了变化，其偏好也会预期发生变化。在我们简单的例子中，一家企业如果变得更为盈利，就会更偏好自由贸易。随着国家发展，其资源禀赋也会发生变化，这可能会以可预料的方式影响偏好。如果关于偏好的理论是准确的，那么这些理论就能解释偏好随时间和随单元的变化。

这种"偏好理论"有很多，最常见的是与个体和企业有关。关于偏好的理论在政治经济学领域发展得最好，这个领域的学者们长期以来一直在思考国家、群体、企业和个体的特征如何影响它们的利益。对贸易政策偏好的分析已经非常详细，尽管相关的贸易理论有时会产生不同的预期。[22]在外国直接投资、移民、金融自由化和许多其他国际经济议题上，也或多或少地存在类似的偏好理论（例如 Froot and Yoffie 1993；Wong

1997；Goodman and Pauly 1993）。这些理论的超前状态部分归功于这样一个事实，即经济学家们已经开发出了关于许多经济结果的分配性含义（distributional implications）的清晰"地图"，而且很容易从这些分配性含义"回读"出那些预计受到政策影响者的预期偏好。

虽然政治经济学对群体偏好的理论发展得最好——在很大程度上是因为其依赖先前关于经济政策影响的理论，但国际关系的其他领域在这方面也开展了重要工作。许多学者相信军事官僚机构往往有特定的偏好：米尔斯海默（Mearsheimer 1983，63—64）认为军事官僚机构渴望获得决定性的胜利，波森（Posen 1984，1991，16—19）认为军事官僚机构偏好进攻。[23]这类主张通常基于某种有理论根据的看法，即军事组织如何从特定的结果中获益，不过有时这些关于偏好的断言可以被推导得更清楚一些。

偏好理论可以涉及行为体属性或是其环境的变化。在行为体特征保持不变的情况下，环境的变化可能导致不同偏好。新技术可以影响出行时间或生产商品和服务的相对能力，从而改变偏好。[24]同样，这些比较静态分析之所以可行，是因为相关的变化——如新技术的发展——是可被观察到的。

影响货物和资本跨境流动能力的技术进步可以改变环境，从而改变国家和群体的偏好（Frieden and Rogowski 1996）。铁路、蒸汽轮船和电报帮助阿根廷和澳大利亚等国由与世隔绝的落后地区重塑为繁荣的农业出口国，从而改变了其偏好。在许多分析中，过去二十年里高水平的资本流动性改变了群体、企业和民族国家的偏好（Frieden 1991，1994a；Goodman and Pauly 1993；Strange 1992）。

人们经常认为，近几十年来，电信业的进步和规模经济的迅猛发展改变了企业和产业的偏好。曾经满足于在保护性壁垒下支配国内市场的企业，现在受到迅速增长的规模经济的推动，渴望在国内和国外打开市场。[25]跨国公司的兴起在很大程度上是技术变迁的结果，在许多人看来（例如Helleiner 1977；Milner 1988），这改变了贸易政策偏好，通常使其朝着渴望更多自由化的方向发展。在所有这些情况下，行为体及其所在环境的特征带来了对贸易、货币、规制及其他许多事物的可预测偏好。

除了地理、资源禀赋和技术等影响力量外，其他与被考察关系有关的外生因素也可以为偏好的推导提供理论基础。出于这些目的,全球环境的诸多方面都可以被认为是外生的,即使它们并非完全是这样。[26]

这些理论提供了有用的比较静态分析,我们可以将其用于进一步的分析。群体之间在要素所有权、进出口竞争和规模经济方面的差异,加上国民经济环境,推导出了对各群体经济偏好的明确预期。然后,这些不同的偏好可以用来分析国际经济政策制定的国内压力,或者更广泛地,分析国家偏好的决定因素。

虽然关于企业和个人偏好的理论很常见,但很少有真正关于国家偏好的理论存在,不过的确有些研究路径在朝这个方向推动,或者说可以朝这个方向推动。人们普遍认为地理环境会影响国家的偏好,尽管这方面的理论充其量也只是初步的。从早期的地缘政治学开始,岛屿和裸露平原之间的根本区别一直是安全研究的核心。[27]具有不同地理特征的国家预计会有不同偏好:如果英国或澳大利亚不是岛国,它们的地缘战略偏好将非常不同。

一些理论还将技术变迁与国家地缘战略偏好的变化联系起来。技术发展可以改变军事冲突的成本或攻防策略的相对吸引力,从而影响各国的偏好。一个岛屿的地理环境对其地缘战略偏好的影响,会因世界上是否有飞机而不同,而在有洲际弹道导弹的世界里,这些偏好可能还会有所区别。核子革命可能从根本上改变了各国的偏好;同样,大规模杀伤性武器远程运载系统的发展也可能降低了占领领土的价值,这可能会对各国的偏好产生重大影响。

然而,在大多数情况下,国家偏好并不是从现有理论中无缝产生的。通常来说,将偏好理论应用于社会集体时,需要有对偏好聚合的补充性理论,从个人和企业一直到群体、行业、阶层和国家。聚合的层次越高,集体偏好(collective preference)的推导就越复杂。企业和个人可以以许多不同的方式构成群体、地区、产业或政党,而后面这些类别同样可以以许多不同的方式影响国家偏好的形成。仅仅确定国内行为体的偏好是不够的,我们还必须说明这些偏好是如何被聚合到国家层次的。

偏好聚合是一类最棘手的老问题,我在此不做讨论。对我们来说,目标是寻找论据,从而为国家偏好的形成提供规律。范围从群体组织的模式到更广泛的社会组织模式再到政治体系的特点。本书第四章和第五章分别由罗纳德·罗戈夫斯基和彼得·古勒维奇撰写,更全面地讨论了这些问题。偏好聚合理论对国家偏好理论有所贡献,因为它们认为制度或其他因素以可预测的方式影响着国家偏好的形成。

我认为,这是推导国家偏好最有说服力的方式。关于个体和群体偏好以及个体和群体对国家政治影响的已有理论,会被用于确定政府的偏好。这一切都在进行感兴趣的分析之前,并且为该探讨提供了原材料。

虽然对偏好的演绎方法可能是理论上最令人满意的,但它并非没有问题。首先,从预先存在的理论中推导出的偏好最多只会和这些理论本身一样好。这里提到的每一种偏好理论都是有争议的,而在这些众多理论的备选方案中选取一个可能只会将辩论推回到起初的理论。

其次,虽然有很多偏好理论,但并没有一个现成的工具箱来满足所有目的。学者们经常分析那些尚未形成基本理论主体的过程或事件;事实上,这往往是分析的吸引力所在。在这种情况下,分析者必须提供他自己事先的偏好理论,也许是通过和一些大致相似问题的类比。这至少使所涉及的工作量加倍,同样也使其他人不同意的可能性增加了一倍。

尽管如此,还是有许多理由去使用先前的研究,以此将行为体及环境特征和行为体偏好联系起来。这是理论上最可靠的方法,也是最明显地有助于积累理论和经验知识的方法。

无论选择此处介绍的三种模式中的哪一种,要强调的一点是,在政治分析中的确存在着仔细使用偏好的方法。可以根据单元的内在特征和它所处的环境来假定、考察或推断出偏好。在此基础上,我们可以分析国家间(或国内)的互动;但关键是要有一些稳定的偏好作为进一步分析的基石。

例证:国际贸易关系和帝国主义

国际关系中许多有争议的议题都是关于利益(偏好)的相对重要性。

许多情况下,分析者对相关行为体的偏好有不同意见。在其他时候,他们对行为体偏好和行为体所处环境这两者解释力的相对重要性也有分歧。

因此,对偏好和其他事物进行明确的定义是很重要的,以便将偏好和其他事物区分开来,并阐明在分析中使用到的偏好的来源。但在很多情况下,如果没有对偏好的特征进行分析性的明确划分,分歧就会持续存在。

为了说明这一点,我将讨论国际政治学者间长期存在的两个广泛争论。我的目标绝不是要详尽阐述争论的内容,而是要表明,对偏好的明确关注有助于阐明问题以及分析该问题的方法。

第一个话题是有关国际贸易关系的解释,我把它作为一个正面案例,说明对偏好的明确关注如何丰富了我们的理解。第二个话题是解释 19 世纪的殖民帝国主义,我将其作为一个负面案例,说明对偏好的混淆会阻碍学术的进步。

解释国际贸易政策

观察家们早就注意到,贸易政策存在着很大的差异性。在全球层次,国际经济似乎经历了贸易受到严格控制的时期和贸易相对自由的时期。在国家层次,各国的贸易政策在开放或自由程度上有很大不同。在次国家层次,受保护的活动和产业存在重大差异。这三个层次贸易政策的差异都值得关注,学者们也都进行了大量讨论。

对社会行为体偏好的明确关注,以及尝试通过对这些偏好的准确使用来解释结果,极大增强了对贸易政策的分析。事实上,这一议题领域可被视为清晰处理偏好的例子。这可能是因为在经济问题上更容易确定偏好,又或者只是因为此领域已经吸引了大量的分析性关注。[28]

事实上,学者们对贸易政策的研究通常遵循本书中"套盒"所建议的三个步骤。首先是在理论基础上推导出国内层次的偏好。然后考虑将这些利益聚合为"国家"偏好。最后考察国家偏好和国际战略环境的互动以解释结果。尽管不是所有的文献都按照这一模式,但已有足够多的文献这样做并使得过去 25 年在分析上取得了实质性进展。对贸易政策文献的回顾有助于确立以下观点:更清晰的分析并不意味着分歧的结束——

而只是意味着更好的能力来理解和评估分歧。

那么，第一步就是要确定国内层次行为体的贸易政策偏好。最简单的观点来自朴素的新古典主义，即所有国家在任何时候都倾向自由贸易（没有最优关税）。这种观点是如此简单，以至于没有出现在文献中，但它是一个重要的假定基线（presumptive baseline），可以从这里开始：为什么国家居然可能会不喜欢增加国家总体福利的政策？对这个问题的典型回答是将贸易政策目标的来源定位于利益集团，特别是企业，因为这些政策目标提供了再分配的机会。

一些关于贸易政策的早期研究简单地假定，所有的企业都倾向保护自己的产品，这并非难以置信的。这导致了对结果的解释，即强调企业有能力组织起来以实现保护，而消费者没有能力组织起来对抗保护主义的压力。贸易政策在很大程度上可以被理解为具有相同（保护主义）偏好的企业在战略环境下影响政策能力的不同结果，这一想法是沙特施耐德在1935年对斯穆特-霍利关税法案的经典研究（Schattschneider 1935）的核心。古勒维奇在对1873年至1896年大萧条反应的经典分析中也明确指出了这一点（Gourevitch 1977）。即使研究者们设定了贸易政策偏好的差异，就像古勒维奇和金德尔伯格（Gourevitch and Kindleberger 1951）所做的那样，这些偏好也主要是基于对当事者表态的观察或基于假定。

进一步的理论和分析使学者们从这种简单的贸易偏好观念转向更有理论基础的观念。赫克歇尔-俄林（Heckscher-Ohlin）模型及作为其扩展的斯托尔珀-萨缪尔森（Stolper-Samuelson）定理，强调了要素禀赋对贸易政策偏好的影响，当地更稀缺（充裕）的要素更倾向贸易保护（自由贸易）：在资本充裕的国家，劳工是保护主义的，而资本是自由贸易的。[29] 李嘉图-维纳（Ricardo-Viner）的路径聚焦特定行业的因素：在进口竞争行业的劳工和资本倾向保护；在出口行业的劳工和资本倾向自由贸易。[30] 对不完全竞争市场的国际贸易分析往往强调行业或企业的规模：例如在某些理论变体中，较小的企业或较小国家的产业将更倾向贸易保护（Richardson 1990；Milner and Yoffie 1989；Chase 1998）。其他路径则关注国内或国际多元化的作用，这弱化了国家和行业层面的影响（Schonhardt-Bailey 1994；Milner 1988）。

　　对个体、企业、行业和阶层（要素）偏好的更多关注并没有结束分歧。事实上，对偏好的明确考虑引发了针对它们的激烈争论。但这都是好事：明确的论点允许对这些主张在逻辑和经验上进行评估。[31]

　　从这些理论中得出的贸易偏好必须被加以分析，因为它们受到国家战略环境的调节。这需要对从国内行为体到国家政策的偏好聚合过程进行明确的评估。当然，在这方面存在许多可能的方法。最简单的是前面提到的，强调利益集中和利益分散的作用：利益越集中，就越有可能成功地组织起来实现其目标。近期研究考察了政治体制的特征，如利益集团和政党的组织，以及被代表的选区的有效规模。罗戈夫斯基（Rogowski 1987）主张比例代表制使政府更倾向自由贸易；洛曼和奥哈洛伦（Lohmann and O'Halloran 1994）认为美国国会的影响力越大，贸易政策就越可能是保护主义的（另参见 Alt and Gilligan 1994）。还有一些人关注政治体制的意识形态或其他制度特征（Kindleberger 1975；Goldstein 1993）。

　　更一般化的制度路径也可被应用于贸易政策起源这一领域。例如，有一种常见的观点认为，"法团主义的"政治经济允许以讨价还价、协商一致的方式作出决定（Katzenstein 1985）。据称这会导致社会经济行为体将所采取政策的影响内部化，因此可能会选择更有效率的政策——如进行补偿而非贸易保护。泽比利斯（Tsebelis 1995）将具有多个"否决点"（veto points）的政治体制，如涉及分权或联邦结构，与倾向于保持现状联系起来；当贸易政策制定需要对政策进行改变时，这也会对结果产生系统影响。

　　最后一步是考察这些源自国内的偏好如何在全球战略环境中发挥作用。一些学者强调了影响贸易政策战略的国际环境的诸多方面。例如，世界宏观经济条件可以改变一个国家的政策，即使当其目标保持不变时。同一个国家可能在全球经济增长的时期追求自由贸易关系，但在危机时期转向贸易保护。类似地，国际货币条件有时被认为是贸易政策的潜在来源：稳定有利于贸易自由化，而崩溃和竞争性贬值则鼓励贸易保护（Eichengreen 1989a, 1992）。对这种相关性的可能解释有几种，但常见的一种是关注这类国际不稳定如何缩短时间范围（time horizon），增加不确定性，从而使国家间的合作更为困难。

简言之,学者们为将偏好转化为结果而援引的全球战略环境的最突出特征,是由于国家实力和议价能力的差异所造成的。一些学者认为霸权,或者更普遍地说,权力集中在少数国家,使贸易自由化更有可能(Krasner 1976;近期的研究,参见 Lake 1993)。另一些学者认为,各国利用自由贸易政策来加强先前存在的联盟(Gowa 1989,1994)。所有这些观点都将国家的偏好当作给定的,并强调了战略环境的因果意义,其中战略环境通常是全球政治或经济秩序的特征。

我们很容易看到这三个步骤中不同论点的逻辑进展和经验含义,并了解这些步骤是如何结合起来的。当然,这并不意味着学者们达成了一致——只是大多数学者就如何表述和评估他们的分歧达成了一致。事实上,许多理解上的分歧仍然存在。

分歧的一个轴心是关于偏好和战略环境在解释上的相对重要性。基于偏好的解释与贸易政策的国内解释路径之间有一定的相似性,基于约束的观点和"体系性"解释之间也同样有相似性。认为偏好的解释力占主导地位的支持者指出,相比自由贸易,各国政府往往更偏好单边保护,而外生条件无关紧要。[32]另一些人认为,大部分的解释力并不来自偏好差异,而是来自不断变化的战略条件。[33]

分歧的另一个轴心,如前所述,是关于偏好形成的各种理论。这包括个人、企业和行业的贸易政策偏好的决定因素,以及这些偏好是如何聚合的。分析性辩论易于进行说明,且其比较静态学属性也易于进行推导,这说明了周密的定义对学术进步,包括学术争鸣的重要性。

当然,很可能一些因素比另一些因素对于某些结果更重要。例如,全球环境的特点在影响国际层面贸易保护水平的长期趋势方面尤其重要,而国内因素则在决定产业间的贸易保护结构时占主导地位,这样的发现并不会让人感到意外。这里要再说一次,对研究问题和研究设计的精心安排有助于我们得出更可靠的结论。

事实上,国际贸易(以及货币、金融和投资)政策分析的进展已经带来了新的问题类别。其中一个比较吸引人的问题是国际环境影响国内偏好形成的可能性。这可能是因为变化中的全球条件改变了次国家集团所偏好的政策,或是因为它们改变了国内联盟的排列和力量。[34]

拉丁美洲的经济政策是这方面的一个例子。20 世纪 30 年代的大规模贸易条件冲击，以及 20 世纪 30 年代和 40 年代发达国家贸易政策的普遍内向化，都与拉丁美洲从自由贸易转向保护主义有关。同样，在 20 世纪 80 年代，债务危机以及全球金融和商贸一体化的加速与从贸易保护转向贸易自由化有关。在这两种情况下，都可以认为贸易政策的巨大转变是国际战略环境变化的结果，前者是全球封闭，后者是"全球化"。或者说，政策的转变也可能是由于拉美国家主导联盟的变化。20 世纪 30 年代商品价格的暴跌削弱了偏好自由贸易的货物出口商，而 20 世纪 80 年代国内市场的崩溃则削弱了偏好保护主义的进口替代产业。又或者说，国际条件可能改变了国内行为体的政策偏好。1935 年的外国市场看起来比 1895 年的吸引力小得多，而在 1995 年外国市场的吸引力比 1955 年大得多。无论这些论断是否正确，对它们的考虑都有助于强调在精心构造的辩论基础上建立新结论和新问题的可能性。

对国际贸易关系的研究得益于对贸易政策偏好、国内环境和国际条件的解释力重要性的明确陈述。进而，此类研究是最令人信服的，因为学者们清楚地说明了主要行为体的偏好——无论行为体是国家、政治家、企业、群体还是个人，并为有关偏好提供了推定的、经验的或理论上的合理解释。这种明确性将对关于 19 世纪欧洲殖民帝国主义的长期争论有所帮助。

解释传统帝国主义

关于欧洲国家（以及日本和美国）在 19 世纪末抢夺殖民地原因的争论可以追溯到这些事件本身。然而，分歧仍然像当时那样混乱和令人困惑，而且在许多重要问题上几乎没有取得重大学术进展的迹象。我认为，其中很大一部分是由于对偏好在分析中作用的混淆造成的。

在这些文献中，有三个特别持久的、而且是长期有争议的解释性问题。它们是帝国扩张的经济和非经济原因的重要性、帝国主义的国内和国际起源的相对影响力，以及不发达地区本身条件的因果重要性。[35]

第一个问题是，帝国主义在多大程度上是由经济利益前景驱动的，无论是对殖民国家还是对其内部的集团。所谓的帝国主义经济理论[36]与这样一种观点有关,即寻求帝国利润(更可能是租金)是殖民主义的强烈动机。其中最著名的变体是列宁(Lenin)和霍布森(Hobson)的观点,他们认为金融资本家的收益最大化是帝国列强的目标。[37]反对者坚持认为,经济动机不是殖民帝国主义的主要原因。他们提出了从军事到意识形态再到官僚主义的主要因果关系。[38]其中用来反驳的最常见观点(如 Cohen 1973)是,大国逐渐增加殖民地的目的是为了军事安全,是积累权力的广泛尝试的一部分。

第二个问题,也是与之前相关的问题是,帝国主义是被国内还是国际发展所激发的。国内派的论点,即列宁-霍布森是其中一个变体,主要基于以下看法,即工业社会的某些内在因素在 19 世纪中期之后发生了变化,促使其去获取殖民地。非经济的但也是国内派的解释强调了熊彼特(Schumpeter 1951)所讨论的"返祖"群体,以及帝国意识形态或其他宗主国势力。杰克·斯奈德(Jack Snyder 1991)也采用了类似路径,他认为,"卡特尔化"的体制具有强烈扩张主义目标的倾向,在这种体制下影响力集中于强大的相互支持的集团(logrolling groups)。国际驱动的解释侧重于帝国主义的全球根源。大多数这类解释强调了对军事权势的争夺以及将欧洲内部的冲突向外围转移,也有些解释着眼于使欧洲能够支配其他社会的新军事技术或其他技术的兴起。

第三个争论的主要问题是关于外围社会本身在列强殖民地争夺中的角色。加拉格尔和罗宾逊(Gallagher and Robinson 1953)对帝国主义产生于宗主国列强特征的"宗主中心"观点提出了挑战,至少是对英国案例的挑战。他们认为,殖民主义只是英国实现自由贸易目标的数种手段之一,且这只是在外围的条件迫不得已时才勉强推行的。这就把殖民主义的根源放在了被殖民地区而非宗主国。在那些英国自由贸易帝国主义可以获得外围合作者的地方,殖民主义就是多余的了(Robinson 1972)。

尽管围绕此主题的争论持续了很长时间,而且对此的历史研究也很出色,但在解决关键的解释性问题上却进展甚微。在我看来,这种缺乏进展的情况至少部分可归因为讨论的组织和进行方式在分析上存在缺陷。

上述争论是关于两个相关联的问题,而偏好在其中扮演着核心角色。

第一个问题是帝国主义列强的偏好和战略环境对解释帝国主义的相对重要性。一类学者认为，如果当时的战略环境不同——欧洲权力平衡或地方条件都发生了变化，宗主国就不会走上殖民主义的道路，或者其殖民主义的方式会有根本的不同。另一类将殖民主义视为宗主国偏好的直接和自然产物，战略环境至多影响到不同殖民地竞争者的相对运势。第二个问题与第一个问题密切相关，即主要大国的偏好究竟是什么。一部分人认为这些偏好本质是经济上的，另一部分则认为是非经济的。

这场争论充斥着此前提到过的难题。偏好和战略环境的交织混合使许多文献变得混杂。例如，两种常见的立场是列宁的看法和所谓"强权政治"的视角。这两种观点都包括关于偏好的论点，以及与此交叠在一起的关于战略环境的论点。它们的区别仅在于偏好方面。"列宁主义"的观点认为宗主国的偏好是金融资本收益的最大化，而后者则认为国家的偏好是非经济的，通常是地缘战略。但两者都强调了 19 世纪末殖民列强之间普遍存在的竞争性环境的影响。事实上，分歧不在于国家间竞争所扮演的角色，而在于对国家目标的定义。

同样，许多相互争论的视角的说法也都将偏好和环境混为一谈。争论在被构造时通常会暗示，对国家间竞争的关注与对经济目标的关注是矛盾的，反之亦然。但是，即使是最受经济驱动的国家也面临着一个战略环境，而它要尽力在这一战略环境中实现可能的最好结果。一个主要——甚至完全——以寻求财政收益为动机的政府可能会进行殖民扩张，当且仅当战略环境使其相信财富的获取和维护依赖于使用殖民主义来保障时。如果其他国家的扩张直接或潜在的威胁会缩减可获得的经济机会，一个追求财富最大化的国家就很可能会采取战略行动预先阻止。这两个关注点——对财富最大化的偏好和需要关心权力平衡的战略环境——并不矛盾，而且事实上，其中一个可能是另一个的结果。同样的逻辑反过来也可能适用：一个寻求军事力量最大化的国家可能会从事殖民主义来积累可用于军费的财富。

富有成效的分析需要明确区分偏好和环境，并清楚地了解两者之间的相互作用。如果要保留目前的划分，强权政治学派就需要准确地说明战略环境的哪些特征驱使所有宗主国（无论其偏好如何）走向殖民主义，以及这些特征如何导致某些地区和某些时期缺乏殖民主义。对那些基于偏好的解释的支持者来说，则必须准确解释是什么偏好使殖民主义在特定时期和地区如此普遍，以及为什么环境不是追求这些偏好的主要制约因素。

不过人们可能仍然希望，对这一问题更清晰的陈述会使学者们少些争吵，多些启迪，也许还会使学者们同意如下观点，即偏好和环境的相互作用决定了结果。在此背景下，他们可以努力对研究进行设计，以帮助确定这种相互作用在一般情况下和在特定历史事件中的特点。

学者们需要清楚地说明他们对行为体偏好和战略环境的假定或论断。他们需要为概念实验提供一个分析性的背景，例如在实验中偏好保持不变，而战略环境被改变。观测值的数量是很大的：有各种各样的经验，包括许多不同的宗主国和大量的欠发达地区以及从 19 世纪开始的很长一段时间。学者们可以具体说明，比方说，在给定偏好不变的情况下，战略环境的特点预期会如何影响国家行为。然后可以在不同的环境中进行比较，看一国的行为是否如预期的那样变化。事实上，以加拉格尔和罗宾逊（Gallagher and Robinson 1953）为代表的"自由贸易的帝国主义"方法的巨大吸引力之一是它坚持认为英国的自由贸易偏好是稳定的，而外围条件决定了殖民战略，这使得该论点尤其能接受实证评估。

但是，对偏好和战略环境的相互作用进行实证评估需要对国家偏好有一些事先概念，这就把我们带到了帝国主义争论中的第二个大问题。在此问题中，两个主要的立场是相对明确的：一种认为经济目标至关重要；另一种则认为非经济目标至关重要。

然而，关于国家偏好的争论——"帝国主义的经济理论"——主要是在尝试做不可能之事。这一争论在很大程度上倾向设法直接观察偏好，根据国家和群体的所作所为来判断它们想要什么。大部分争论因而都采取了"经济理论"的支持者寻找殖民主义有利可图案例，而反对者则寻找殖民主义无利可图案例的形式。这些发现被认为是作为被研究对象的政府分别出于经济和非经济动机的帝国主义的证据。但是，由于偏好不能独立于战略而被观察到，如果不把行为体的偏好与环境明确分开，实证研究确实无法解决这个问题。我们所能观察到的只是结果，例如一个地区被殖民了,从中无法推断出偏好和战略环境的因果组合。

一个殖民地从结果来看是否有利可图并不能解决殖民列强的目标问题。一个出于"经济"原因(即增加私有财富)而有意从事殖民主义的政府,或许也可能面临这样一种环境:获得无利可图的殖民地比没有殖民地更为可取(也许是为了不让竞争对手得到这些殖民地)。又或者,一个不存在殖民经济动机的政府或许会发现自己拥有有利可图的殖民地,而这只是其试图追求其他目标的副产品(也许同样是为了不让竞争对手获得这些利益)。

使问题更加复杂的是,虽然偏好在争论的所有方面都发挥着如此核心的作用,但从理论上对殖民偏好的可靠推导却很少。除了在偏好和环境之间进行明确的分析性区分之外,另一种取得进展的方式是关注殖民偏好理论的发展。[39] 在这些偏好理论的基础上,我们可以对类似环境下国家政策之间的差异或其他形式的相似"概念实验"提出预期。

在第一次世界大战之前的 40 年里,关于殖民帝国主义的争论,无论从历史上还是从理论上都是一个重要的争论。然而,争论的现状并不有助于比较静态分析的产生,更不用说从这些比较静态分析中产生可检验的命题或是可观察的启示。而只有在明确划分偏好和战略环境、它们的影响以及殖民偏好起源的基础上,讨论才能朝这个方向前进。

结　　论

坚持对偏好起源和偏好所产生影响的密切关注不只是有教学上的好处。大量的国际关系研究都被消耗在了一些观点之间的争斗中,而这些观点的分析立场却从未得到仔细阐明。新现实主义者、新自由主义者、政府间主义者、新功能主义者和其他这样信奉同一教派者通常争辩的是原则而非解释。由于缺乏足够的共同语言来评估相互竞争的解释,这种争辩往往会激化和加剧。

国际关系研究者之间的许多分歧都与民族国家、群体和个人偏好的特点有关。其他许多争论都与偏好和战略环境的相对解释力重要性有关。当然，没有一套明确的、所有人都会接受的偏好，而且偏好和环境对结果当然都很重要。然而，分歧的本质往往被不仔细或不一致的定义和应用所掩盖。如果缺少对偏好的明确关注，就不可能就偏好或者偏好与环境产生的影响取得一致意见。

事实上，这些议题很少被明确提出。如果能更仔细地界定偏好，更有条理地推导偏好，以及更系统地阐述和评估偏好对结果的影响，那么改进国际政治分析这一目标就会得到更好的实现。我相信，对这些议题更多的关注将提高辩论的质量以及学术解释的质量。

可以肯定的是，确定被认为对国际政治很重要的分析单元的偏好只是一项复杂事业的第一步。一般来说，了解这些单元在行进过程中的约束和机会也同样重要，无论这些约束和机会是技术上的、信息上的、地缘战略上的或是其他方面的。个别决策者的信念和看法在解释战略和结果方面也具有重要意义。本书的其他章节会对这些因素进行一些详细考察。

尽管如此，任何对行为体之间关系的分析——无论行为体是个人、企业、群体还是民族国家——都不可能在不了解行为体偏好的情况下进行。正如仅凭偏好只能让人看到世界的一部分那样，战略环境也只是叙事的一部分。对偏好在国际政治中的作用重视不够或不够仔细，是造成许多辩论徒劳无果和许多研究设计不当的原因。

国际关系学界需要更密切、更仔细地关注偏好的解释性作用。这意味着要努力将偏好与偏好所产生的战略区分开来，并提供令人信服的论据和理由来说明我们如何能知道这些偏好是什么。只有在此基础上，国际政治的社会科学分析才能取得进展。

注 释

1. 这个高度典型化的示例（stylized example）假定企业不能对它们的具体情况虚张声势或过度宣扬，而且假定政府只会给予企业提出需求的那样东西。在一个更复杂——或许也更现实——的设定下，对配额提出需求可能是一种获得关税的好策略。但为了便于论证，我们特意将这种互动关系简单化。

2. 关税是一种边境税，通过关税的数额提高国内价格；国内生产商获得其在国内销售产品的差额；政府获得外国产品进口和国内销售的差额。（这就是为什么假定政府强烈偏好关税而非配额是符合实际的。）配额是一种提高国内价格的数量限制；外国和本国的生产商都能得到世界市场价格与国内价格之间的差额。通常认为这有助于解释为什么配额——如"自愿"出口限制——比关税引发的国际冲突更少（参见 Hillman and Ursprung 1988；Rosendorff 1996）。在这种情况下，采用双边配额将使本国企业同时在国内和国外获得租金，而采用双边关税则使本国企业只能在国内获得租金。这一示例假定配额和关税具有相同的价格效应。

3. 这种对偏好有几分灵活度的定义并未得到所有人接受。有些（如 Hirshleifer 1995，264—267）仅从原始偏好（primitive preferences）的角度来定义偏好，涉及的是个人或国家安全或财富最大化等广泛关切。在这些说法中，其他的一切都只是一系列战略。但对我们的目的而言，这似乎限制性太强。

4. 将战略看成"政策偏好"的情况并不少见。这是因为行为体的偏好是为了某种结果，而政策往往是实现这一目的的直接手段。一家偏好租金最大化的企业采取的战略可能包括针对此目标的配额政策。偏好和政策偏好之间的区别，像"对结果的偏好"和"对战略（政策）的偏好"之间的区别一样，类似于偏好与战略间的区别。

5. 列举四例，参见 Bueno de Mesquita and Lalman 1992；Levy 1990—1991；Rhodes 1989 以及 Stein 1990。斯奈德和迪辛（Snyder and Diesing 1977，471—480）对结构、关系模式、互动和内部特征进行了类似的区分。

6. 实际上，布埃诺·德·梅斯基塔和拉尔曼（Bueno de Mesquita and Lalman 1992）从实证的角度评估了这两种观点，且结果对后者更为有利，但并不能说此问题已经得到解决。

7. 这里的表述与斯奈德（Snidal 1986，40—44）关于收益的异常清晰的讨论非常相似。另一个关于偏好重要性的明确陈述，以及关于偏好的由来是国际关系中"自由主义"路径的核心论点，参见 Moravcsik 1997。勒格罗（Legro 1996）强调了偏好形成中的非物质方面。

8. 有关这一长期争论的例子，参见 Waltz 1979；Grieco 1988a；Powell 1991；Snidal 1991a；以及 Niou and Ordeshook 1994。在我看来，鲍威尔（Powell）、斯奈德（Snidal）以及牛铭实（Niou）和奥德舒克（Ordeshook）的文章基本上结束了这场争论。我使用"现实主义"一词来涵盖古典现实主义和"新现实主义"关于这些议题的文章和著作。

9. 需要指出的是，与通常的主张相反，这种观点与市场中企业偏好竞争的这种关系并不相似：导致企业偏好利润最大化的不是产品市场竞争，而是企业所有者的偏好。

10. 为避免太多的冒犯，我可以引用自己的成果（尤其是 Frieden 1988）作为这个缺点的例子。即使是这种模式下最小心的研究之一，科尼比尔（Conybeare 1987）有时也难免会以某种临时方式（ad hoc manner）将结果的变化归结为偏好的变化。

11. 再一次地，此观点与斯奈德（Snidal 1986, 40—44）密切相关。

12. 即使在这里，几位作者也通过将资源最大化的偏好置于国家生存的条件下，从而在偏好里包装进战略考量。虽然这在技术上（technically）可能是必要的，但很难看出其分析基础。事实上，有趣且重要的是，要注意到仅仅对资源最大化的偏好不能导致任何接近权力平衡的结果：在某些时候，国家会发现被其他国家吞并比维持其主权更有吸引力。

13. 完全准确地说，基本假定是个体为效用最大化者，财富可以转化为效用，事实上，财富最大化是实现效用最大化的一种战略。当然，效用是不可测量的，所以除了为实现逻辑的完整性之外，这一步对于其他所有目的来说都是有些多余的。

14. 诚然，有些战略不是通常意义上的战略。竞争性市场中的行为体不需要考虑其他个体的行动：他们是价格的接受者（price takers），而不是价格的制定者（price makers）。一位麦农不会为其种植决策制定战略，因为他知道其行动不会对小麦价格产生影响。不过严格意义上，不制定战略也是一种战略。避免在不能产生任何影响的地方浪费精力来制定战略，就能最好地实现收入最大化。这就是决策分析和博弈论分析的区别，两者都有着重要贡献。

当行为体数量足够少，并且有一定的理由试图预测他人的反应时，行为体就会有传统（博弈理论）意义上的战略。世界上确实有较少的电视生产商、汽车制造商和大型投资银行，它们在设计公司的投资、生产、营销、劳动力和定价政策时可能会采取战略行动。

15. 重复一下，这凸显了华尔兹（Waltz 1979）和许多其他现实主义者的混淆，尽管他们援引寡头垄断市场作为国际政治的类比。在经济学模型中，企业偏好都是一样的，而它们的战略因市场结构的不同而变化；在华尔兹式的错误转化中，国家偏好可能各不相同，但由于国际政治结构的原因，它们的战略都是一样的。

16. 这方面的文献太多，无法详细引用；威廉姆森（Williamson 1985）有一个标准的总结，格罗斯曼和哈特（Grossman and Hart 1986）则为试图理解此问题提供了一个特别有影响力的例证。

17. 即使在经济学中，偏好和战略之间的区别也不太清楚。有时，分析者把从企业利润最大化偏好中推导出来的战略作为给定的。然后，他们在随后的互动中把这个战略作为一种偏好。例如，寡头垄断行业的企业可能会被断言偏好更大的市场份额；然后学者们会继续研究不同的战略（限制性定价、广告）如何增加企业的市场份额。但更大的市场份额本身只被理解为实现利润最大化的一种手段。

18. 沿着这些思路，米尔斯海默（Mearsheimer 1983）在解释第二次世界大战最初几年的军事战略选择时，提及了类似的广泛国家目标（broad national purposes）；例如可参见第 77—79 页关于英国的内容。莱克（Lake 1996, 1999）发展了一种对大战略的理解，试图解释其起源。罗斯克兰斯和斯坦（Rosecrance and Stein 1993）的文集探讨了国内因素对国家大战略演变的影响。

19. 戈尔茨坦和基欧汉(Goldstein and Keohane 1993)编著里的文章和戈尔茨坦(Goldstein 1993)的著作试图理解这种观念性因素如何影响集团或国家行为,是类似例子中的代表。

20. 关于测量民意和解释民意中所存问题的研究,参见 Zaller 1992。

21. 这个极其初步的例子使我们有可能从独立地观察一家企业的进口竞争力如何或其活力如何从困难中抽象出来。为了能够推导出贸易政策偏好,有许多方式对企业或产业进行分类,但讨论这些分类方式的细节会带来比这里所需要的复杂得多的情况。

22. 这方面的总体研究可参见 Hillman 1989 和 Alt and Gilligan 1994。

23. 另见 Snyder 1984a,1984b;以及 Van Evera 1984;1986,95—99。这一说法并未被普遍接受;尤其参见 Sagan 1986。

24. 同样,在先前的盒中,行为体有一个外生偏好,并且鉴于此,技术或其他变化会影响其所选择的战略——这里的战略便是我们感兴趣的偏好。因此,在给定技术变化的情况下,一个偏好利润最大化的企业可能会抛弃保护主义偏好,转而支持自由贸易偏好。

25. 关于战略性贸易的文献是以所谓的大规模经济体的重要性为基础的,有一些证据表明,企业和政府通过重新确定其目标来应对规模经济的增长。例如可参见 Milner and Yoffie 1989 与 Richardson 1990;以及 Chase 1998 在区域贸易协定中对此的应用。

26. 当然,技术本身并非真属外生的。事实上,长途航运和铁路运输的进步可能是开拓新大陆极其肥沃土地的结果,而不是原因。毕竟,新技术的发明和发展是对经济机会的反应,这种反应并不比相反的情况(即新技术的发明和发展带来经济机会)来得要少。但是,对于某个特定国家或群体而言,技术进步可以被视为环境的一部分,至少是一级近似。

27. 例如,沃尔特(Walt 1987)在他对国家结盟倾向的评估中明确地纳入了邻近性。

28. 值得注意的是,对其他一些经济政策的分析也很完善;最突出的是国际货币关系,参见 Eichengreen 1989b,1992。

29. 这种方法在国内和国家间政治中最有名的应用是罗戈夫斯基(Rogowski 1989)。

30. 再一次地,希尔曼(Hillman 1989)以及阿尔特和吉利根(Alt and Gilligan 1994)提供了出色的研究。

31. 例如,麦基(Magee 1980)、雷(Ray 1981)、马弗尔和雷(Marvel and Ray 1983);艾肯格林(Eichengreen 1989a)以及曼斯菲尔德和布施(Mansfield and Busch 1995)就是这样做的。

32. 一些例子可参见 Kindleberger 1951;以及 McKeown 1983,1986。

33. 科尼比尔(Conybeare 1987)是一个好例子,莱克(Lake 1993)对其中一类变体做了很好总结。

34. 基欧汉和米尔纳(Keohane and Milner 1996)编著里的文章试图阐明这在理论上和经验上如何可行。

35. 实际在文献中的考察非常多,此处只能提到几个代表。包括 Fieldhouse 1961;Landes 1961;Cohen 1973;Smith 1981 和 Doyle 1986b。这里为方便起见采用的三分法与多伊尔(Doyle)的路径划分类似,分别是宗主国倾向的、体系的和外围的。

36. 这一说法具有误导性。经济理论通常论证变量之间的关系,如经济增长与收入分配;但在这类文献中,经济理论的含义是一个简单的断言,即经济因素对解释帝国主义很重要。

37. 除了显而易见的(Lenin 1939)之外,两个有用的讨论是凯恩(Cain 1985)和斯托克斯(Stokes 1969)。更晚近对帝国主义主要目标是经济的这一论点的介绍或评估包括 Cain and Hopkins 1993a, 1993b;Davis and Huttenback 1986 和 Lipson 1985。关于英国案例的考察,参见 Cain 1980。

38. 克拉斯纳(Krasner 1978)针对美国在发展中世界进行"新帝国主义式"干预的不同观点有类似评估,其倾向认为美国政治经济中历久不衰的意识形态特征是美国使用武力保护其海外投资的主要动机。

39. 关于我自己为殖民偏好理论所做的初步努力,参见 Frieden 1994b。

第三章
作出选择的战略环境：
国际政治中的信号、承诺与谈判[*]

詹姆斯·莫罗

　　战略环境与偏好一道决定了选择。上一章讨论了偏好，本章则考察战略环境如何影响选择。众多行为体的选择决定了国际政治的结果。国际体系是由构成它的行为体及行为体的行动所界定的。某个行为体无法简单地选择产生其偏好结果的行动方案，因为其他行为体的选择也会影响最终结果。行为体选择一项行动方案既要看它对结果的直接影响，也要看它对其他行为体行动的间接影响。战略选择路径借鉴了博弈论来理解战略互动的复杂性。

　　在本章中，我不会简单地回顾博弈论的原理，并列出从这些原理中得出的准则。但我会详细讨论国际政治中反复出现的三种不同的战略问题——信号、承诺与议价。具体案例中会反映这些战略问题中的几个乃至其他问题，所以这里讨论的三种战略问题并不能彻底地解释某个特定案例。由于这些战略问题在许多案例中反复出现，我们可以通过抽象概括地理解它们，进而从战略维度理解许多案例。通过介绍这些抽象的问题而非战略准则，我希望读者能更好地理解博弈论告诉我们关于战略互动的认识。最后，我回顾了我们从对这三种抽象战略问题的理解中所学

---

　　[*]　作者感谢所有参加本书筹备会议的人，并对詹姆斯·费伦、戴维·莱克和罗伯特·鲍威尔在撰写本章期间给予的评论和研讨表示特别的感谢。

到的,涉及国际政治中的两个普遍问题——联盟和危机谈判。

本章直接补充了上一章对偏好的探讨。这两章共同呈现了战略选择路径的两大要素——行为体偏好和战略环境——以及这两个因素如何导致了各种选择。

安全困境与三种战略问题

安全困境(security dilemma)建立在一个悖论之上。如果国家纯粹只出于对自身安全的考虑,就不应该出现困境。安全困境认为,国家必须始终对彼此保持警惕,因为一个国家的权势增长会使另一个国家变得不那么安全。根据华尔兹版本的新现实主义理论,所有国家都关注安全(Waltz 1979,118,126)。如果所有国家都只对安全状态的维持感兴趣,而且它们这一仅有的安全兴趣是众所周知的,那么任何国家都不会对任何其他国家构成威胁;所有国家都可以通过维护现状来维持它们的处境。由于所有国家都只对维持安全感兴趣,而且其他国家也都知道这一点,所以任何国家都无须担心另一个国家会试图推翻现状。

尽管如此,各国还是担心彼此的权力和政策。即使所有国家都只关心维持自身处境,它们也无法确定其他国家是会通过自我限制来维持自身处境,还是会对现状进行温和的修正。考虑下这个问题的原型——英国和法国在 20 世纪 30 年代所面对的纳粹德国。显然,希特勒政府试图改变在凡尔赛和洛迦诺建立的现状。英国和法国政府在回应德国的要求时,必须判断这些要求的范围。如果它们知道希特勒从他掌权的那一刻起就谋求欧陆霸权,它们就会更早地采取更强硬的措施。如果苏台德地区是希特勒最后的领土要求,而且如果英国和法国知道这一点,那么导致签署《慕尼黑协定》的那场危机是本可以避免的。但是,由于英法不知道希特勒的野心程度,它们不得不对斗争性政策与安抚性政策的相对风险作出判断。对希特勒未来行动的不确定性是英法在 20 世纪 30 年代所面临的战略环境的特征。

　　无法确定的动机也给动机不明的一方带来问题。假设德国在 20 世纪 30 年代寻求的是对现状进行温和的修正——德国寻求将所有德国人团结在一起成为一个大德国（Greater Germany），但仅此而已，会面临何种问题？这样的德国将不得不关心如何在不引起英国、法国和苏联强烈反应的情况下实现其要求。由于将所有德国人统一在一个国家的要求超出了第一次世界大战之前的现状，其他大国可能会将这种要求视为德国追求控制欧陆的开始。温和的修正主义德国如何能让英法苏相信它并不寻求控制欧陆？它必须采取一个寻求控制欧陆的德国——也就是实际存在的纳粹德国——不会采取的行动。这样，其他国家就可以得出结论，它们面对的是一个要求有限的德国。例如，温和的修正主义德国可以在要求建立"大德国"的同时裁减其军事武装。当然，裁军也将破坏其修改现状的要求中所隐含的战争威胁的可信度。温和修正主义的德国的部分议价筹码来自其他国家对战争的恐惧；向其他国家保证德国要求有限的行动也会削弱它们对战争的恐惧，从而削弱德国的议价筹码。

　　如果对吞并苏台德地区之类的做法让步，就会出现另一个问题。英国和法国作出这样的让步是希望新的现状能够得到维持。它们愿意对彼此和其他受到德国进一步扩张威胁的小国作出承诺。这些承诺必须对其他国家是可信的，包括德国以及接受这些承诺的各方。由于履行这些承诺的代价高昂，他国有理由怀疑这些承诺。如果此承诺能阻止进一步的威胁，那就能以很小的代价获得成功。简单的许诺可能是不够的；英国在 1939 年对波兰的承诺被证明是无用的。然而，在面临其他国家不确定其是否愿意采取这些行动的情况下，一国可能还有其他方式来对未来的行动作出承诺。例如，英国军队在波兰的部署可能会让希特勒相信英国会为波兰而战。

　　对现状的重新谈判产生了第三个战略问题。对德国的任何让步都是由各方谈判确定的。在讨价还价中，每个人都希望得到最好的交易，但这不能以无法达成任何交易作为代价。在我们所假设的 20 世纪 30 年代的欧洲，德国希望在不引发战争的情况下尽可能多地统一德国人。英国和法国希望对现状作出尽可能少的改变，以满足德国人的要求并维持和平。由于双方都不清楚对方会接受什么样的交易来代替战争，因此双方在谈判时都必须注意判断对方的动机及其当前的报价。与德国谈判的国家之间的分歧使这个问题进一步复杂化。有些国家,如苏联,可能不太愿意作出让步;另一些国家,如法国,可能愿意作出广泛的让步以避免战争。

对他人动机的不确定性至少在政治上引起了三个战略问题。首先,各方能否就其动机发出信号?换句话说,一个行为体向另一个行为体透露其确切目标是什么,并让后者相信这种透露,这是否符合其利益?其次,各方能否以可信的方式对不知道其确切动机的其他人作出承诺?什么机制使这种承诺成为可能,这些机制对行为体施加了什么限制?最后,当各方不确定对方会接受什么样的交易时,如何就分歧进行谈判?这三个战略问题是本章的重点。

尽管我只详细讨论了这三个问题,但不确定性还会引发一系列政治问题,这些问题在安全和政治经济学中以及在体系、国家和更低层次的国际政治分析中都很常见。其他一些战略问题包括委托代理关系(Bueno de Mesquita and Siverson 1995)、协调(Morrow 1994b;Stein 1990,chap.2)、集体行动、道德风险(Downs and Rocke 1995,chap.3)以及重复和有条件的惩罚(Downs and Rocke 1990,1995)。就像我在此处讨论的三个问题一样,可信性和不确定性是其他这些战略问题的核心所在。过去 20 年来在经济学中发展起来的非合作博弈论,为所有这些战略问题的形式化分析(formal analysis)提供了一种工具。可信性和不确定性是非合作博弈理论试图处理的核心战略问题。对这些议题的关注在过去 15 年里有所增加;非合作博弈论的各种技术已经进入此领域,因为它们提供了分析这些问题的方法。

博弈论与国际政治

上述三个问题全部都是战略性的,一个行为体在自己作决定时必须考虑其他行为体可能的选择。博弈论是到目前为止我们分析战略互动所拥有的最完善的形式化工具。自 20 世纪 40 年代博弈论问世以来,国际关系理论家就一直对应用博弈论感兴趣。谢林（Schelling 1960）是使用博弈论阐明国际政治问题的最著名的早期支持者，埃尔斯伯格（Ellsberg 1960）和卡普兰（Kaplan 1957）也都是早期支持者。在 20 世纪 50 年代末的最初繁荣后，人们对此的兴趣逐渐减弱，这种减弱一直持续到 20 世纪 70 年代。在 20 世纪 70 年代那十年中，人们对使用博弈来模拟危机中的战略互动又有了兴趣，其中最引人注目的是斯奈德和迪辛（Snyder and Diesing 1977）以及杰维斯（Jervis 1978）。这些模型依赖于"二乘二博弈"（two-by-two games），即大家熟悉的矩阵博弈，其中每个玩家有两个策略且博弈有四种可能的结果。在整套的"二乘二博弈"中包括囚徒困境和胆小鬼博弈（见图 3.1）。每个玩家在每个博弈中都有两种策略，标记为 C 和 D，分别代表合作和背叛。四种可能的策略组合定义了每个博弈的结果。玩家对这些结果的偏好由每个框中括号内的数字给出，玩家 1 的偏好在玩家 2 之前，数字越大表示越偏好该结果。玩家对四种可能结果的偏好完整地描述了该博弈。例如，在囚徒困境中，如果一个玩家背叛而另一个玩家合作，那么结果对于背叛的玩家来说是最好的，而对于合作的玩家来说是最坏的。非形式化的论证，而非形式化的求解，被用来解释每一玩家在这些博弈中会采取何种策略。偏好的变化导致了所选择行动的不同，从而也导致了行为的不同。这类博弈只需要对偏好进行明确说明，详见本书第二章。

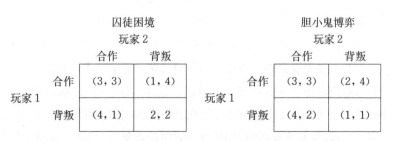

图 3.1　此处展示了两个"二乘二博弈"（囚徒困境和胆小鬼博弈），其中每个玩家有两个策略且博弈有四种可能的结果

这种将博弈论应用于国际政治的做法具有重要的局限性（Wagner 1983）。"二乘二博弈"假定行为体只有两种选择，并且他们在不知道对方如何行动的情况下行动。国际政治中的大多数情况都提供了更广泛的选择,而不仅仅是两种;如何合作往往和是否合作一样是一个大问题。此外,国际政治中的战略问题通常是动态的;每个行为体都知道另一个行为体到目前为止所做的行动。对"二乘二博弈"的应用是通过非形式化的论证来处理玩家如何选择其策略的问题。例如,斯奈德和迪辛(Snyder and Diesing 1977,88—106)得出结论认为,具有囚徒困境型偏好的危机可以和平结束,这与该博弈的策略逻辑直接矛盾。[1]不过,在斯奈德和迪辛的非形式化论证中,行为体可以提出并回应多项提议;也就是说,他们为行为体提供了不止两种策略,并且允许行为体在知晓对方先前提议的情况下进行议价。对于这样的序列议价(sequential bargaining),更好的呈现方式是有多种行动的博弈树。由于"二乘二博弈"要求各玩家同时行动,故无法体现斯奈德和迪辛所讨论的这种战略环境。

动态互动(dynamic interaction)带来了可信性的问题。尽管一个行为体可能承诺在未来采取特定行动,但如果到了兑现承诺的时候,这些行动是否符合其利益? 如果这些行动可能被证明与其利益相悖,其他行为体就会怀疑承诺的可信性。博弈论通过"完美"(perfection)这一概念来处理可信性问题。考虑到博弈中的所有未来行动,如果当行为体必须作出行动时,每一步都符合采取该行动的玩家的利益,那么策略就是完美的。如果一项承诺满足了完美性的测试,那么这个承诺就是可信的。

迭代博弈(iterated games)提供了一种思考动态互动的方法。阿克塞尔罗德(Axelrod 1984)使迭代的囚徒困境和"一报还一报"等回报策略(reciprocal strategies)的有效性引起国际关系学者的关注。回报策略在一定程度上根据过去的行为选择当前的行动。那么行为体可以通过使用对等的威胁来惩罚对协议的违背,从而在它们之间执行协议。奥耶(Oye 1986a)在迭代的囚徒困境中把对等威胁的逻辑应用于国际政治中的各种问题。不过,在非重复的情况下,行动顺序是重要的,故对等威胁不可行。这些对迭代博弈的应用也假定简单的"二乘二博弈"是重复的。

国际关系理论家还关心行为体对其他行为体动机的不确定性。"二乘二博弈"无法处理动机的不确定性;按照定义,博弈的情况是大家所共知的。一些学者(Stein 1982 是其中最好的成果)试图分析参与者玩家不知道自己在进行何种博弈的情况。对于彼此的动机,这些成果并没有明确说明玩家到底知道了什么和不知道什么。由于缺乏这样的明确说明,因而就无法总是知道何种行动是符合玩家利益的。

不完全信息博弈具体说明了这些不确定性。在这类博弈中,至少有一方拥有私人信息——该玩家知道一些其他玩家不知道的关于博弈的信息。例如,玩家的报偿(payoff)可能是其私人信息,这与行为体不确定彼此动机的论点相匹配。玩家的私人信息决定了它的类型。其他玩家知道该玩家的可能类型的集合,并知道每种类型出现的几率。他们也许能从该玩家的行动中推断出其类型,但他们不能确切知道其类型。因此,不完全信息博弈提供了一种思考博弈中不确定性的方法。

用个示例也许能澄清"类型"这一概念。让我们回到 20 世纪 30 年代欧洲的例子。德国的动机决定了它的类型。有两种类型的德国:一种寻求统治欧陆,另一种只是对现状进行适度修正。只有德国知道自己究竟属于哪一种类型。英国和法国只知道德国可能是两种类型中的一种,以及知道每种类型的可能性有多大;它们无法确定德国是寻求统治欧陆还是对现状的适度改变。它们可以试图从德国的行动中推断其要求的程度。正是由于英国和法国不知道它们面对的是哪一种类型的德国,上述推断必须考虑每一种类型的德国在当前形势下会做什么。这些推断对英国和法国很重要,因为对德国类型的了解将有助于它们预测德国未来的行动并作出适当的反应。

非合作博弈论将关于完美性的讨论与不完全信息联系起来。[2]这种结合对国际关系理论问题很有用,因为其提供了一种在面对不确定性时分析可信性的方法。考虑一下本章前面提到的安全困境问题。安全困境的发生是因为不确定性与可信度问题交织在一起。由于不确定对方的动机,双方都担心对方是否会进攻;如果一国知道对方将以和平的方式实现目标,它就会确信对方不会发起攻击。此外,关于意图的声明可能并不可靠。任何一方都无法根除其未来攻击对方的自由行动权。双方都必须要关心对方作出的不进攻承诺的可信性。兑现这样的承诺可能不符合另一国的利益。非合作博弈论为我们提供了一种详细考虑安全困境等问题的战略逻辑的方法。

可信性是非合作博弈论中的一个核心问题。行为体无法预先确定未来的选择;相反,我们必须问一问,当行为体必须作出选择时,什么样的选择才符合它们的利益。在 20 世纪 30 年代的例子中,德国虽然可能会说苏台德地区是其最后的领土要求,但德国决定是否在未来提出进一步的要求是对该说法的检验。德国不能仅仅通过声称它没有进一步的要求而选择放弃进一步要求的可能性。非合作博弈论在博弈的行动顺序中为可信性问题进行了建模。扩展形式的博弈(extensive-form game)规定了玩家的行动、他们的顺序以及这些行动如何导致结果。玩家在决定采取行动时必须考虑其他玩家的未来行动。当一个玩家的选择取决于另一个玩家之后的选择时,就会出现可信性问题;另一个玩家有动机诱使第一个玩家在当下作出特定的行动,但第一个玩家有理由怀疑后者当下所说的是否会成为其未来行为的可靠准则。在这种情况下,另一个玩家声明的可信性存在于第一个玩家的头脑中;即第一个玩家认为另一个玩家在未来会做什么。

不确定性也是非合作博弈论的核心问题。行为体无法知道彼此的动机,不过他们会对这些动机作出判断。有时他们可以从别人的行动中判断出别人的动机。非合作博弈论要求我们描述玩家在每一步行动中知道哪些信息。我们假设未知信息,如动机,是一组可能值中的一个。在 20 世纪 30 年代的例子中,英国和法国知道德国是两种类型中的一种:一种类型是只寻求对现状进行适度修正的国家,另一种类型是寻求统治欧陆的国家;但是它们不知道所面对的是哪种类型的德国。它们对德国目标的信念是由每种类型正确的概率来描述的;一种类型的概率越大,英国和法国认为德国的目标与这种类型一致的概率就越大。信念影响行动,英国和法国想要采取的行动取决于它们认为自己面对的是哪种类型的德国。英国和法国对德国类型的信念也会影响德国的可信性。无法事先承诺(precommit)自己的未来行动和对其他玩家类型的不确定性是非合作博弈论中三个核心思想中的两个。[3]

博弈中的可信性是博弈顺序、玩家偏好以及他们对彼此类型的不确定性的产物。如果一个玩家知道另一个玩家的类型——也就是其偏好——前者就可以预测后者在未来的行动。行动顺序可能会造成一种情况,即在特定时间到来时,履行承诺并不符合后者的利益。那么前者就有理由怀疑这些承诺的可信性。如果前者不知道后者的类型,那么当其中一种可能类型不会履行其承诺时,后者的承诺就可能缺乏可信性。在这种情况下,后者的可信性取决于前者对它所面对的后者类型的信念;如果前者认为其有足够大的几率面对会违反承诺的类型,那么该承诺就缺乏可信性。故可信性并不是一个作出承诺的行为体是否打算履行承诺的简单问题。

本章在上一章的基础上,探讨了战略逻辑是如何影响行为体选择追求其偏好的方式。上一章讨论了行为体的偏好以及如何系统地研究这些偏好。然而,单凭偏好并不能决定行动。正如开头的例子一样,具有有限目标的德国和寻求统治欧陆的德国——即具有不同偏好的德国——在其战略环境中采取了相同的行动。与此同时,选择通常并不是由玩家的处境支配的。选择既取决于偏好,也取决于战略环境。行为体选择他们的行动以产生其所偏好的结果,而结果则取决于博弈中的所有行动。正如前一章阐述了如何系统地研究偏好,本章提出了如何在给定偏好的情况下系统地研究战略选择。两者都是理解政治决策所必需的。

这些技术在国际政治中的应用,已经实现了从国际关系理论到博弈论,然后再从博弈论回到国际关系理论的发展历程。“二乘二博弈”模型无法捕捉到国际关系理论家的论点,这导致形式化的建模者寻求新工具。这些工具是在经济学中找到的,但它们在国际政治中的应用需要对此主题进行仔细思考。我们领域的战略问题与经济学某些领域的战略问题有共同之处,所以这些工具可能是有用的。然而,两组战略问题并不完全相同。这些问题是双向的:模型如何去体现关于国际政治的论点,以及这些模型又能对国际关系理论有何启示? 当建模过程奏效时,它能阐明并增进我们对国际政治相关讨论的理解。

运用非合作博弈论的另一个优势是它同时适用于国内政治,特别是美国政治的研究。在过去 15 年中,使用非合作博弈论的选举、立法机构和官僚机构的形式模型已有出版。这些研究发现了在国际政治中出现的同样的战略问题,尽管形式不同。各国担心它们如何能够承诺实施那些代价高昂的军事威胁;总统们则担心他们如何能够承诺否决那些包含令他们反感的少数条款的法案。战略问题的平行结构使国内政治和国际政治的整合变得更加容易。它们似乎不再是两个截然不同的政治场域。

本章接下来的讨论将考察三个战略问题，即信号、承诺和议价。之后将考察形式模型如何改变了我们对联盟和危机议价的理解。最后我提出了未来研究的方向。

信　号

当一个行为体知晓与另一行为体决策相关的事情时，信号传递就会发生。如果不知情一方的决策会影响到知情的行为体，后者可能希望将其信息告知前者。在国际政治中，信号是探讨未知动机问题的一种方式。我们将一个行为体的动机视为它的类型。一个行为体作出选择的依据，在某种程度上，是其他行为体在未来可能会做什么。了解其他行为体的动机可以帮助前者判断什么是其最佳反应。让我们再次回到 20 世纪 30 年代欧洲的例子。德国的抱负是有限的还是无限的，这是英国和法国在如何回应德国要求对现状进行明确改变时所面临的决策的核心。然而，德国政府可能并不希望向英国和法国明确表达其确切的愿望。信号传递的战略逻辑处理了在何种条件下英国和法国可以从德国的行动中推断其类型的问题。

20 世纪 30 年代末的历史提供了一个关于信号传递的具体案例。英国和法国政府难以确定希特勒的要求是仅限于建立一个统一所有德意志民族的大德国，还是寻求对欧洲大陆的统治。它们要对希特勒在慕尼黑危机中提出的有关苏台德地区的要求作出适当反应就取决于这一点。使大多数（但不是所有）德国以外的人相信希特勒的要求并非有限的行动是德国对捷克斯洛伐克残余部分（the rump of Czechoslovakia）的占领。一个只寻求在一国内统一德意志民族的德国是不会占领捷克斯洛伐克的非德裔地区的。希特勒占领捷克斯洛伐克所蕴含的信号表明他的目标并不仅限于建立一个大德国。

信号传递的战略逻辑取决于对不同类型的区分。如果相互区别的类型会采取不同的行动，那么观察者就可以从行为体的行动中推断出其类型。不过，每种类型将采取的行动取决于其自身的动机和战略环境。可能有些类型的行为体会故意模仿其他类型，以防止他人弄清楚其确切动机。希特勒在早期故意表现得好像他只是寻求对现状进行有限的修正，以掩盖他真正的长期目标。如果他在1933年就明确表示他要推翻欧洲现状，那么英国和法国当时就会对他采取更强硬的立场。希特勒通过模仿一种不那么好战的类型来实现其最终目标。当不同类型采取相同的行动时，被称为混同（pool），他人无法从该行动中了解到任何关于其类型的新信息。那什么可能使不同类型得以区分而非混同呢？

1973年赎罪日战争*后，尽管以色列和阿拉伯国家在谈判解决领土问题上有着明显的共同利益，但谈判却难以启动。一个信号问题在此隐现。以色列当下可以作出领土上的让步，以期得到阿拉伯国家的承认并愿意以后和平共处。但领土让步会使以色列此后更容易受到攻击。此外，阿拉伯领导人也会愿意作出相关表态，但出于恰恰相反的意思，要是这些表态可以带来领土上的让步，这将有助于其最终目标的实现。一个阿拉伯领导人如何能让以色列人相信他是那种可以与之和平相处的人呢？

萨达特（Sadat）**通过前往耶路撒冷、向以色列议会发表演讲，并宣布"不再有战争"（no more war）来表明他和平相处的意愿。这一行动让萨达特付出了极大代价；他的外交部长辞职，埃及被逐出阿拉伯联盟（Arab League），最终萨达特被极端分子刺杀，这些极端分子对与以色列的和平协议不满。正是这些代价使萨达特的和平宣言成为其意图的可信信号。这一行动向国际和国内的各种观众宣示了萨达特的意图。他没法否认他当时在向以色列表示和平姿态。即使以色列不以领土让步作为回报，萨达特也会承受被激怒的阿拉伯人所带来的代价（而且事实证明，即便在以

---

　*　即第四次中东战争，又称斋月战争。——译者注
　**　穆罕默德·安瓦尔·萨达特（Mohamed Anwar el-Sadat，1918—1981），埃及前总统，1970年至1981年在任。——译者注

色列将西奈半岛归还埃及后,他也付出了生命代价)。大约在同一时间,其他阿拉伯领导人,如侯赛因国王,* 正在与以色列领导人进行秘密会晤。但他们的和平提议之所以并不像萨达特的信号那样具有可信性,恰恰是因为他们的提议是私下的。只要谈判不公开,侯赛因国王就不用为他的提议承担任何代价。

萨达特的信号是可信的,因为该信号将他与他可能成为的其他类型的领导人区分开来。想想以色列试图从萨达特的行动中推断其类型的问题吧。萨达特既可能是真诚的,也可能是利用谈判来寻求军事优势,以便在收复西奈半岛后进攻。但哪种类型的人愿意承担单方面公开宣布和平的代价呢?真诚型的人可能愿意这样做,但不真诚型的人不太可能接受这种代价,因为以色列人没有义务对这种姿态进行回报。事实上,西奈半岛归还给埃及经过了漫长而艰难的谈判。当时并不能保证会得到实实在在的回报来对抗萨达特政府内外许多埃及人的愤怒。因为真诚型的人可能会发表公开声明,而不真诚型的人则不会,故以色列可以推断萨达特的提议是真诚的,如果西奈半岛被归还,他打算与以色列和平共处。[4]

区分类型是成功传递信号的核心。一种类型必须做另一种类型不太可能做的事情。那么观察者就可以得出结论,其面对的是前一种而不是后一种类型。如果所有的类型都采取相同的行动,那么其他人就不会获得关于他们所面对的类型的新信息。一种区分类型的方法是通过成本。一种类型可以通过采取造成其愿意承担而其他类型不愿意承担的成本的行动来表明其意图。高成本信号(costly signaling)是成本可以区分类型这一观点的常用术语。

在国际政治中,创造这种用于区分的成本可能是困难的,因为成本必须在行为体之间内生地产生;它们不能由更高的机构来强加。在 20 世纪 30 年代的例子中,考虑下不寻求统治欧陆的机会主义德国所面临的问题。虽然它不寻求与英国和法国开战,但它很乐意吞并英国和法国不会

---

* 侯赛因·本·塔拉勒(Hussein bin Talal, 1935—1999),约旦前国王,1952 年至 1999 年在位。——译者注

为之开战的任何领土,比如说波兰。由于英国和法国希望保持东欧国家的独立,它们承诺在德国进攻时保卫这些国家。这些承诺可信吗? 德国要考验英法保卫波兰决心的唯一办法就是进攻波兰。除战争之外的较小威胁不足以阻拦优柔寡断型的英国和法国,它们希望制止德国的扩张,但又不愿意为保卫波兰付出代价。然而,如果对波兰的攻击显示出英国和法国致力于保卫波兰,那么德国就不会想要攻击波兰。德国处于一种困难的境地,即通过除战争以外的方式,无法施加必要的成本来区分英国和法国的可能类型。这个问题在国际冲突中很常见,因为战争的前景往往是那些有可能可以创造区分的成本的来源。但如果一方能够使另一方确信他愿意打仗,另一方就会退缩。不过,要是这种威胁总是能威慑住后者,那么任何类型的前者——即使是在任何情况下都不想打仗的类型——都愿意发出这种威慑性威胁(deterrent threat)。如果没有战争的可能性,那么在这种情况下发出威胁就是没有成本的(Fearon 1995,390—401)。

萨达特的例子则不同。在该案例中,外部观众,即阿拉伯联盟的其他成员和埃及的国内群体,将成本强加给萨达特总统。萨达特前往耶路撒冷的行为正是为了从这些外部行为体那里获得这些成本。以色列从这些成本中获益,因为这些成本使萨达特能够证明他对持久和平有真诚的兴趣。观众成本(audience costs)是行为体对其自身类型进行区分并说服他人相信其动机的一种方式(Fearon 1990,1994a)。这些观众可以是国内的,也可以是国外的;关键是他们不是信号的预期接受者(intended recipients)。[5]成本并非完全源自信号发送者所试图告知的那一方的行动。

有的时候,即使没有高成本信号也可以区分类型(Morrow 1994b)。低成本信号(costless signals)可以帮助行为体协调它们的行动。当有多种可接受的行动方案时,协调就会成为一个问题,并且让所有人都同意将要做什么。行为体可以利用低成本信号来决定采取哪种行动方案。联合国决议可能是这种低成本信号在行动中的一个例子。对这些决议的投票行为并不会产生成本;当然,投票可能会因为决议之后所产生的行动而被证明是高成本的。1990 年伊拉克入侵科威特后,联合国的第一份决议表达了对该入侵的普遍愤慨,安理会所有成员,甚至包括古巴,都对第 660 号决议投了赞成票。一旦伊拉克未遵守决议,协调问题就迫在眉睫。行动方案的范围从对入侵的道德谴责到使用军事力量将伊拉克军队赶出科威特。国际协调将使任一行动方案更加有效。布什政府进一步利用安理会决议来引导国际社会对伊拉克入侵作出反应,首先是通过经济制裁,然后是"沙漠风暴行动"。对这些决议进行投票为各国提供了一种低成本地表明其对美国主张的行动方案的支持(或不支持)的方式。最强硬的决议得到的支持最弱;中国投了弃权票,古巴和也门对第 678 号决议投了反对票,该决议授权在 1991 年 1 月 15 日之后,如果伊拉克不撤出科威特,就可以使用武力。[6]这些决议并没有阻止各国采取它们所认为合理的行动。布什政府本可以在没有第 678 号决议的情况下发起"沙漠风暴行动"。然而,该决议确实反映了大多数国家愿意接受美国关于如何将伊拉克赶出科威特的立场。这些决议对布什政府具有国际和国内价值。寻求这些决议是美国就其更倾向采用的解决方式向国际社会发出的一个信号。对这些决议的表决为其他国家提供了一种表达支持或反对的方式。另外,萨达姆·侯赛因坚持为了要让美国发出一个表明美方意图的高成本信号而不肯妥协,不过萨达姆在科威特的利益比其他任何行为体都要大(参见 Freedman and Karsh 1993 对海湾危机的讨论)。

在信号传递的战略逻辑中需要不同类型采取不同行动。由于其他行为体不知道某个行为体的类型,所以它们必须从其行动中推断出其类型。如果所有类型都采取同样的行动,其他行为体就无法从其行动中得出任何推论。为采取特定行动而付出的成本往往是(但并不总是)类型区分所必需的。不过在大多数政治情势下,行为体通常会互相施加这些成本。

这一观察有两个重要的含义。首先,对类型的部分区分而不是完全区分很可能是一种惯常情况。考虑下延伸威慑(extended deterrence)时威胁国(threatening state)有动机对威慑性威胁发出国的决心产生怀疑的情况。后者可能属于实施威胁的类型,也可能是虚张声势的类型。只有在威慑国(deterring state)虚张声势的情况下,威胁国才会想要坚持其威胁。对这两种类型的完全区分需要一个行动,即坚决果断型国家愿意而虚张声势型国家不愿意采取的行动。在观察到这个行动后,威胁国就可以得出结论认为它面对的是坚决果断的类型，因而从其威胁中退缩。对两种类型进行区分的行动本身便是一个完美的威慑性威胁——其永远不会受到挑战。然而，虚张声势者也希望采取这种行动，因为它总是会成功且没有战争的风险。这种动机破坏了区分的逻辑；威胁国在观察到该行动后无法再断定它所面对的就是一个坚决果断的防御者。部分区分（partial separation）解决了这个悖论。所有坚决果断型国家和一部分虚张声势型国家会作出威慑性威胁。在观察到威慑性威胁后，威胁者在某些时候会下战书，但并不总是如此。威胁必须被执行的可能性施加了成本，而威胁者在面对威慑性威胁时可能退缩的几率则带来了好处。

其次，我们应该预期，当冲突中存在不确定性时，所有事件都会表现出选择偏误（Morrow 1989；Fearon 1994b）。一个行为体选择行动方案的依据既有可观察因素，如军事能力，也有不可观察因素，如其动机。两者共同决定了该行为体在冲突中获胜的能力。另一个行为体也是利用可观察因素和自己的不可观察因素进行选择。如果前者在可观察变量上表现出强大，整体上较弱的后者就不太可能对其进行挑战。但是，如果后者的确在前者可观察因素强大的情况下对前者进行挑战，我们便可知道后者的不可观察因素一定对其非常有利。当弱者挑战强者的时候，他们一定有不被看见的优势来弥补他们的弱点。比起仅靠可观察因素所表明的结果，这些不被看见的优势使他们更有可能获胜。我们所观察案例的选择是以行为体拥有异常有利的私人信息作为基础的。这种效应可能解释了权力的悖论，即有权势者并不总是占上风（例如，Mack 1975）。这也意味着，对决心的事后衡量，如在危机中采取的行动，一定比事前衡量能更好地对成功进行预测。后者就是那些导致选择偏误的可观察因素。

承　　诺

承诺会成为一个问题，因为行为体常常想要作出那些他人会怀疑其此后是否还愿意履行的承诺。如果后者能够相信前者的承诺，那么双方的境况都会得以改善。当信号传递是核心战略问题时，一个行为体的类型决定了其未来的行动。其他行为体可以从其信号中推断出其未来的行动。作为事物的另一方面，承诺则是一个动态问题。即使行为体了解彼此的动机，它们也有理由怀疑任何一个行为体是否将会采取符合其此刻利益的行动。在之前20世纪30年代的例子中，德国知道英国和法国属于哪种类型。在希特勒占领捷克斯洛伐克残余部分后，承诺保卫波兰符合后者的利益。如果德国相信英国和法国致力于保卫波兰的承诺，那么所有国家都可以避免代价高昂的战争。但是，当德国此后威胁要对波兰发动战争时，英法两国参战符合其利益吗，还是说战争的代价如此之高，以至于它们会退缩而非参战？或者，用当时的说法，谁愿意"为但泽而死"（Die for Danzig）？

当行为体的激励（incentives）随时间发生变化时，承诺就会成为一个问题。考虑下债务国的领导人与国际货币基金组织（IMF）就贷款重新谈判（loan renegotiation）进行协商时的处境。当下，确保获得新贷款是首要问题。作为新贷款的条件，国际货币基金组织可能会要求债务国的财政和货币政策作出重大改变。这些让步有助于债务国恢复经济健康，提高其偿还新贷款的能力。如果该国从长远来看减少了预算赤字，其债务的利率可能会下降，使其更容易偿还新旧债务。这些安排还可能促进该国的经济增长。如果承诺得到兑现，双方的境况都会改善：该国的经济得以好转，国际货币基金组织的贷款也得到偿还。

这些改变也可能带来政治上的痛苦，因为它们将导致社会重要部门的实际收入大幅下降。领导人很可能认同这些政策改变是恢复其国家经济健康所必需的，并同意作出这些改变，而且抱有执行的充分打算。但当两年后的选举到来时，新政策的政治成本可能包括其政府失去连任。那么领导人和国际货币基金组织可能更愿意在那时撤销改革，而不是看到一个在政策上反对这些改革的政党上台。如果债务市场预期到这种对早期承诺的背弃（市场似乎总是如此），那么最初改革的有利影响将无法实现。

这是一个承诺问题，因为政府希望对新政策作出承诺，但其他人明白，政府对这些政策的兴趣可能会随着时间的推移而改变。如果政府能够把这些政策刻在石头上(carve in stone),它会愿意这样做。但它不能,所以其他人必须判断政府在未来违背其承诺的动机。承诺问题与信号问题的不同之处在于,其他人知道存在承诺问题的行为体的类型。信号传递不会引起承诺问题,因为行为体的行动会遵循其所属的类型。

给予其他行为体权力是对它们作出可信承诺(credible commitment)的一种常见方式。处于国际收支危机中的国家面临着收紧资本管制和增加贸易保护的压力,这两项行动通过减少资本外流和减少进口来改善一国的国际收支。然而,这些行动也让一国的债权人相信,在该国投资更多的资金会使这些资金面临风险。国家通过资本流入为贸易赤字融资;当投资者怀疑他们的资金在一个国家内是否安全,并因此不愿意提供额外的资金来弥补贸易赤字时,危机就发生了。资本管制和贸易保护使得在该国的进一步投资面临风险,加剧了危机。在适当的经济条件下,更好的应对措施是在国内开放资本市场。这样一来,投资者就对他们在必要时可以将资金转移出国有了信心,从而愿意把更多的钱投入这个国家。通过赋予投资者把钱取出来的权力,政府对他们作出了承诺,增加了他们进一步投资的意愿(Haggard and Maxfield 1996)。如果一个行为体担心另一个行为体不履行承诺,那么给予前者一些掌控结果的权力或许就足以使其确信该行为体的承诺了。没有谁像行为体自己那样密切关注着自身利益。将权力让渡给一个行为体可使其有能力在政策改变时减少损失,从而增加该行为体对遵照政策行事的信心。

此外,资本流动可以是一种自我实施的(self-enforcing)承诺。日益增长的经济开放度使具有国际联系的社会阶层受益,并使发展国际经济联系对没有这些联系的企业和个人具有吸引力。由于外国企业在该国的参与度增加,它们在游说政府维持开放的资本市场方面有更大的兴趣。所有这些影响都增加了继续将开放作为一项政策的政治压力,使承诺得以自我实施(Haggard and Maxfield 1996)。[7]一些承诺导致了一些变化,提高了背弃承诺的成本,或者提高了延续承诺的收益。这两种变化都使承诺的履行比承诺作出时更具吸引力。如果这种成本或收益足够大,承诺就会自我实施,所有行为体都希望兑现承诺。

国内制度可以为领导人在国际上作出承诺创造途径。制度可以在许多行为体之间分享权力,这使领导人难以背弃承诺。其他行为体可以利用它们的权力让领导人违背诺言比履行承诺更痛苦。再一次地,20世纪30年代末的欧洲提供了这种承诺的例子。德国对捷克斯洛伐克的占领使大多数观察家相信,只有通过战争才能阻止希特勒。因此,英国和法国向几个可能成为纳粹德国未来目标的东欧国家,尤其是波兰,提供了保护的承诺。但履行这些承诺意味着战争,而战争是一个沉重的负担。1939年9月1日德国入侵波兰后,尼维尔·张伯伦(Neville Chamberlain)和哈利法克斯勋爵(Lord Halifax)在接下来两天的大部分时间里都在试图制定一个能避免英德之间战争的折中协议。内阁和下议院阻止了他们尝试摆脱其政府对波兰承诺的企图。如果张伯伦没有在9月3日向德国发出最后通牒,他的政府就会垮台,并且英国会组建一个新的政府来履行对波兰的承诺(Watt 1989)。

由于政治制度可以创造可信的承诺,因此对制度的研究是战略选择路径的核心。接下来的两章会讨论制度。由罗纳德·罗戈夫斯基撰写的第四章分析了制度如何塑造战略选择,而由彼得·古勒维奇撰写的第五章则讨论了行为体如何在不同的可能制度中进行选择。我即将提出的观点与接下来的两章直接相关,且有颇多相似之处,之后的两章均扩展和深化了我在此处提出的问题。

国内制度的确切类别会影响承诺的可信性(Cowhey 1993)。首先,由于领导人希望掌权,民主国家的选举制度会产生不同的激励机制来履行协议。像英国的议会制度,关注全国性问题并奖励提供集体利益(collective goods)的政党,更有可能履行向其选民提供集体利益的这类承诺。其他制度,如日本的制度,关注地方政治分赃(local pork barreling)和政府内部的谈判,不太可能去支持产生广泛好处的承诺。美国的制度是两者的结合,一个全国选举的总统和一个地方选举的国会。其次,程序透明增加了其他国家的信心,使它们能够确定承诺何时会被违反,从而保护自己不受违反承诺的影响。程序公开还使外人在被给予承诺时能够判断该承诺的力度。由于其他人可以判断承诺的力度,所以减少了政府未来行动的不确定性,使其他人可以采取符合双方利益的行动,而不必担心政府政策的不可预测的变化。

　　最后,相比起权力集中,权力分立使建立承诺和违反承诺更加困难,如在议会制度下。正是作出承诺的困难可以让承诺变得可信。在议会制度下,政府可以作出反对派不赞成的承诺。选举中的权力转移可能导致新政府背弃承诺。美国宪法要求参议院以三分之二的票数才能批准一项国际条约。所要求的绝对多数使参议院的少数派可以阻止批准总统谈判达成的条约。总统可以选择签署一项行政协定(Executive Agreement),而不是谈判一项作为国际协议的条约。因为缔结行政协定的国内规则没那么严格,所以更容易获得批准。另外,正是因为批准难度更大,所以条约的可信性更高。一项被批准的条约需要在美国政治中获得广泛的支持联盟,因此其他国家可以确信,除非参议院的政治格局发生巨大变化,否则条约的承诺不太可能被推翻。该承诺之所以可信,正是因为只有在美国政界广泛共享的承诺才能被批准为正式条约(Martin 1997)。[8]

　　当其他各方无法承诺保护行为体利益时,武力可能成为一个有吸引力的选择。弗里登(Frieden 1994b)认为,殖民主义可能是无力承诺而导致的结果。外国投资者担心被东道国政府或其他地方政权征收。那么,东道国政府如何才能承诺保护外国投资呢? 并非所有的投资都同样容易受到征收伤害。用于出口的初级生产(primary production),如油井、矿山和种植园,是相当脆弱的。这类业务与它们的位置相关,在被扣押后还可以继续经营。它们的产品可以在世界市场上销售。跨国企业的当地子公司一般不容易被征收。这些公司需要专门知识和与该公司在其他国家的分支机构的联系来生产其产品。将此类公司从这些联系中剥离出来会大大降低其价值。因此,对生产初级产品企业的征收是一个困难的承诺问题。一个解决方案是投资者的母国对投资的东道国建立政治控制,也就是说,让东道国成为殖民地。投资者得到与他们在母国所获得的相同保护。我并不是说初级产品的生产导致了殖民主义。究竟是初级生产导致殖民主义,还是殖民控制招来对初级生产的投资,这点并不清楚且与此处的论点无关。殖民控制解决了对资源开采和经济作物农业投资的承诺问题。我们应该会预期,殖民地在这些领域的投资比非殖民地更多,弗里登(Frieden 1994b)提供了证据表明确实如此。[9]

　　回顾来看,当一个行为体要作出他人会怀疑的许诺时,承诺就成为一个问题。*许诺如果兑现,就会使他人采取符合双方利益的行动。然而,作出许诺的行为体的激励可能会随着时间的推移而发生改变,使其不愿意在之后履行诺言。激励的变化是可以预见的,这也是他人对许诺产生怀疑的原因。否则,他人可以把许诺当作完全可信的,并采取符合双方利益的行动。这种可预测性并不意味着所有的许诺都会被打破,而是意味着有理由怀疑许诺是否会被兑现。一些承诺被证明是自我实施的。这些承诺为履行承诺创造了回报,也为背弃承诺创造了惩罚。为接受许诺的一方赋予权力也可使承诺可信。这种权力使接受方能够保护自己免受违背承诺时可能遭受的损失。国内制度亦可使国际承诺具有可信性。其他国内行为体通过反对领导人背弃承诺的企图来制约其权力。批准程序限制领导人作出的许诺必须得到广泛的国内联盟支持。这样的联盟放弃其承诺的可能性更小。

议 价

当有许多解决方案可供选择,而行为体对这些解决方案的排序并不一致时,他们就会议价。问题不仅仅是"我们应该达成协议吗?"还有"我们应该达成哪种协议?"即使各方都更喜欢一组可能的协议(a set of possible agreements)而非没有协议,但他们也可能对各自最喜欢的可能协议产生分歧。在我们 20 世纪 30 年代欧洲的例子中,建立一个反对希特勒的联合战线不仅需要达成协议,而且还需要就可能采取哪些步骤对付纳粹威胁达成具体协议(Morrow 1993)。即使西方盟国和苏联在 1939 年有阻止德国进一步扩张的共同愿望,但它们也无法就对付纳粹威胁的共同

---

* 在本段中,作者使用许诺(promise)和承诺(commitment)来表示类似的意思。两者作为名词都有"承诺"之意,似乎前者更强调"承诺的内容",而后者更突出"承诺的行为"。两者在使用语境上可能亦有区别,一方面,"许诺"较少运用于冲突情境,而"承诺"在冲突情境和非冲突情境中都有使用;另一方面,"许诺"通常是给予对方优惠或好处的保证,而"承诺"既可针对一项对对方有利的事物,也可指当对方不满足某项要求时给予的威胁或惩罚。故此处在翻译时略作区分以对应不同用词。——译者注

措施达成一致。斯大林为红军寻求打通波兰和罗马尼亚的通道；英国和法国不愿要求这些国家准予这种通道，因为英法担心这种要求会将它们推入德国的怀抱。

这个例子指出了一个问题，即把熟悉的公共物品问题应用到国际政治中时可能会出现的问题，就像上文提到的推卸责任的案例。关于公共物品的争论问的是公共物品是否会被提供，但并没有问在什么水平上、以什么形式或通过什么税收手段。然而，公共物品的提供不仅需要回答第一个问题，也需要回答后面三个问题。这并不是说避免为公共物品做贡献的个人动机问题不重要或不相干。而是说，公共物品的提供也可能因为对提供的确切形式和水平的谈判而受挫。不同的行为体可能希望达到不同的水平并且无法达成最终的协议。合作理论（Axelrod 1984；Oye 1986a）也面临同样的问题。作为模型的囚徒困境将我们的注意力集中在行为体是否合作上，而不是它们如何选择合作（Krasner 1991；Morrow 1994b）。

作为谈判的一般化例子，我们可以用买卖双方就一件物品进行讨价还价来类比。卖方想要更高的价格，买方想要更低的价格。* 双方都有一个保留价位（reservation level）——在这个价位上，双方对达成交易与否是无差异的（indifferent）。卖方的保留价位给出了他会接受的交换物品的最低价格。买方的保留价位给出了他为获得该物品会支付的最高价格。一个行为体的保留价位取决于其如何看待针对可能解决方案的谈判破裂。如果卖方的保留价位高于买方的保留价位，那么就不存在双方都愿意进行交易的价格。除此之外，就会有一个协议区域（zone of agreement）——这是双方都愿意达成交易的价格区间。但在这个协议区域中，卖方想要更高的价格，而买方想要更低的价格。

保留价位取决于外部选项（outside options）——每一方对谈判所达成协议的替代方案。在我们所假设的销售活动中，卖方有一个外部选项，即保留该物品，买方也有一个外部选项，即离开并可能寻找另一个类似物

---

　* 原文称"买方想要更高的价格；卖方想要更低的价格"，似为笔误，此处已修改。——译者注

品的卖家。在一场危机中,战争是双方的外部选项。保留价位是指一方认为等同于其外部选项的协议。在关于贸易机制的谈判中,外部选项是在现有机制下进行贸易,同时其中一方或双方有实施制裁的可能性。

外部选项反映了谈判中权力的重要性。由于行为体总是可以选择其外部选项而不是谈判,因而其可以利用这种权力来确保一个至少与其外部选项一样有吸引力的交易。克拉斯纳(Krasner 1991)对全球通信政治的回顾使他得出结论,权力发挥着核心作用。全球通信中的权力是什么?当卫星通信在20世纪60年代初成为可能时,美国和主要西欧国家创建了一个组织来管理通过卫星进行的国际通信。美国在该组织中拥有61%的投票权;西欧拥有30.5%;澳大利亚、加拿大和日本分享其余的投票权。美国之所以能够获得如此有利的地位,是因为它控制着技术,如果对组织安排不满意,它可以随时退出。另外,欧洲人可以阻断对其国家电信网络的访问,从而降低任何卫星系统的价值。这种外部选项提供了它们所需的杠杆,以确保在该组织中的一些权力。双方的外部选项都限制了可行的议价范围。

难以找到合意价格的困难在于双方都不知道对方的保留价位(Chatterjee and Samuelson 1987)。当给出报价时,各方都必须权衡提出对自己更有利交易的好处及对方会因该报价不可接受而拒绝的风险。由于双方都不知道对方的保留价位,所以也都不知道对方认为何种交易是可以接受的。同样地,在决定接受或拒绝某个报价时,双方都必须考虑到还价(counteroffer)可能产生的结果。如此一来,谈判失败可能有两种原因:不存在达成协议的区域,或一方因认为无法达成协议而中断谈判。

故信号传递是议价的关键部分。行为体的保留价位决定了其类型。报价和对报价的回应是关于行为体保留价位的信号。有效的信号通常需要一些成本来区分类型。协议达成的延迟是让人能够在谈判中作出区分的成本来源之一。在经济学中,未来的消费是贴现的(discounted);今天的一美元胜过明天的一美元。如果我们用美元来衡量交易的收益,今天的交易就比明天同样的交易要好。对物品估价较高的买家可能比估价较低的买家愿意给出更高报价,只是为了更快地得到该物品。行为体可能对如何给现在和未来估价存在差别,这就是我们所说的耐心。相较那些耐心较少的行为体，有更多耐心的行为体能获得更好的协议（Rubinstein 1982）。

在政治中，交易通常不能以美元计价（即使可以，美元的数量也很少能显示各种可能的交易对参与者的价值）。政治体制可以为行为体提供强有力的理由，让其倾向当下达成交易，而不是之后再达成相同的交易。美国的选举周期似乎对冷战时期美国和苏联间军控谈判的进展极为重要（Morrow 1991b）。总统们有强烈的动机在选举前而不是选举后交付成果。他们可以在竞选连任时就这些成绩邀功（claim credit）。但这种激励并不意味着军控条约只在选举年签署。成绩之间是可以相互替代的，强劲的经济是在任总统可以宣称的最好的成就。对即将到来的选举的预期，以及现任总统能够寻求一项条约来提高其当选几率的可能性，影响了双方的谈判立场。良好的经济条件使美国行政部门相信其当选几率会更大，从而减少对条约的需求，而当经济条件不佳时，情况则正好相反。

政治体制也可使部分行为体在议价时比同一体制下的另一些行为体更有优势。"要么接受要么放弃"的报价可以提供巨大的议价杠杆。如果知道对方的保留价位，能够提出这种最终报价（final offer）的一方就可以从对方那里获得最好的可能交易。如果不知道对手的保留水平，其就必须在提出"要么接受要么放弃"的报价时判断谈判破裂的风险和获得更好交易的收益。故这样的报价并非纯粹的恩惠。不过，它们确实消除了谈判中的拖延问题。如果提出最终报价的一方对另一方的接受程度有明确的认识，那么这类报价还会减少谈判破裂的威胁。

为什么行为体会同意通过授予一方提出"要么接受要么放弃"报价的权力来约束自己呢？美国国会频频投票通过"快车道"程序（fast-track procedures），允许总统就贸易条约进行谈判，然后将其提交给国会进行表决。看起来国会在赋予行政部门权力，让其在贸易政策领域向国会提出"要么接受要么放弃"的报价。总统由全国选民选出，较之由许多地方选举产生议员组成的国会，其在国际贸易上寻求的交易有所不同。总统和国会谈判中的这种结构性优势帮助老布什总统和克林顿总统在没有国会直接干预的情况下谈判了《北美自由贸易协定》（NAFTA）和《关税与贸易总协定》（GATT），然后将最终条约提交给国会两院批准。

　　鉴于总统和国会对贸易政策的不同偏好,以及"要么接受要么放弃"报价的权力,为什么国会要接受这样的提议? 首先,"快车道"有时间限制,需要国会延长权限,尽管它时常这样做。这种批准通常会为谈判制定基本规则,以便保护国会的核心利益。"快车道"程序还为国会监督与另一个国家谈判提供了一种方式(O'Halloran 1994)。其次,"快车道"程序使总统和国会之间的谈判更具可预测性。根据美国宪法,条约的批准需要参议院三分之二的票数。"快车道"程序需要两院的多数票,这似乎将众议院引入了国际条约事务。众议院始终对一项贸易协定拥有间接的权力,因为它可以在壁垒及其他影响国际贸易的措施上发挥作用。将众议院纳入程序直接降低了其在谈判之外寻求补救的动机。通过将国会的关切纳入国际谈判,这样的措施使总统更容易抵挡国会对最终条约的压力。总统对条约获得批准有了更大的信心,而国会则获得了对条约内容的更大控制权。综观历史,国会找到了各种制度创新,使其能够影响进行中的国际贸易谈判(Goldstein 1988)。制度之间的选择问题是本书第五章的主题。

　　国会议员之间的讨价还价是采用"快车道"程序的第三个理由。许多议员都有一些地方上的利益,希望借贸易保护免受外国竞争。总的来说,贸易保护是一个负和(negative-sum)主张;尽管一些人可能会受益,但其他人则因价格上涨而总体损失更大。于是,国会议员们想要相互支持(logroll)*——也就是说,将一揽子贸易保护措施合并成一项有利于其支持者而损害其他人的大型法案。多数议员获得的好处是以少数议员的损失为代价的。由于每项保护措施的提议都会带来损失,一些地区不得不被排除在此交易之外;如果所有地区都得到贸易保护,那么所有地区都将成为净输家(net losers)。议员们因其他地区贸易保护措施而多次受到的微小损失可能会抵消其因自身利益进行贸易保护而单次获得的巨大收益。这种多边议价的战略逻辑可能会导致无效率的相互支持,即出现总净损失的法案(Baron and Ferejohn 1989;Baron 1991)。这个问题类似

---

　　* 此处的"相互支持"指的是美国立法机构中借投票行为进行利益交换的一种手段,即议员互投赞成票以使法案获得通过的做法。——译者注

于孩子的"抢椅子"游戏。被法案考虑在内的议员是中等程度的输家，被排除在外的议员是大输家，而提出法案的议员是大赢家。一位议员投票支持他或她所在地区获得贸易保护的法案，以避免在当前法案失败后被排除在替代法案之外的可能性。与其完全被排除在外，不如抓住其中的一把椅子。国会内部这种多边议价的动力机制可能导致无效率的贸易保护。

"快车道"程序通过将提案权交给总统为这一问题的解决提供了方法。总统的选区是全国性的，所以他对贸易保护总的成本和收益更加敏感。他很可能只对那些他需要政治支持的地区提议进行保护，要么是为了通过法案，或是为了帮助他所在的政党（Lohmann and O'Halloran 1994）。"快车道"程序的第三个原因便是为了减少国会中保护性利益集团的相互支持。"快车道"程序充当了国会议员间的一种承诺机制（commitment device），以抵制参与这类针对特定地区进行贸易保护的动机。

多边议价也带来了其他战略问题（Kahler 1992；Martin 1992a）。谈判的当事方越多，各方达成协议的可能性就越小。此外，谈判的当事方越多，谈判拖延的时间就越长，因为要交换的立场会更多。解决此问题的一个可能方法是减少达成协议所需的当事方数量。顽固不化的当事方可以从谈判中去除，并被排除在最终协议之外。有权势的小团体可以创建少边谈判（minilateral negotiations），然后将它们的协议交给全体批准。这种少边谈判的发生可以是经过全体的授权，或是来自这些少边谈判者自行采取的行动。移除顽固群体或允许少边谈判，这两种做法都减少了谈判者的数量，具有相同的战略效果：首先，它们增加了积极主动的当事方之间存在协议区域的可能性；其次，它们减少了达成一项最终协议所需的时间。其他各方或许会接受少边谈判，以便比通过全面多边谈判更快地达成一项次优的协议。

议价不但可以在多个行为体之间进行，而且可以针对多个议题。当仅针对单一议题不存在协议区域时，跨议题的联系（linkage）*可以创造

---

　　*　此处的"联系"是指为了就某一议题达成协议而纳入其他议题，并涉及议价各方在不同议题间进行利益交换的意愿或行为。——译者注

一个协议区域(Tollison and Willett 1979；Stein 1980)。当各方对不同议题相对重要性的看法不完全一致时,联系就成为可能;各方也不必然对哪个议题更重要存在分歧。[10]但当联系可能解决危机时,各方往往不会探讨对不同议题进行联系。

说服力对议价至关重要。关于环境议题的谈判往往集中在利用政策立场来使其他行为体相信问题的严重性。例如,美国在 1986 年对限制氯氟烃(CFCs)的生产采取了强硬的立场(Haas 1992；206—211)。这一立场倡导的控制措施,在当时对臭氧消耗问题的理解中并没有说是必要的。采取这种强硬立场在某种程度上是作为一种谈判策略,要求美国谈判者超出原本愿意接受的范围。然而,这也是对该议题的渲染,为科学界就适当的政策达成一致并说服各自政府采取这些政策创造了空间。当行为体不确定他们自己的保留价位时,说服是可能的(Morrow 1994b)。谈判达成的交易的替代方案往往是不确定的。在臭氧的案例中,关于氟氯烃对大气影响的科学不确定性使得对现状的评估并不清楚。限制氟氯烃的生产和使用的经济和政治成本对政府来说是清楚的,但在氟氯烃缺乏控制的情况下问题有多严重却并非显而易见。对该问题更全面的了解,主要借助引人注目的新证据,有助于说服顽固的国家签署限制氟氯烃的协议。

最后,承诺问题也可能使议价无果而终。谈判达成一项一方无法承诺的协议是没有意义的。考虑下少数族裔与多数族裔就其国家的宪法进行谈判的问题(Fearon 1993)。从双方都希望订立一套协议而不是爆发战争的角度来看,协议区域是存在的。但是,如果多数派的人数足够多,而且制度上少数派无法阻止制度变化或影响未来政策,那么多数派就无法作出达成和解的承诺。多数派总是可以利用他们的人数优势来撤销商定的制度和政策。少数群体在未来什么也得不到,因此即使是战争的惨淡前景也比任何协议要好。由于多数派无法承诺维护协议,故没有必要进行谈判。承诺问题必须在议价开始之前得到解决。

概括来说,议价之所以发生是因为保留价位以及协议区域的存在往往不是共同知识(common knowledge)。一个行为体的保留价位是其认为等同于其外部选项的交易,即谈判协议的替代方案。信号和承诺是议价的核心。谈判的立场在某种程度上可作为保留价位的信号。拖延会产生区分不同类型所需的成本。无法解决承诺问题会使议价变得毫无意义。政治制度可以在谈判中给予一方或多方特殊的权力，如有能力提出"要么接受要么放弃"的报价。在单个议题不存在协议区域的情况下，联系可以创建一个协议区域。多边议价通常更加困难，因为更多行为体的在场降低了协议区域存在的可能性。不过，被排除在外的威胁可能会使多边议价比双边议价更容易。如果行为体不确定自己的保留价位，那么其他行为体可以通过谈判来对其进行说服。

我们从战略选择路径中学到了什么？

上述三个战略问题是如何改变我们对国际政治中核心问题的思考方式的？本节讨论了国际政治中的两个议题，即联盟和危机议价，在这两个议题上，战略路径（strategic approach）带来的重新思考是根本性的。这两个示例并不是仅有的例子；更确切地说，它们是战略路径如何改变此领域的一个样本。前面三节考察了三个战略问题如何在国际政治的众多议题中普遍存在；本节探讨的是战略互动如何改变了我们对国际政治中两个议题的理解。正如信号、承诺和议价不是国际政治中可能存在的全部战略问题，联盟和危机议价也并不是对战略路径改变我们思考方式的所有议题的全面检视。

联盟

联盟通常被认为是一种"维持平衡"的方法，也就是说，积聚能力以应对共同的威胁（如 Walt 1987）。这种想法带来了两个相关疑问。什么构成威胁？什么因素可能导致国家在应该维持平衡的时候未能成功？平衡权力（Waltz 1979）与平衡威胁（Walt 1987）之间的区别解决了第一个问题。从实证来看，对联盟的解释是围绕着确定双方是否存在共同的威胁而进行的。

在回答第二个问题时，国家可能为了"推卸责任"而无法做到维持平衡。这一论点借鉴了公共物品理论。击败一个潜在的主导国家(dominant state)会为所有国家带来安全收益。然而,战争对那些与有志于成为霸权国作斗争的国家来说是代价高昂的。一国可能不会加入对抗侵略性国家的共同努力,寄望其他国家会不得不为击败威胁国而付出代价。此外,对攻防平衡(offense-defense balance)的看法可能会加强这些"搭便车"的激励(Christensen and Snyder 1990)。由于安全计算仅处理国际关切,故在惯常的分析路径中,国内政治只会成为制定明智政策的障碍。

用公共物品来类比联盟至少面临两个问题。首先,两个国家共同对抗一个共同的威胁,比任何一方单独作战都有更大的胜算。那么,安全就不是一种纯粹的公共物品,因为该物品的水平随着贡献的国家数量的增加而增加。其次,赢得战争为胜利者提供了选择性的收益(selective benefits);胜利者们可以按照自己的意愿改变现状。例如,到1944年5月,苏联在陆路对打败纳粹德国已经起了很大作用。如果公共物品的说法是正确的,那么美国和英国就不需要发动在西欧的诺曼底登陆。那次作战的成功使希特勒的军事命运成为定局,增加了同盟国获胜的机会,并将西欧的控制权交给了西方盟国,这对其而言是一种选择性的收益。上述两个问题都表明,公共物品的类比不适合处理战争中的干预议题。

直接的成本-收益计算更为合适(参见 Altfeld and Bueno de Mesquita 1979)。对正在考虑是否参与冲突的国家来说,干预的收益——你所支持的一方有更高的获胜几率,你自己也能分得一杯羹——有没有超过干预所带来的成本? 一国可能会因战争的成本超过了它从干预中获得的收益而拒绝干预,即便它干预所产生的总收益——包括为在其一方的其他国家增加的获胜几率——超过了其成本。不管怎样,这种解释有别于公共物品中的"搭便车"故事。

传统的联盟研究路径还存在一个更深层次的问题。它没有解释为什么国家需要事先达成正式协议来互施援手。即使国家间没有联盟,一国也还是可以自由地为了另一个受到攻击的国家而进行干预。联盟不是干预的先决条件。此外,联盟也无法迫使各方为了彼此利益进行干预。如果一国在战争爆发时认为干预的成本超过了收益,它可以不向其盟友施以援手。联盟是对协调政策的正式承诺,通常被编入条约中。由于没有这样的正式协议也可以协调行动,故关于联盟的关键问题是为什么要把这件事写下来。

结成联盟想必要付出高成本;否则,各国就会不受限制地结成联盟。如果结成联盟无需成本的话,那么联盟可能总会带来某种具有吸引力的收益。如果一国的承诺不是干预所必需的,那么它为什么还要作出一个高成本的承诺呢? 这就是战略选择路径对联盟提出的疑问。

联盟可以威慑威胁性大国(threatening powers),或者通过战前协调增加盟国赢得战争的几率(Morrow 1994c)。联盟威慑威胁性大国的可能性需要后者无法确定盟国对彼此承诺的可信性。威胁性大国可能不确定盟国对彼此的兴趣强度。它可能怀疑一个盟国的干预成本超过了其向另一盟国施以援手的收益。如果联盟能充分减少威胁者的不确定性,就能对威胁性大国形成威慑。

即使联盟不能阻慑威胁,但如果它能提高盟国共同作战的能力,它也会有价值。战时协调军事行动是困难的。通过联盟进行战前协调可以减轻这种困难。盟国的军队可以达成联合作战计划并协调其部队的结构。即使对威胁的威慑是不可能的,联盟也仍然可以是有用的。

如果一个联盟能使威胁国相信,如果它攻击其中一个国家,盟国实际确会互施援手,那么威慑就可以实现。如果联盟发出干预的信号,或是提高不干预的成本,就能起到威慑作用(Fearon 1997;Morrow 1991a,1994c;Smith 1995)。为了另一个国家而干预战争的决定涉及对这种干预的成本和收益的比较。威胁性大国可能不确定所预期的盟友之间共同利益的程度——干预的收益,以及所预期的干预国如何看待战争的可能成本。如果联盟的形成使威胁性大国相信盟国会互施援手,那么联盟就能阻慑该大国。

一个高成本信号可以使威胁国相信,如果它攻击盟国之一,那么盟国会互施援手。一个不愿意对其盟友施以援手的国家可能也不会愿意付出组建联盟的成本。联盟可以通过迫使盟友调和相冲突的利益(Morrow 1993)或限制一国的自主权(Altfeld 1985)来施加此类成本。在前一种情况下,国内群体会因其领导人在其认为重要的外交政策目标上作出妥协而感到不满。在后一种情况下,联盟中的政策协调可能会限制一个国家未来的外交政策。

联盟可能是可信的，因为它改变了进行干预的基本计算。军事协调可以提高盟国共同作战的能力，提高干预的收益（Morrow 1994c）。国内或国际观众可以惩罚那些未能履行联盟承诺的领导人（Smith 1995）。这两种效应都可以使联盟成为一种自我实施的承诺。承诺一旦作出，每个盟友都希望不辜负其承诺；较之履行承诺的成本，退缩的后果要更糟糕。

在极端情况下，可信性问题可以通过建立一种更强有力的安全关系来解决，如以保护国的形式（Lake 1996）。如果威胁性大国仍然怀疑通过联盟作出的安全保证的可信性，那么寻求一种更紧密的关系可能符合双方的利益。例如，在 1940 年 6 月法国沦陷时，丘吉尔向法国领导人提议两国正式结盟，以试图说服后者继续对抗纳粹德国。当双方能力有很大差异时，就可能会形成保护国；强者对弱者的政治控制程度比在联盟中可能获得的程度要高，而弱者在面对外部和内部威胁时也能获得更大的安全感（Morrow 1991a 讨论了具有相似动机的不对称联盟）。对联盟的惯常研究路径难以认识这类安排，因为该路径只将联盟视为平等国家间的事物。惯常路径无法解释为何各方会寻求一种比简单联盟更紧密的制度形式。

上述所有论点都要求联盟是高成本的；这些成本是什么？首先，盟国调整其外交政策，以提高其相互承诺的可信性。这些转变要求盟国放弃一些自己喜欢的政策，并采用一些其盟友的政策，而这些政策在没有联盟的情况下是不会采用的。这些外交政策的改变对盟国来说是高成本的。其次，一些联盟带来了盟国军事力量的协调，以便其联合部队更有效地作战。这种专业化使得每个盟国的部队在没有其盟友配合作战的情况下战斗力下降。军事协调本身也可能是高成本的。

战略选择路径表明，联盟是信号或承诺机制。它们可以作为盟国之间共同利益的信号，对威胁性大国形成威慑。威胁性大国对盟国间是否愿意互施援手的不确定性会因结盟而降低，因为结成联盟是高成本的。联盟可以作为承诺机制，以便领导人在紧要关头愿履行他们的承诺。国家领导人会为了他们的盟友进行干预，因为如果不干预的话他们将会受到惩罚。

所有这些论点都不同于惯常的联盟研究路径。国内政治在惯常路径下仅是明智政策的一个障碍,但在对联盟的理解中,国内政治却成为关键。国内观众给结成联盟的领导人施加了成本。这些成本可能发生在和平时期,使联盟成为一种信号,或者,如果联盟被废止,则引发一种承诺机制。在保护国的极端情况下,保护国限制了被保护国的国内政治和外交政策的自主权。从战略选择路径中得出的论点处理了国家为何选择写下协议的问题。惯常的理解无法回答此问题。

危机议价

是什么决定了哪一方在危机中占得上风? 在采用战略选择路径之前,惯常的答案是在能力或决心上具有明显优势。在这种观点看来,危机是关于风险承担的竞争。正如杰维斯(Jervis 1979,292)所说:"双方都通过考察自己的报偿和估计对方后退的可能性来决定是否坚守立场。"战争风险的产生是因为双方存在都不退缩的可能性。一个国家的决心(或能力,取决于该论点的具体版本)决定了它的报偿,从而决定了它保持坚定的意愿。决心较小的国家会先退缩,因此决心较大的国家会赢得胜利。我把这个论点称为"公认观点"。

这一主张带来了两方面的讨论,一方面是关于为何一些危机会以战争、误解或误判作为结束,另一方面是关于能力的不正确分布(incorrect distribution of capabilities)。根据第一个论点,战争是在应该退让的一方没有意识到自己的劣势时发生的。它知道自己的决心,却误解了对手的决心,从而误解了另一方退让的可能性。后一个论点涉及能力的均衡会导致战争还是和平。这里存在截然相反的观点。一些人认为能力的均衡分布会带来和平;另一些人则持相反观点,认为能力的优势阻止了战争。

这些论点通过案例研究和统计检验而被加以实证考察。统计检验的结果好坏参半。例如,胡斯和拉西特(Huth and Russett 1984)检验了决心和能力上的优势是否会导致危机中的延伸威慑取得更大成功。一些测量方法的确对成功与否作出了预测,另一些则没有,不过该论点并没有对这些变化差异应适用于哪种测量方法作出任何预测。大量研究讨论了能力分布和战争发生之间的关系。研究结果同样也是好坏参半(参见 Siverson and Sullivan 1983)。一些研究发现,能力的均等分布带来了和平;另一些研究发现,能力的优势带来了危机的和平解决。

公认的理论和基于此的实证工作都引发了疑问。根据"公认观点",决心(或能力)的平衡决定了哪一方在危机中占得上风。如果是这样,为什么决心较小的一方还会进入危机呢? 更不用说升级危机了。如果它知道自己会在危机中输掉,那么它就应该立即屈服。决心较小的一方只有在不知道自己的决心比对手小的情况下才会进入危机并使之升级。关于错觉的心理起源的论点试图填补这一缺漏(例如,Jervis 1976)。在实证方面,为何对决心的测量往往不能预测危机的结果? 如果更有决心的国家占得了上风,那么对决心的简单测量应该与取得成功具有相关性,而且这种正相关关系应该在不同的测量方法下都是成立的。

对此的回答是,一个国家的决心是其私人信息,而这种私人信息产生的不确定性对议价有着关键影响(Morrow 1989;Fearon 1995)。各国无法知道彼此的决心,因此在决定做什么时必须对对方的未来行动作出判断。这种判断是基于一国在危机前对其对手意图的看法,以及它能从对手在危机期间的行动中了解到的情况。危机中的行动是一个国家决心的信号。危机中的每一方都可以试图让对方相信其愿意为利害而战,故后者应该退让而不是冒战争的风险。

正如我们在信号一节中看到的,区分不同类型需要成本。如果升级是没有成本的,那么即使是最没有决心的国家类型也会想要升级。结果就是另一国无法从危机升级中了解到前者的决心。如果升级是高成本的,那么决心较小的类型可能更倾向放弃赌本,而不愿在取得上风的尝试中使危机升级。升级是更大决心的信号。

乍一看,战争的风险可能是使升级成为信号的成本。然而,战争的发生是因为一方认定战争比继续议价要好。[11]如果一国在危机开始时便倾向讨价还价而非战争,为何其会在危机后期改变主意? 不能简单地说这是由于该国现在认为对方不愿提供一项可接受的交易,因为这种说法假定了问题的答案。一个国家的领导人需要信息来改变他或她对对方未来可能采取行动的判断。这样的信息需要对类型进行区分——另一国家作为决心较小的类型必须退让,而这种区分要求危机的延续会产生成本。

危机是公共行动，那些没有直接参与的人和参与方一样可以对危机有所了解。外部行为体可以成为让领导人能够表明其决心的成本来源。国内行为体可以选择惩罚在危机或战争中失败的领导人（Bueno de Mesquita and Siverson 1995；Smith 1996）；这种成本被称为"观众成本"（Fearon 1994a）。其他国家的领导人可以推断出一个退让的国家缺乏决心，然后在未来利用这一点；这些被称为"声誉成本"（Nalebuff 1991）。在任何一种情况下，一个国家的领导人都可能达到这种地步，即这些"观众成本"或"声誉成本"如此之高，以至于他或她宁愿选择战争也不愿退让。这些成本在危机中不断累积，这就解释了为什么一个走向战争的国家是从讨价还价开始，后来才决定战争比继续议价更为可取（Fearon 1994a）。由于这些成本在危机的整个过程中不断增加，所以决心较小的类型想要比决心较大的类型更早地退让。尽管所有类型都更想要占得上风而不是退让，但危机持续的时间越长，决心较小的类型就越有可能退让。在某些时候，接受退让的成本比延续危机要好，因为最终让对方退让的可能性并没有好过冲突延续的成本。

此论点有些复杂，所以让我们在了解其含义之前先做一个简单回顾。如果一个国家的领导人在危机中退让，外部行为体就会对他或她施加成本。这些成本在危机期间不断累积。这些成本使得领导人的可能类型得以区分；更有决心的类型愿意将危机延续更长时间，并在他或她最后必须退让时承担更大的"观众成本"。在某些时候，这些成本是如此之大，以至于领导人宁愿选择战争也不愿意进一步谈判。区分的过程是必要的，因为只有领导人自己知道他或她在危机中的决心。对方的领导人必须从该领导人的行动以及他或她在危机前所知道的情况来判断这种决心。领导人承担成本的意愿能使对方的领导人相信前者接受成本的决心。观众（或声誉）成本越大，这个信号就越有说服力。因而在危机中，产生观众成本的能力更强的国家，而不是具有更大决心的国家，会拥有优势。一个拥有更大决心的国家，如果没有能力为让步产生可观的观众成本，就无法说服对方相信其决心。一国要展示自己的决心的唯一方法就是将自己置于在战争面前退让的成本极高的境地。这种展示之所以有效，正是因为一个犹豫不决的国家——一个想在战争边缘退缩的国家——不会将自己置于这种境地。

这一观点对"公认观点"进行了实质性的澄清和修正。让我们回到杰维斯的那句话:"双方都通过考察自己的报偿和估计对方后退的可能性来决定是否坚守立场。"对方的报偿决定了该方后退的可能性。在"公认观点"中,议价策略试图改变对方的报偿(参见 Snyder and Diesing 1977)。"改变对方的报偿"到底是什么意思? 每一方想必都知道自身利害的价值以及战斗的意愿。[12]在新的观点中,关于对方报偿的信息会发生变化,因此对其未来可能采取的行动的判断,以及一个国家对其现在应该做什么的判断,也会随着这些信息的变化而发生变化。此外,拥有决心的类型会采取而缺乏决心的类型不会采取的那些行动传递着信息。"公认观点"缺乏这种洞察力,因此试图从经验上确定哪些议价策略是有效的。然而,在一场危机中为一个国家产生成本的行动不一定在另一场危机中为另一国家产生成本。

误解和误判是"公认观点"的核心。战争的发生是因为一国错误地判断了另一方会采取的行动。这里的新观点将对方私人信息的不确定性作为核心。当知识无从获得,而且双方都有动机歪曲其私人信息时,误解肯定是普遍存在的。事实上,面对这种不确定性,危机期间的认知在危机之后被证明是正确的可能性非常小。新观点强调,对不同类型进行区分的困难以及被日益增长的观众成本最终"锁定"引发了战争。随着危机的延续,双方都越来越确信对方的决心。同时,退让的成本也在增加。在某一时刻,退让的成本和一国对另一方不会退让的信念都变得足够大,以至于即使是一场代价高昂的战争也比继续谈判要好。从某种意义上说,双方在这种情况下都存在误解。如果他们知道危机会以战争方式告终,那么双方都会选择在危机开始时就退让。然而,他们无法确知对方从一开始就不打算退让,所以甘愿进入这场危机。

新观点比"公认观点"更为悲观。在后者看来,心理原因是误解的根源,因而如果能够克服这些心理偏误,战争是可以消除的。新观点强调,不确定性以及由此产生的误解,对这一过程至关重要。行为体无法知道对方的决心是什么,而且双方都有激励机制来使得诚实地揭示其决心变得不可信,从而使这种对决心的诚实揭示是不可能的。即使行为体能够克服它们心理上的障碍（正如它们在博弈论模型中所做的那样），它们仍然无法知道对方的私人信息，因此也无法保证它们的认知是准确的。危机的战略逻辑规定并维系了这种不确定性。

新观点如何解决"公认观点"提出的经验问题呢？考虑下对决心测量的不一致性问题，决心被作为危机中哪方可占得上风的预测。一方在危机中的决心既取决于可观测的因素，如其军队规模和危机前所作的承诺，也取决于不可观测的因素，如其接受战争成本的意愿和其对危机中利害关系的确切评估。后面的因素是一国的私人信息——是该国在危机中试图通过信号来传达的，而这恰恰是因为另一方无法准确地了解到这些信息。然而，另一方在危机开始前的确知道那些可观测的因素，并且在决定是否进入一场危机时可以利用这些因素来形成自己的判断。那些增加一国决心的可观测因素很可能会说服对方不参与危机。如果另一方在面对这种针对其可观测优势时还愿意发动一场危机，那么它就必须拥有不可观测的优势来弥补其可观测的劣势（Bueno de Mesquita，Morrow，and Zorick 1997；Fearon 1994a）。例如，库格勒（Kugler 1984）观察到，无核国家经常成功地挑战有核国家，这与拥有更强能力的国家应占上风的观点相矛盾。费伦（Fearon 1994b）指出，无核国家只会在对有核国家来说属于边缘的利益上挑战有核国家，比如越南对美国的挑战。在这种情况下，无核国家有充分的理由怀疑有核国家的决心。

这一逻辑在所观察到的危机中产生了一种选择偏误。如果一国在危机前拥有可观测的优势，那么危机只有在另一方拥有不可观测的优势作为弥补时才会发生。这些不可观测的优势增加了表面上在危机发生前显得较弱一方占得上风的可能性，而这种可能性实际上比可观测优势所预示的要大。这种选择效应（selection effect）冲淡了危机前根据可观测到的决心进行测量的重要性（Morrow 1989；Fearon 1994b）。涵盖危机期间行为在内的决心测量方式应该而且确实能更好地预测结果。这类测量方式同时包括了决心可观测和不可观测的方面。它们还反映了各方在危机期间愿意接受的成本，从而反映各方的真实决心。这种模式——事后的决心测量要比事前的决心测量表现得更好——在实证文献中大体上是符合事实的（例如，Maoz 1983；Huth 1988）。

　　"公认观点"的另一个实证难题涉及能力分布与战争的可能性。尽管基于"公认观点"的不同论证得出的结论是,大致均衡的能力会使战争的可能性增加或减少,但这两种看法都没有得到实证研究的一致支持。新观点认为,能力分布和战争之间不应存在相关关系,因此我们不应期望在实证研究中发现一致的结果。首先,如果双方未能找到一个它们较之战争更为青睐的解决方案,战争就会发生(Wittman 1979;Morrow 1985)。双方所要求得到的均超过了对方所愿意给予的。一国的决心,包括可观测和不可观测的部分,决定了其议价地位。能力的均衡是决心的可观测部分之一。所考虑的解决方案的范围应反映能力的均衡;弱国期望中的结果不如强国所期望的那么有利。然而,决心的不可观测部分和传递私人信息的困难显然决定了在什么情况下双方都难以找到可接受的协议。没有理由期望决心的不可观测维度(例如承受战争成本的意愿)与可观测因素存在系统的相关性。如果是这样的话,双方就会利用决心的可观测部分来判断对手决心的不可观测部分。

　　其次,一国在对现状不满意时会发起危机;它认为通过危机可以获得好处(Powell 1996a,1996b)。现状是早先的争端所产生的结果,彼时能力的均衡决定了各项议题的解决方案。于是现状已经体现了能力分布。对现状的不满不应该与这种能力均衡有关。如果均衡发生了变化,已从中获益的国家应该要求获得更多,已从中受损的国家应该愿意允许改变现状。这些谈判的成功并不取决于能力均衡,因为双方都将能力均衡列入了决心的可观测部分。上述两个论点都得出了如下结论,即能力均衡与战争的可能性不相关,这也是文献中发现的普遍模式。

　　从战略选择路径中得出的关于危机议价的新观点改变了我们对危机的理解。观众(或声誉)成本使得一国能够展示其决心并说服对方退让。危机是关于风险承担的较量,因为双方都面临着战争和退让的双重风险,在提高后一种风险成本的同时,会由此让前一种风险更可能发生。与联盟议题一样,国内政治对于解释国际政治是必需的。此外,各国根据其对手决心的可观测部分来选择让自己进入危机。我们应该期望,对决心的事先测量充其量与危机中的成功存在弱相关。特别地,能力分布与战争之间不应存在系统性的关联。

结论：我们将何去何从？

战略是国际政治研究中所有分析层次的基础。本章重点讨论了三个战略问题——信号、承诺和议价——它们是战略选择路径的核心。不确定性和行动顺序影响了战略选择。行为体选择它们的行动以产生其所偏好的结果，而结果则是由博弈中的所有行动造成的。当必须采取行动时，玩家会想要能够预见到其他玩家的未来行动。对其他玩家类型的不确定性可能使这种预见变得困难。信号传递涉及不确定性和行动顺序问题；信号的发送者试图将信息告知接收者，而作为接收者，其后续的行动会影响发送者。承诺取决于行动顺序；一个行为体当下做什么取决于另一方之后会做什么，而前者有充分的理由怀疑后者对未来行动的承诺。议价包括了不确定性和行动顺序，以及信号和承诺。

尽管我在本章中对这三个战略问题进行了区分，但国际政治提出了许多战略问题。我在联盟和危机议价例子中讨论的战略问题的组合是常有的。纯粹关于单个战略问题的例子很罕见。我在本章中用来说明三个战略问题的举例不应被视为对这些案例的完整讨论。战略选择路径引导我们关注所分析议题的一部分，而不是这些议题的所有方面。因此，我们将联盟中的信号问题与承诺问题分开研究。这种分离有助于消除其他问题可能带来的混杂影响，从而使分析更加清晰。这一点意味着，我们不应该指望从战略选择路径中得到的单一解释能说明一个案例的全部内容。正因为每个案例中都存在多个战略问题，我们不应该指望任何一种说法能够解释某一特定案例中的所有事件。而论点所预测的行为变化差异则是对这些论点的恰当检验。

战略逻辑要求作为分析者的我们既要了解行为体的偏好，也要了解其战略环境。两者都会影响选择。在理论上，战略选择路径并不在偏好和战略环境两者间赋予优先级。行为体选定行动以获得其所偏好的结果。结果是战略互动的产物，所以战略环境决定了可能产生的结果。尽管如此,行为体对不同结果的评估——即其偏好——决定了哪些结果是其想要实现的。故行动既取决于偏好,也取决于战略环境。

因此,我们不能直接从行动中推断出偏好。信号传递突出了从行动推断意图所存在的问题。如果所有类型的行为体都采取相同的行动,那么观察者就无法从该行动获得对行为体偏好的新认识。然而,不同类型并不总是混同的。它们往往是区分开来的,使我们能够从行为体的行动中对其动机作出判断。只有对情境的战略性理解才能让我们确定行动是否揭示了动机,即各类型是混同还是区分。

战略选择路径为本领域指出了哪些方向? 首先,本章中的三个战略问题常常援引国内政治对国际政治的重要性。国内制度是使信号变得可信的成本来源;这些制度可以使国家作出可信的承诺。此外,国内制度也面临着同样的战略问题。是时候“剖析”(unpack)单一行为体了。要完整地理解国家的战略环境,就必须关注其国内政治以及这些政治如何影响其外交政策。

战略选择路径对这种“剖析”(unpacking)尤为合适。因为同样的战略问题在国际和国内政治中都会发生,所以对这些问题的一般性理解会贯穿这两个层次。这并不是说这两类政治是相同的。更确切地说,是同样的问题会以不同的形式在两类政治中反复出现。国家担心彼此之间作出的承诺;当缺乏能够强化承诺的国内制度时,国内群体也会担心它们彼此作出这类承诺的能力。

双层博弈(two-level games)提供了一种研究国内政治的方法(Putnam 1988)。在这种博弈中,国家领导人必须同时考虑其政策的国际和国内观众。领导人选择政策以满足国内和国际条件。在批准压力下进行的条约谈判是双层博弈的常见例子。谈判者在谈判时必须考虑哪些条约可以获得批准。他们没有完全的自由去追求他们所定义的国家利益。相反,他们必须密切关注国内各群体会接受什么。

委托-代理模型(principal-agent models)提供了另一种打开国内政治的方法(Bueno de Mesquita and Siverson 1995;Morrow 1991b)。领导人在制定国家政策方面拥有很大程度的自主权,但如果该政策产生了不良后果,他们就会面临被免职的可能。一国领导人必须考虑谁有权力取代他或她，以及这些人的利益是什么。国内政治界定了谁有权在什么条件下挑选和削弱领导人。

其次，战略选择路径在国际政治经济学中的进一步应用似乎已经成熟。尽管我讨论了政治经济学中的一些例子，但大多数基于非合作博弈理论的成果都处理的是安全议题。然而，同样的战略问题也发生在国际政治经济学中。此外，政治制度一直是缓解国际和国内政治中这些战略问题的手段。制度的作用和范围在国际政治经济学中要比在国际安全中大得多。制度塑造了行为体对这些战略问题的回应方式。通过战略选择路径来认识政治经济学的各议题应该有助于我们理解这些制度。

同时，在假定单一行为体的情况下，安全议题中也仍有许多工作可以采用战略选择路径。有关联盟较之军备作为安全的来源、战争期间军事策略和政治谈判的作用，以及在非危机场景下关于安全议题的外交政策等关键问题仍有待讨论。战略选择路径的优势之一便是它适用于许多不同的国际政治理论。

注　释

1. 在"囚徒困境"中，玩家双方的占优策略（dominant strategy）都是背叛，故选择"背叛"总是比选择"合作"要好，无论对方选择哪种策略。

2. 我羞怯地推荐本人（Morrow 1994a）对非合作博弈论及其在政治科学中应用的介绍。

3. 非合作博弈论的另一个核心思想是纳什均衡。当 1994 年的诺贝尔经济学奖颁发给博弈论学家时，约翰·纳什（John Nash）、莱茵哈德·泽尔腾（Reinhart Selten）、约翰·海萨尼（John Harsanyi）分别因对纳什均衡、完美性、不完全信息博弈的贡献分享了这一奖项，这也是非合作博弈论的三个核心思想。

4. 毛兹和费尔森塔尔（Maoz and Felsenthal 1987）将萨达特的声明描述为一种自我约束的承诺（self-binding commitment）。在他们的定义中，当一方提供的补偿是由第三方来实施，且如果前者违反了对后者的承诺，则给受害方以补偿，这就是自我约束的承诺。然而，本案例并不符合这一定义。不管他后来做了什么，萨达特都为他的公开声明付出了代价。如果萨达特提出，要是他违反诺言就让以色列人刺杀他，或者其他一些只有在他违背承诺的情况下才会对他实施的代价高昂的制裁，这就会成为一种自我约束的承诺。我在讨论中仍借鉴了毛兹和费尔森塔尔对此案例相关事实的描述。

5. 费伦（Fearon 1994a）使用的观众成本这一术语仅指国内观众对本国的领导

人所施加的成本。

6. 由于古巴和也门当时是安理会的非常任理事国，故它们的"反对"票无法否决该决议。

7. 哈格德（Haggard）和马克斯菲尔德（Maxfield）将此描述为信号问题而非承诺问题。显然，这里存在信号传递的问题，因为投资者试图判断未来的政府政策，并试图在新的管控措施出台之前将资金撤出。承诺问题的存在是因为投资者知道政府有动机冻结他们在该国的资本，并担心政府会这样做来应对危机，而不管政府使资本自由流动的力度如何。这个案例说明实际问题往往包含几个战略问题。分别看待这些战略问题有助于我们理解其中每个问题的特定战略逻辑。

8. 需要注意的是，这里的第三个论点是筛选（screening）而非承诺。筛选与信号传递有关。在信号传递中，知情的一方采取行动向不知情的一方发出其类型的信号，然后不知情的一方采取行动。在筛选中，不知情的一方向知情的一方提供一系列交易（deals），然后知情的一方根据其类型接受这些交易中的一个。此处的条约和行政协定就是两种不同类型的协议，并根据美国对特定议题国际协议的内在政治承诺将美国的类型筛选出来。

9. 弗里登的论点比我的粗略总结更加精巧和复杂。由于篇幅有限，我无法重复他的完整论点。这个论点不应被解读为弗里登或我认为殖民主义是正义的。这个论点仅仅是说投资者的母国可以通过殖民主义解决一些国际投资中固有的承诺问题。

10. 像是在国际贸易中，联系取决于比较优势，而非绝对优势。

11. 出于篇幅考虑，我避免讨论战争可能纯粹由对决策者外生的事件所引起的这一论点。显然，这种外生的战争可能性会创造出可用以区分类型的成本（例如，Powell 1987）。真正的问题是，这种外生的战争可能性是否存在，以及如果存在的话，领导人为何会允许其存在。

12. 有些模型假定一些国家不知道自己开战的价值，因为它们不确定彼此的能力（Morrow 1989；Bueno de Mesquita, Morrow, and Zorick 1997）。这种区别对此处的论证来说并不重要。

第四章
制度作为战略选择的约束

罗纳德·罗戈夫斯基

问　题

国内政治制度是否会影响外交政策制定,进而影响行为体选择的战略? 在聚合各种个体和群体偏好的过程中,制度是否对政策结果产生了独立的影响? 更严格地说,当分析战略选择时,我们能把制度作为外生的吗?

现实主义坚持认为,除在短期情况下,国内制度是内生的,完全由更基本的变量决定。正如企业的组织结构是由市场迫切性和可供使用的生产技术所决定的(Williamson 1985),国内政治制度也是由无政府国际环境下的残酷竞争和占优势的军事技术所塑造的(Hintze 1906；White 1962,chap.2)。像适应不良的企业一样,适应不良的国家或联盟[1]——其组织始终只能产生不尽如人意的政策——必须改革否则将消亡。因此,在任何特定的时候,大多数行为体面临着的是类似的制度和类似的战略环境。[2]

非现实主义者,包括一位获得诺贝尔奖的经济史学家(North 1990)观察到,国际舞台上的竞争通常(令人惊讶地)不如国内经济竞争那么激烈;因此,即使是明显的次优制度(奥斯曼帝国、哈布斯堡帝国等)也能存

117

活几十年或几百年。因此,大多数历史时期都会展现出各种各样的制度,而出于实用性的目的,这些制度必须被视为是外生的。现实主义者也承认,只有准确地理解国内制度安排如何导致有效或无效的政策时,我们才能分析短期的制度失败和制度变迁。

归根结底,这个问题是经验性的,迄今为止的实证研究使我们必须将国内制度视为外生的,而不仅只在短期内如此。各种制度不尽相同,它们至少在五个基本方面独立地影响着外交政策的争论、制定和执行:政策偏向;承诺的可信性;政策的连贯性和稳定性;权力的动员和投射;以及相当重要地,国内行为体的战略环境。下面挑选的一些例子也表明,国际制度,如欧盟或联合国,也在这些方面存在着类似的差异,并且这些差异具有类似的影响。

政策偏向

用已故的威廉·赖克(William Riker 1980,445)的贴切短语来说,制度是"凝结的偏好"(congealed preferences);也就是说,任何通过非独裁机制作出的集体决策都可能是不稳定和任意的(Arrow 1951;McKelvey 1976),制度"诱致均衡"(induce equilibrium)(McCubbins, Noll, and Weingast 1987,1989),的确不可避免地对特定均衡给予优先考虑。通过界定谁的偏好重要(选举权*)、这些偏好如何被计数(选举制度),以及所选代表必须如何直接地向选民负责(任期长度、可撤换性),[3]制度强有力地影响了如何界定"国家利益"以及外交政策将追求的目标。正如彼得·古勒维奇在本书下一章中指出的那样,这正是制度变革会引起如此激烈争论的主要原因。

三种政策偏向(policy bias)引起了特别的关注:朝向和平主义或挑衅好斗;朝向保护主义或自由贸易;以及特别是在近年来受到关注的,[4]朝向特定的货币政策或再分配政策(稳定或通货膨胀倾向的货币政策、固定或浮动的汇率、平等主义或主张不平等的结果)。

---

* 本章中的"选举权"(franchise)在有的地方也可被译为"公民权",书中统一译为选举权。——译者注

承诺的可信性

近年来,历史学家、经济学家和政治学家对统治者的时间不一致性(time inconsistency)问题及其对国内行为体的可信性问题进行了富有成效的广泛分析。那些能够作出可信承诺不背弃其诺言——尊重财产、偿付债务、保持低税率和低通货膨胀——的政府获得了巨大收益,特别是在其动员信贷的能力方面(North and Weingast 1989);但一个主权国家(根据定义是不受约束的)如何能够可信地约束其自身的未来行动呢? 这在希尔顿·罗特(Hilton Root 1989)所提出的令人难忘的问题中被表述为,人们如何去"绑住国王的手"? 议会、独立法院,以及最晚近的独立中央银行——一般地说是"授权"(delegation)策略——都被证明是答案的一部分。

然而,直到最近,国际政治学者才对这一论点进行了明显的扩展。如果行为体自身作出可信承诺的能力在国内政治中事关紧要,那么在无政府的国际场域中就更事关紧要了,在该场域中,与国家利益(*raison d'état*)相冲突的条约经常被视作"废纸"。[5]帕特南(Putnam 1988)、考希(Cowhey 1993)、马丁(Martin 1995)和米尔纳(Milner 1997, esp. chap.4)中肯地论证了诸如批准程序、分权和政党纪律(party discipline)*等国内制度对各国国际承诺的可信性有很大影响,尽管当时这些论证仍是试探性的。但授权所起到的确切作用,特别是在跨国或超国家背景下(例如欧盟),仍未得到充分的探讨。

政策的连贯性和稳定性

即使没有背弃承诺,一些政府和联盟在不同时期和不同政策领域的行动也不如另一些政府和联盟更具一致性。法兰西第四共和国、现代史大部分时间里的意大利、20 世纪 20 年代和越南战争之后的美国,以及两次世界大战之间时期的国际联盟一直被认为在外交政策的取向和偏好方面尤其多变,其国内政府机构的工作相互矛盾,且整体政策摇摆难料。在

---

* 在多党制政体下,政党纪律的主要目的在于确保本党派成员在立法机构投票中支持其所在党派多数成员或领导层偏好的政策。——译者注

另一端,法兰西第五共和国、芬兰、瑞士、联邦德国和国际货币基金组织一直被认为是相对稳定的典范。据推测,这些差异在一定程度上是国内制度"凝结"群体和个体偏好(见上文)的结果。

权力的动员和投射

各个政权在征税能力以及必要时作战的能力上各不相同。有点令人惊讶的是,事实证明,在第一次世界大战前夕,准民主的英国[6]在这方面的表现远远好于独裁的德国(Ferguson 1994；D'Lugo and Rogowski 1993)。莱克(Lake 1992)概括了这一论点:在过去的两个世纪里,民主国家被证明在战争中有很大的优势(在与专制国家的冲突中,民主国家赢得了大约80%的胜利[Lake 1992,31]),这主要是因为民主国家在鼓励投资和动员社会资源方面的能力更强。在更早的时候,绝对主义国家较之封建晚期的"庄园"政权("estate" regimes)享有类似的优势(Anderson 1974)。但是,正如蒂利(Tilly 1990)所论述的,"强制密集型"的绝对主义政府并没有明显优于早期贸易国家中更具参与性的"资本密集型"的政府。无论这一概念多么模糊,合法政权(*legitimate* regimes)——被绝大多数臣民视为有资格进行统治和代表社会利益的政权——似乎更有能力汲取资源并将其权力向国外投射。

战略环境

前四个方面影响着国内行为体的偏好如何转化为外交政策。除此之外,制度还会限制这些国内行为体的战略选择。在君主制下取得成功的最优战略,在民主制下可能会被完全否定;在美国三权分立体制下政治上奏效的战略,在威斯敏斯特式内阁政权下可能极其无能甚至违法。

如果上述五个大类是我们故事的因变量,那么自变量是什么呢？制度的哪些方面影响着外交政策,它们究竟是如何发挥作用的呢？虽然国际关系学者已在几代人的时间内提出了有洞察力的(尽管通常是针对具体案例的)假说,但最近关于制度的最令人印象深刻的成果出自对立法机构(主要是美国国会)、规制以及授权的分析者。支撑这一连串分析的是委托-代理理论(对此的有益总结可参见 Eggertsson 1990,40—45,and part 2，passim）。在本章中，我将依靠这些成果来提出一项研究议程、一个分析方案，以及一些值得继续探讨的假说（通过将国内政策延伸到外交政策）。下一节列出了分析方案；第三节建议了研究主题和假说；最后一节提供了结论。

分 析 方 案

对于任何给定的国际行为体，[7] 我们都假设有某一组委托人（principals），其在外交政策的不同选项间有着自己的偏好。[8] 在一个国家内，这个群体可能由全体人口或任何特定的子集组成：仅有成年人；仅有成年男性；仅有特定种族、宗教或财富的成年男性；仅有世袭贵族；仅有执政党或军官团的领导成员。在联盟或超国家机构中，委托人的集合通常由构成该机构的国家的代表组成；在非政府组织中，则由所有（或特别有影响力的）成员组成。无论其组成是限制性的还是开放性的，这个群体的偏好在任何重要的意义上都"算数"，而这个群体的范围——非正式"选举权"（franchise）的外围界限——是国内制度最基本的方面。

我们假定委托人的数量太多，无法以必要的速度直接（例如通过投票）决定政策。确切地说，决策被委托给代理人（agents），为方便起见，我们称之为代表（*representatives*）；[9] 这些代表的构成和挑选方式被视作一国制度中值得了解的第二个主要方面。我们马上会注意到，在任何这类制度安排中，都不可避免地会出现委托-代理（"P-A"）文献中广泛涉及的（仅举几个最突出的例子）代理人忠诚度或"懈怠"问题，以及有效监督和激励相容（incentive-compatibility）问题。

最后，我们需要知道约束代理人本身的决策规则。什么时候，以及在什么情况下，代理人可以使那个更大的组织对特定行动方案作出承诺？

正如我们马上将看到的，所有接下来关于上述三个主要方面的观点都可能对我们的因变量产生重要影响。

选举权

谁来正式地行使影响力,其正式的权重是多少?[10] 在国家内部,是农村地区、财产所有者、贵族、"尖端"利益集团("peak" interest groups),还是特定地区或单元(邦、省、州)拥有更强的被代表性?[11] 在联盟或超国家组织中,是所有成员国都被平等地代表,还是与其人口的财富成比例,抑或(如在联合国安理会中)依据在前一场战争中主要胜利者的地位来被代表?

代表

代表的数量是一个、几个还是很多?[12] 如果不止一个,他们是单一机构的成员还是来自若干个机构? 特定种类的代表享有何种程度的独立性(任期是固定的还是可变的;是短还是长;是可撤销的还是有保障的)?[13] 代表是由大的选区(极端情况下是全体成员或公民一起投票)还是小的选区(例如,按地理区域划分的单一成员选区)选择的? 对某一特定团体的选择方法是否经过计算,以确保所选代表能复现其(加权后的)全体选民的中位数[14] 以及/或者方差? 所选代表在多大程度上准确地反映了中位选民的变化,有多大的滞后,以及对"不忠实"的代表有何惩罚措施?[15]

决策规则

如果代表(们)构成的是单一机构,该机构是按多数制还是绝对多数制行事?[16] 如果机构不止一个,是否有任何机构拥有(有限的或绝对的)否决权?[17] 否决权是只阻拦特定政策的通过还是也阻拦对特定政策的考虑;[18] 共有多少个"否决点"(Tsebelis 1995)? 谁发起提议,谁出于自身的考虑来制定议程? 具体的议题领域(如货币或农业政策、教育、裁决)是保留给专门机构(州或省、委员会、理事会、议会委员会、法院),还是在大多情况下将权限集中在单一机构(如政治局或国家内阁)?[19] 涵盖所有这些考虑的问题,并且也许是最重要的:决策规则是明确并得到普遍尊重的,还是模糊不清或经常被违反?

综合上述讨论,表4.1纵向列出了自变量(制度变量),横向列出了因变量(外交政策变量)。各个单元格随后将包含连接两者的具体假说。

表 4.1 国内制度与外交政策：自变量和因变量

制度特征 (自变量)	外交政策特点 (因变量)				
	偏向	可信性	连贯性	动员	战略
选举权 代表机制 决策规则					

研究发现与研究问题

什么导致了结果的偏向性？

选举权

几乎不言自明的是，选举权若过度重视(overweight)某个特定群体，就会为该群体的偏好赋予特权。如果只有土地所有者可以投票，且农业又受到进口产品的威胁，那么农业保护就几乎成为必然。另外，在一个农业出口蓬勃发展的国家，土地所有者的特权理应为自由贸易提供坚固基础。更一般地，加勒特和兰格(Garrett and Lange 1994)认为，更为民主的选举权有利于更快适应比较优势的变化。

也许是因为看起来太过不言自明，针对这一假说的研究出人意料的少。在 19 世纪后期，进口威胁着整个欧洲的农业，但各国由此产生的保护主义(在控制农业部门规模的情况下)是否与其选举权的限制性相一致呢？[20]

不那么显而易见，但现在广为人知的是，民主的选举权可能会使一个社会偏向于更为和平的外交政策，无论是在总体上还是对其他民主国家(Doyle 1983，1986a；Lake 1992；参见 Lake 1992，28 的文献回顾；以及 Mansfield and Snyder 1995，n.1)。[21]据称这是通过将选举权赋予那些最不可能从战争中获益的人或是赋予那些对战争的固有喜好不那么明确的人来实现的。[22] 类似地,熊彼特(Schumpeter 1951,73—74,122—123)曾认为,政治上对武士贵族阶层的过度重视增加了扩张主义和战争的可能性,而(今天我们很容易忘记)赋予女性投票权起初被寄望将增强对和平的支持。

在超国家层次,与按照财富分配投票权的体制相比,穷国和富国具有同等权重(例如,在欧盟理事会或规划中的欧洲中央银行*)将可预见地产生更多的再分配和通货膨胀倾向的政策。

作为更细致的分析,一些人假设,对不流动的(即不可重新配置的)要素——贵族的土地和军事技能、行会成员的手艺、利益基础狭窄的工会——的过度重视有利于保护主义,而对高度流动的,特别是那些进行国际投资的利益集团(银行、跨国公司)给予特权则有利于自由贸易(Milner 1988;Frieden and Rogowski 1996;Mansfield and Snyder 1995,esp.25)。曼斯菲尔德和斯奈德(Mansfield and Snyder 1995,25,28)似乎认为,由不可重新配置的精英(nonredeployable elites)主导的国家也可能更倾向帝国主义和发动战争。[23]

在货币政策领域,弗里登(Frieden 1991)认为,对可贸易品生产商的过度重视会使政策偏向货币贬值;对非贸易品生产商的过度重视使政策偏向货币升值。金融资本的强大话语权(如在 1896 年后的共和党主导权之下或英国政治中伦敦金融城的长期主导地位)造成了对固定汇率的倾斜。

也许这个领域最有趣的想法是,理性的委托人们可能会选择使结果偏向与他们自己不同的立场。在一篇相当著名的论文中,罗戈夫(Rogoff 1985)指出,为了表明对非通货膨胀政策的充分承诺,一个理性的选民会将权力授予一位通货膨胀倾向明显低于该选民本人的央行行长。同样地,一个需要让别人相信其对某些政策(和平、固定汇率)的承诺的社会,

---

* 需要指出的是,不按照财富分配投票权并不必然意味着同等的投票权。在欧盟理事会中,各成员国都有一名理事,但不同国家理事的投票权与该国的人口占比挂钩。在欧洲中央银行中,作为主要决策机构的理事会由执行董事会 6 名成员和欧元区各国央行行长组成,不同国家的投票权也不完全一致。——译者注

可能会选择更多地偏离其中的有选举权者，偏离中位委托人（单独而言）的愿望。

代表机制

这里最令人信服的论点是，大的选区——在极端情况下，是一个由全体公民或成员组成的单一投票单元（single voting unit）——使代表们与总体福利相一致，而小的选区则鼓励党派意识和利益交换。（在美国，人们经常注意到，总统的定位更多是面向全国的，而国会则有更强的特殊利益；一个尤为清晰的总结可参见 Lohmann and O'Halloran 1994，598—599。）由于根据标准的经济理论，自由贸易几乎总是改善总体福利，但会损害特定群体，因此可以预期，大区的代表会更有助于自由贸易，小区则更有利于保护主义；迄今为止的研究大多证实了这一预期（Rogowski 1987；Mansfield and Busch 1995；参见 Schattschneider 1935）。[24]

几乎同样公认的是，至少在国内政治中，那些职位缺乏安全感的代表——任期短或可撤销，以及连任概率低——会在很大程度上对未来进行贴现（discount the future），倾向短期机会主义。在国内财政领域，这表现为预算赤字和货币贬值（Grilli，Masciandaro，and Tabellini 1991）。在外交政策方面，轶事证据表明，职位缺乏安全感可能意味着对强国的奴颜婢膝（在短期内避免战争，无论长期成本如何）和对小国的好勇斗狠（快速而廉价的胜利带来短期的人气）。[25]然而，对外交政策的影响需要更系统地加以研究。

相比之下，长期且有安全感的任期则为维持现状给予了特别好处，并鼓励在任者拥有更长远的眼光。詹姆斯·劳赫（James Rauch 1995）表明，美国城市的公务员制度改革，通过确保关键决策者有更安全的任期，产生了更高的投资和更低的当前消费。据推测，职业公务员在欧洲政策制定中更突出和强大的作用使欧陆国家偏向更为长期的视角。在欧盟的治理结构中，欧盟委员会的长聘期和绝缘性（而且那些位于布鲁塞尔的"欧盟官员"更是这样）正是为了让他们的立场更加"欧盟"并有更少的机会主义倾向。

决策规则

在此场域,明显有争议的观点会产生不那么明显的结果。清楚的是,多个机构和否决点,或是绝对多数制的要求,使结果偏向维持现状并使少数群体的权力根深蒂固(参见 Tsebelis 1995),而对议程的权力("看门人"权力)则有利于该权力的持有者。这种逻辑的一些具体含义(目前被广泛接受的)就显得不那么直观了,例如,多重否决权体制使政策偏向通货膨胀(Roubini and Sachs 1989)、偏离固定汇率(Eichengreen 1992;Simmons 1994),以及对外部冲击反应的迟缓和不充分(Poterba 1994;Spolaore 1997,chap.1)。此论点简而言之,是这些机制设计——行政、立法和法院之间的权力划分;多党联合政府;以及在联邦制下,次级单元(subunit)在国家层面的强大代表——延迟了反应并阻止牺牲,从而鼓励了"容易"的政策反应(赤字、通货膨胀、贬值)。

决策规则可能会放大已经存在的偏向。授予德意志帝国联邦议会或欧盟委员会广泛的议程设置权会产生更明显的偏向——在前一种情况下是倾向特定成员国(普鲁士、萨克森、巴伐利亚等)的更为有限的选举权;在后一种情况下是倾向前面已经提到的"欧盟"立场。

什么使承诺可信?

选举权

蒂利(Tilly 1990)、诺思(North)和温格斯特(Weingast 1989)以及其他一些人认为,更广泛的选举权会增加承诺的可信性,而这恰恰是因为其使得承诺的创建和废除都更加困难。这种说法与传统的现实主义形成了强烈对比,传统现实主义认为民主政体更加善变和反复无常,该说法也与关于投资和经济增长的"强国家(或地区)"文献形成了强烈对比,后者主要关注"亚洲四小龙"的案例(Amsden 1985,1989;Wade 1990)。[26]后面这项成果认为有权力的、绝缘的官僚机构可以更可靠地作出承诺。最后,有些人认为,由那些能对其追随者作出承诺的尤为强大的利益集团达成的"法团主义"协议更为可信(Gourevitch 1986;Hall 1986;Katzenstein 1985;Olson 1982)。

有一种实证检验很容易，但仍是不完全的，而且很可能并非确凿，即国家的信誉度（*creditworthiness*），由债券市场的风险溢价来测量；另一种是对官方货币的信心以及使用进行测量（由克莱格等[Clague et al. 1995]创造性地进行了测量）。

代表机制

关于授权的文献（尤其是关于中央银行独立性的文献），以及不经意间关于选举权的一些文献都强烈地表明，并非民主制，而是对短期民众意见的绝缘，才会带来可信性。因此，法院、中央银行董事会和许多监管委员会都被授予长任期，而且——在最强有力的情况下——被禁止重新任命，从而避免了取悦那些能进行重新委任者中多数人的诱惑。[27]在外交政策方面，可以提出类似论点，认为职业外交官的可信性更高，这是由于外交政策的"建制派"与民众意见充分绝缘，也因为强大的议会外交事务委员会是由经验丰富、有望长期任职的备受尊敬的资深成员组成。[28]在超国家机构中，人们通常认为，任命一个专家和独立秘书处，甚至更多的司法或准司法机构（从北美自由贸易区争端解决小组到欧洲法院），会将权力大幅地从成员国转移到超国家层面。

决策规则

一般认为，通过专门的、不可撤销的授权可以提高可信性。法律和合同的解释交给法院，货币政策的制定交给独立的中央银行。正如弗里登（Frieden 1996，113）所观察到的，这些机构通常主要受到专门团体（就中央银行而言是金融界）的压力，而更一般的广泛代表（如国会议员）必须平衡形形色色的议题和团体。[29]此外，专门机构快速获得了"认识共同体"（Haas et al. 1992）的一些特征，或者说是神职人员的特征，其教义体系既保证了连续性，也保证了（对于"缺少专门知识"的圈外人的）不可渗透性。在极端情况下，圈外人实际上被禁止试图影响决策者，除非是以特别正式和透明的方式（例如，禁止与法官进行单方面沟通）。

尤其有趣的是超国家的授权策略，即国家或其他国际行为体将对某类决定的权力移交给一个机构，该机构不属于任何国家，并且常常是若干国家的代表(至少间接如此),例如欧洲人权法院、国际货币基金组织、欧洲法院和欧洲中央银行。此处,其他国际行为体充当了防止违反承诺的监督者,而不是(或者说不只是)"认识共同体"。然而,无论是国内的还是超国家的授权,都无法可靠地保证不发生出于强烈动机而违反承诺的行为。政府可以废除法律、修改或违反宪法、退出国际社会,不管它曾多么庄严地宣誓不会这样做。

故温格斯特(Weingast 1995)、考希(Cowhey 1993,315)等人认为——与前述论点相反——多重否决体制最能提高可信性。他们称,在这种体制下承诺更难作出,但也更难打破。因此,与诸如议会制相比,美国批准条约的难度本身便意味着充分的考虑和一定程度的共识,从而使人们对其所作承诺有更大的信心(参见 Martin 1995)。[30]

对可信性最好的保证是通过授权(从而与潜在的否决者隔绝)还是通过多重否决体制,大概取决于作为对可信性的保证是要采取行动还是不采取行动。如果需要采取积极行动来维持已宣布的政策(例如,通过紧缩措施来维持固定汇率,通过战争来履行条约承诺),那么授权就更胜一筹。如果不采取行动就足够了(例如,为了防止废除由条约保障并可能体现在财产法中的法律安排),多重否决的安排可以增强可信性。即便如此,从多重否决点获得的任何可信性收益都可能被连贯性和稳定性上的损失所抵消(见下文)。

在这一方面,也许最重要的是决策规则的清晰度。在强大的"宪政"制度下,权限的分配足够精确,批准和废除的规则也足够具体,国内和国外的行为体都能计算出概率并理解结果。在规则经常变化或被忽视的地方——如许多发展中国家、当今的俄罗斯,或是法兰西第四共和国——承诺更加易受影响。

什么保证了结果的连贯性和稳定性?

选举权

形式理论(formal theory)和比较政治的观察一致认为,稳定结果的一个重要保证是在一个商定的单一维度(*single dimension*)政策中,所有个体所持有的偏好都是"单峰的"(即可传递的)。* 早在 20 世纪 50 年代,邓肯·布莱克(Duncan Black)就表明,这一条件是产生稳定投票结果的充分条件;在 20 世纪 70 年代,麦凯尔维(McKelvey 1976)(令许多人吃惊地)表明,这通常是必要条件。[31] 当选民在一个以上的维度(例如,在左-右再分配议题和宗教问题上)出现独立的分化时,往往可以召集到多数票来反对任何特定结果,表决结果可能在整个政策空间内不可预测地游移。

实证工作已经走在了这之前。许多研究不稳定民主政权的学者,特别是研究法兰西第四共和国的菲利普·威廉斯(Philip Williams 1966),已经注意到了"交错分歧"(cross-cutting cleavages)** 与政权和内阁不稳定之间的实际联系。[32, 33] 从跨国的角度和历史上看,利普塞特和罗坎(Lipset and Rokkan 1967)观察到,最稳定的政权是那些扩大选举权足够渐进的政权,它们只有在先前的冲突维度(通常是宗教冲突或地区冲突)已经解决了之后才扩大选举权以再接受新的冲突维度(例如阶级冲突)。

就外交政策而言,上述观点同样也总体适用。在多个独立的[34]议题(如阶级和宗教)上存在内部分化的实体,其所作出选择的稳定性将低于那些冲突基本上集中在某单一维度(通常是如今的阶级)的实体。从这个角度看,不仅阶级,而且种族和宗教都起着重要作用的美国,应该不如阶级仍占绝对主导地位的英国那么具有连贯性。[35] 根据同样的逻辑,在财富、文化和内部治理方面相似的国家联盟将更为成功地凝聚在一起——欧盟在接纳土耳其甚至东欧入盟时的犹豫不决就是实践中对此观点的承认。

代表机制

类似的逻辑表明,较少数量的机构或多个机构之间明确的等级制

---

* "可传递的"(transitive)对应的是理性偏好属性中的"传递性"(transitivity),另一属性是完备性(totality)。理性偏好的完备性意味着行为体总是能够将其偏好准确地表达出来,而可传递性则意味着行为体能够对偏好进行前后一致的排序。当然,这两种属性都是假定性的。——译者注

** 此处的"分歧"(cleavage)有时也被译为"分裂"或"裂痕",是讨论国内政治时的常用术语。这种分歧是一种社会或文化界限,使民众分化成政治上利益诉求各异的不同群体。并且,政治学的研究通常将这种"分歧"与一国的政党制度和社会联盟联系起来,着重分析不同群体所组成的投票集团及其投票行为。——译者注

度,有利于提高连贯性和稳定性。与威斯敏斯特式体系(Westminster-style system)中强大的内阁(仅受议会的最终监督)的明确主导地位相比,总统、国会和法院的独立权力使美国外交政策遭受更大的不稳定性。同样,机构内部强有力的政党纪律,通过减少实际起作用的行为体数量(参见本章注释 12),更好地保证了稳定性和连贯性(Milner 1997,41 ff.)。

即使在单一机构内,多个小选区(small constituencies)的存在也会带来"意外"多数的风险,即在某次选举中,少数派的选票经由无意的选区划分或多数派内部的分裂而转化为了多数席位。[36] 在这些可能性之外,多数派选举(与比例代表制相反)放大了选民情绪小幅摆动的选举效果,从而增加了不稳定的概率。[37] 某些形式的联邦制放大了这种危险,其中成员方以国家或州为集团进行投票(德国联邦参议院、欧盟理事会)。少数国家或州政治方向的改变可能会扭转整个联邦的多数票(关于欧盟中的此类危险,参见 Rogowski 1997)。[38]

在比例代表制下,平均而言,中位代表(median representative)更有可能反映中位选民的政策偏好;但许多小党没完没了的诡计和不断变化的联盟会造成不稳定(想想以色列的例子就够了)。多数决选举体制至少有一个优点,即保持较少的政党数量(Duverger 1959)。

关于选举体制与政策稳定性的关系几乎没有研究(据我所知),更不用说对其与外交政策稳定性关系的研究了。然而,一个初步的假说可以是:在代表权门槛较高的比例代表制议会体制中(因而像德国一样政党很少),稳定性最高;其次是在低门槛的比例代表制议会体制中以及威斯敏斯特式的多数决议会统治下;在集团投票的联邦体制中,稳定性较低;[39] 而在美国这样的分权政府中,稳定性最低(参见 Garrett and Lange 1994)。

决策规则

两个最明显的结论是,决策得以稳定和连贯是通过(a)将权力集中在单一机构(非碎片化);以及(b)授予该机构广泛的议程设置权,包括有权力阻止审议尤为破坏稳定的提案。

《联邦党人文集》的作者在主张一个强有力的总统职位时,强调了权力分割对外交政策的有害影响。[40]例如，当权力在许多立法委员会或独立委员会之间被分为碎片时，相互矛盾的行动和"地盘之争"几乎是不可避免的。尽管教育、武装部队或社会福利委员会批准在它们所属领域增加支出，预算委员会仍会试图施加限制；奉行自由贸易的外交部会被持保护主义的农业委员会削弱。即使是单一的、集中的权力机构（典型的是内阁）也可能面临利益集团的挑战，其形式是难以抗拒的受到欢迎的后座议员修正案（backbench amendments）。

法国的第四共和国时期是遭受这种弊病最严重的案例之一，[41]使其在第五共和国时期采用了最激进的疗法："一揽子投票"（其中内阁可以坚持对其原始提案或其所接受的修正案进行投票）和公投（其中内阁和总统有无限制的权力来制定所提交的提案）。[42]在美国，总统在批准贸易协定上的"快车道"权力起到了类似的关键作用，该权力使国会承诺对原始提案在不提出修正案的条件下进行表决（Destler 1980，1986；Ikenberry 1989）。欧盟委员会的议程设置特权虽然较弱，但也是其对付理事会中成员国政府最重要的武器之一，因而在《马斯特里赫特条约》中改变立法程序时，这种特权是这些成员国政府最诱人的目标之一（Garrett and Tsebelis 1996）。

通过对前面提出的关于多重机构的观点进行简单延伸（上文第129—130页），可以一般性地认为，多重否决体制产生的政策不太具有一致性。[43]如果需要证明，联合国部队在波斯尼亚的经历可以提供充足的证据。

最后，模糊的权力分配似乎既损害了一致性，也损害了可信性。[44]当权力在内阁、政治局和武装部队之间，在总统和总理之间，或在秘书长和安理会之间转移时，这些官员和机构的不同偏好会导致政策混乱和政策不一致。

什么促进了权力的动员和投射？

选举权

正如上文所指出的那样，民主政体能更有效地动员资源，并且在被逼无奈的情况下比威权政体仗打得更好，这几乎已经成为老生常谈（参见

Lake 1992；另见 Stam 1996，176 ff.）。事实上，金斯伯格（Ginsberg 1982，chap.1）认为，许多选举权的扩大恰恰是出于更有效地进行动员的需要；斯坦（Stein 1978）指出，其他类型的政治参与似乎也是由于战争的紧急情况而扩大的。早期的普遍选举权政体（古希腊民主制、后分离时期的罗马共和国*）的一个经验是，将选举权与兵役直接挂钩，或者增加士兵的投票权重，会导致更大的牺牲。

代表机制

类似的逻辑表明，"更民主"的政体——那些通过更短的任期、更容易罢免、更少的层级、对背信弃义的代表更加严厉的惩罚等方式使委托人和代理人之间的联系更加直接的政体——将吸引更多的支持；弗格森（Ferguson 1994，esp.156—163）以及德卢戈（D'Lugo）和罗戈夫斯基（Rogowski 1993）从 1914 年之前的英德比较中概括的观点基本认为是这样。[45]

决策规则

多重否决体制通过刺激有关牺牲数量和牺牲份额的分歧，进而阻碍了权力的动员和投射——这是从 1914 年前德国经历中得出的另一个教训。[46]事实上，美国的历史表明，中央行政部门强大的议程设置权几乎是进行成功动员的先决条件。就此观点而言，这些论断还更多只是推测而非研究发现；需要进行更多且更具比较性的研究。

国内行为体的战略如何受到影响？

选举权

选举权的差异显然影响了国内委托人施加影响的战略。煽动群众的

---

* 值得指出的是，"'后分离时期'的罗马共和国"（the post-Secession Roman Republic）这一说法在中英文学术界并不被广泛使用。作者此处应指的是罗马共和国危机这段时期。在这一时期，罗马共和国经历多次内战，公民权（或许按文中说的选举权）也发生显著变化，逐渐向异族开放，随后罗马共和国结束并进入罗马帝国。——译者注

效果在民众（*demos*）有一定影响力的地方最好；阴谋集团的效果在权力界限真正模糊不清的地方最好；武装起义（*cuartelazo*）的效果对那些栖身于以人名命名的军营中的人最好。相关研究在很大程度上仍是轶事性和归纳性的，例如，关于格莱斯顿（Gladstone）当时以令人震惊的新颖方式利用"保加利亚惨案"（Bulgarian horrors）将迪斯雷利（Disraeli）赶下台的历史记载（Magnus 1954）。更耐人寻味的是，选举权的变化可能会使策略发生改变，从而使结果出现偏斜。因此，曼斯菲尔德和斯奈德（Mansfield and Snyder 1995；另可参见本章注释22）表明，民主化最初会使战争更有可能发生，因为传统精英发现好战的外交政策是其保留权力的最佳策略。

代表机制

当权力集中于一个单一机构时，对外交政策施加影响只能通过对该机构的主导或挟持。例如，在威斯敏斯特的多数制内阁治理体制下，这表现为要么控制内阁，要么在多数党内形成强大的派系从而威胁到内阁。皮尔（Peel）在1846年转向自由贸易，或自由党政府在1914年决定发动战争，都是前者的例证；20世纪30年代保守党内反绥靖主义的努力，或约翰·梅杰（John Major）任上保守派内的欧洲怀疑主义，则是后者的例证。

在权力较为分散的情况下，例如在多党联盟或分权制、多院制或联邦制下，施加影响的战略可能更加多变和复杂。[47]例如，从20世纪50年代直到重新统一，出口导向的西德利益集团发现，对基督教民主联盟（CDU）艾哈德（Erhard）派和关键中间派自由民主党（FDP）的大量资金支持是有利政策的最可靠保证（Heidenheimer 1957，383—394；cf. Heidenheimer 1964，37—39）；左翼的社会民主党（SPD）了解这种计算，其将艾哈德赶下台并加入大联合政府（1966—1969年；德国社民党和基民盟，不包括德国自民党）可能部分原因是为了吸引一些这方面的支持（Heidenheimer and Langdon 1968，72，85—87）。在美国，夺取一个关键的委员会而不是某政党或某派别通常是要诀；不然，有特别熟练经验的立法者可以在财政法案中关联上一些"附加条款"（riders）来推动重大政策变化，例如，《杰克逊-瓦尼克修正案》（Jackson-Vanek Amendment）

向苏联施压,要求其允许公民移居以色列。当代表是从小选区选出时,正如在法国或美国那样,利益集团往往通过在几个关键选区投入大量精力来达到最佳效果。例如,参议员约瑟夫·麦卡锡(Joseph McCarthy)通过展示他(和他的支持者)决定参议院关键选举的能力,获得了对美国外交政策的巨大影响力。

这些"博弈"的错综复杂源于威胁和反威胁在其中发挥的作用。否决点的数量越多,就越容易使一些其他群体所偏好的政策成为自己所偏好政策的"人质":如果你不给我想要的,你就会被剥夺你所期望的。在这种情况下,正如现在为人熟知的那样,声誉和"信号"(参见 Kreps 1990b,chap.17 的详尽讨论)起着至关重要的作用。行为体可以通过建立"强硬"、不妥协,甚至是一定程度的疯狂的声誉来获得好处(参见谢林[Schelling 1960]的开创性见解)。

另一方面,一个强有力的民选行政首脑,如在法国、美国和俄罗斯那样,会将国内对外交政策的压力传导到对此核心职位的影响力争夺和选举竞争上。战略则变成动员那些尤其能发挥作用的捐赠者和选民群体。特别是在美国,这意味着较大州中的"摇摆"群体("swing" groups)成为选举团投票中有影响力的阵营。

决策规则

在这里,授权是制定战略的一个特别重要的决定因素,同时也是制定战略的目标。在法院拥有重大司法审查权的地方,如德国、美国和欧盟,精明的少数派往往通过打磨他们的"宪法论据"(constitutional arguments)而非最大限度地利用其选票或捐赠来寻求影响力。在西德,保守派向宪法法院请愿阻止批准与波兰、苏联和东德的和解协议;自由派请愿禁止在索马里和波斯尼亚部署德国军队;欧洲怀疑论者则请愿限制《马斯特里赫特条约》的影响。[48]在早年的美国和欧盟,它们的最高法院——分别是美国最高法院和欧洲法院——被既有单元内部的(within existing units)行为体利用,以立法机构本来绝无可能批准的方式扩大了联邦权力。

结　　论

表 4.2 吸收了上一节的讨论,显示了该领域的研究如何为前面指出的各式各样的理论纲要"填补空白"(此处也是字面意义上的)。有四个要点值得再进一步强调。

表 4.2　国内制度与外交政策间的假设性联系

制度特征 (自变量)	外交政策特点 (因变量)				
	偏向	可信性	连贯性	动员	战略
选举权	女性投票权→ 和平政策	强有力的 官僚制→ 可信承诺	交错分歧→ 政策不稳定	民主制→ 更大汲取能力	民主制→ 用煽动群众 影响政策
代表机制	较大选区→ 自由贸易	职位任期 更长、更有 保障→更大 可信性	单一选区制→ "意外"多数 可能性	任期短、易罢 免→少懈怠且 更大汲取能力	多重机构→ 更多讨价还 价、虚张声势、 信号传递
决策规则	更多否决点→ 保持现状	更多否决点→ 更大可信性	更多否决 点→不稳定、 不连贯	更多否决 点→更小 汲取能力	授权→更多 专门渠道、游说

注:各单元格内的内容是示例性的,但当然不是对具体研究假说的穷尽。

不同制度存在差异,且这些差异很重要。古典现实主义的观点认为,国内制度会迅速且自动地朝着单一的"最佳适应"形态演化,但迄今为止,这种观点在研究中几乎没有得到支持。各国在其制度形式——选举权的范围和有效性、选举方法、决策规则——上差别很大,有充分的证据表明,这些差别会深刻地影响其外交政策的风格及是否相对成功。

关于这个主题的研究和理论化还处于起步阶段。对于近几十年来有关经济制度和立法制度的重要且富有洞察力的研究,尤其是委托-代理视角下的此类研究,学者们几乎是刚刚开始将它们吸收进其成果,并且考虑它们的含义。这是一项可以极大提高学术福利的"进口",并且对它的引进是一项紧迫而关键的学术任务。

即使在这一阶段,战略选择路径也会提供重要的新见解。不认识到以下两点就很难着手清楚地思考代表机制和决策规则对外交政策的影响:(1)委托人及作为其代表的代理人都具有"依靠狡计以谋取私利"(Williamson 1985,30)的特征;(2)所有博弈玩家都努力考虑到他人的战略和行动。仅举一例:授权,被理解为对自身行动自由的故意限制,正是作为一种能从他人那里获得更大合作的策略而常常是有意义的。

微观基础仍然没有得到很好的阐释。国际关系中最引人注目的结果是统计上的——例如,民主国家间几乎从不打仗、民主国家赢下了它们所参加的绝大多数战争——而且通常是提出而不是回答理论问题。一个富有启发的例子来自曼斯菲尔德和斯奈德(Mansfield and Snyder 1995,esp. 20):统计结果是有说服力的,所提供的解释则是基于极少数案例的不牢靠的推测,他们也承认这点。这种过错对政治学学者或国际关系研究者来说并不是什么新鲜事。科斯(Coase)和威廉姆森关于制度的经济效应的早期工作在很大程度上缺乏微观基础(直到近来梯若尔[Tirole]开创性的成果提供了补充),研究立法的学者在数据中"浸泡和翻拣"出的时常使人印象深刻的见解(Fenno 1978)仍然与个体的动机和变化过程脱节。而这些历史只是强调了如下观点:通过对微观基础进行逻辑连贯的解释可以产生巨大的知识增益。最近关于立法和规制问题上取得的令人印象深刻的学术成果,以及在经济组织方面惊人的突破性进展,都来自对个体层面的变化过程进行逻辑一致的建模。在国际关系领域,这类有必要的成果的早期提供者包括莱克(Lake 1992,25—28)、考希(Cowhey 1993)、洛曼和奥哈洛伦(Lohmann and O'Halloran 1994)、布埃诺·德·梅斯基塔和西沃森(Bueno de Mesquita and Siverson 1995)、斯塔姆(Stam 1996)以及米尔纳和罗森多夫(Rosendorff and Milner 1997,chap.3)。

这是一个研究可能性和政策含义都异常激动人心的领域,而且过去几年的成果质量也格外地高。这一领域邀请,实际上几乎是迫使,本专业最出色且最有抱负的学者进行研究。

注 释

1. 我在本章中讨论的是所有国际行为体的"国内"制度,这些行为体不仅包括传统的后威斯特伐利亚国家，还包括联盟（如北约）、邦联（如欧盟）、超国家组织（如国际货币基金组织），以及一些非政府组织（NGOs，如绿色和平组织或罗马天主教教会）。更全面的讨论可参见第 121 页及其后各页。

2. 可以指出两个例外情况。第一，有时两种或两种以上制度能同样好地适应同一环境，这有点像经济学中的"生产要素密集度逆转"（factor-intensity reversals）。例如，查尔斯·蒂利（Charles Tilly 1990）认为，在现代早期，"强制密集型"和"资本密集型"政权几乎表现得同样好。第二，就像在市场中一样，并非所有行为体都面临着完全相同的环境；例如，自然孤立的国家，如瑞士和早期的美国，面临的外部威胁较少。

3. 本章第二节介绍了一个更全面的政权特征的分类法，可扩展到非民主体制和非国家的国际行为体。

4. 基欧汉和奈（Keohane and Nye 1989，156—158）认为，在 20 世纪 70 年代，货币议题"比贸易问题更具技术性"，较少激起政治争议，这显然是错误的。

5. 正如罗伯特·基欧汉（Robert Keohane 1996）所指出的，美国尤其如此。在整个 19 世纪，美国政府基本上只与有足够实力执行条约的那些国家签订条约；其不仅满不在乎地忽视了对美洲原住民的条约承诺，而且在面对中国和拉丁美洲国家时也是如此。即便是自 1945 年以来，美国也一再违反其在国际贸易领域最庄严的义务，最近一次是通过了《赫尔姆斯-伯顿法案》（Helms-Burton Act）。另见莫罗在本书第三章对条约的讨论。

6. 回想一下，在 1918 年之前的英国，只有大约三分之二的成年男性有投票权，而女性没有投票权。

7. 在后威斯特伐利亚时代，这通常是指国家；但有时也指超国家机构、非政府组织或是联盟。

8. 对于我此处所称的委托人，布埃诺·德·梅斯基塔和西沃森（Bueno de Mesquita and Siverson 1995，844 ff.）使用的说法是利益相关者（stakeholders）。罗德（Roeder 1993，24—27）和谢淑丽（Shirk 1993，71—72）把委托人的集合称为推举人团（selectorate）。

9. 代理人或许是通过"层层"授权来被选择的，比如美国参议员是由州立法机构选择的（或者，在名义上，美国总统仍然是由选举人团选择）。只要这些中间层本身不参与日常的政策制定或政策监督，他们在此处就不被算作代理人。

10. 请注意，如前文所定义地，一些委托人可能被排除在正式的选举权之外，典型的是根据某种"虚拟"代表（"virtual" representation）的学说。在 1920 年以前的美国，妇女没有投票权，就像如今的天主教会中不是红衣主教的主教一样；不过，当时的妇女被认为是由她们可以影响的选民（丈夫、兄弟）所"代表"的，就像如今天主教会的主教被认为是由那些身为高阶主教的同行所"代表"的。

11. 在第一次世界大战前的一些欧洲国家，富人和受过教育的人被明确授予更大的投票权；通常，最大的地主们会在议会的一个单独"议院"中被代表。

12. 在戴高乐的一些较为宏伟的诠释中，第五共和国总统是国家的唯一代表，其他都是点缀和细节。这方面推至极端,在有严格政党纪律的议会里,大多数场合都可以将代表的人数等同于政党领袖的数量。(一位魏玛理论家事实上提议,通过将帝国议会变成一个由各党派领导人组成的小型委员会来节省时间和金钱,每人都拥有与其政党在现行比例代表制下获得席位相当的选票。)

13. 因为委托人与所选代表的契约几乎不可避免地是不完整的,而且,在主权国家之内或之间,通常无法由独立的权威机构来强制执行,所以委托-代理理论认为,选举和撤销通常会变得流行,来作为合适的激励相容的执行机制(参见 Williamson 1985,chap.12)。

14. 在一个多维的政策空间中,可将"中位数"改为"重心"。

15. 长时段且不可更新的任期通常是为了使代表不受中位选民变化的影响,与比例代表制相比,多数代表会制会使不忠实的政党(即未能反映中位选民的政党)失去更多席位(想想加拿大进步保守党)。

16. 例如,联合内阁的重要决定通常需要所有参与党派的一致同意;对于批准条约,必须获得美国参议院三分之二的票数(美国宪法第二条第二款第二节);在欧盟,几乎所有的立法都需要理事会的"有效多数"(qualified majority,实际上是投票以及国家的多数),与此同时,一些立法(以及对《罗马条约》和《马斯特里赫特条约》等基本条约的所有修正案)需要一致同意。

17. 宪法法院可被视为拥有绝对否决权,特别是在其所执行的条款(如德国基本法第 79 条第 3 款)被标示为不可修改时。

18. "如果在立法程序中发现下院议员某一提案或修正案不属于[宪法规定的]立法范围,或者与[议会先前投票所给予的]授权相反,政府可宣布其不予接受"(法兰西第五共和国宪法第 41 条)。

19. 议题领域分裂的一个常听说的例子是"铁三角",即立法委员会、官僚机构和压力集团,这是法兰西第四共和国以及美国国会民主党的长时段主导权(the long Democratic hegemony)之下特定政策领域(农业、教育)的特点(Williams 1966;Mayhew 1974;Lowi 1979)。

20. 不过,哈勒贝格(Hallerberg 1996)表明,在 1871 年后的德意志帝国各州,土地税收与土地所有者对选举权的主导地位成反比。

21. 一个不那么一概而论的假说是,民主国家可能只发动它们有信心获胜的战争(Bueno de Mesquita and Siverson 1995,852;Reiter and Stam 1998)。

22. 不过,曼斯菲尔德和斯奈德(Mansfield and Snyder 1995)给出了同样有力的证据,表明正在民主化的社会——从威权统治向更开放的统治过渡的社会——尤其有战争倾向。

23. 潜藏在这种推测背后的是关于资产流动性如何影响偏好形成的隐含理论——弗里登在本书第二章中更全面地论述了这个问题。

24. 与此相关地,加勒特和兰格(Garrett and Lange 1994)推断,比例代表制应该更有利于快速调整;但曼斯菲尔德和布施(Mansfield and Busch 1995)未能从经验上证实这一猜想。

25. 我认为这是对意大利、法兰西第三和第四共和国以及魏玛德国的传统理解，它们的特点都是内阁的快速更替。

26. 当然，这也引发了一种可能性，即这种联系可能是虚假的：富裕的国家既是更加可靠的，同时也更有可能是民主的。

27. 美联储理事的任期是 14 年，大多数国家的法官是终身制。一个有启发意义的例外是德国宪法法院，其中一些法官以前是被终身任命的，还有一些（为了提供持续的更新）是八年任期且其任期可更新。当后一类法官似乎随着重新任命时间的临近而"裁剪"他们的意见时，一项明智的改革被同意了：宪法法院所有法官的任期为 12 年且不可连任。参见 Law on the Constitutional Court of February 3, 1971, §4。

28. 也许吊诡的是，这样的委员会甚至是高度不稳定的法兰西第四共和国的一个显著特征（Williams 1966）。

29. 也许更恰当的说法是，专门机构面对的是单一维度的政策空间，而一般化的代表必须与多维的（因而不太稳定的）领域打交道。

30. 如果条约高于一般法律（ordinary laws），这一论点会更有说服力，但在美国的法律体系中并非如此。许多最公然违反美国条约义务的行为，仅是由于之后的国会通过了一项违反该条约的法律，而在任总统要么怯懦地屈服，要么眼看着他的否决被推翻。《赫尔姆斯-伯顿法案》只是最近的一个例子，不过也是最赤裸裸的例子之一。

31. 更晚近的研究发现了一些例外情况。

32. 例如，在法国，既有神职人员的也有世俗的左派和右派。人民共和运动（MRP）代表神职人员中的左派、国家独立农民中心（CNIP）代表神职人员中的右派；在世俗一侧，共产党人代表左派、社会党人代表中间派，而被误称为激进派的则代表右派。如果某个政府在各社会议题上团结一致（例如，在神职人员和世俗右派之间弥合分歧），其反对者肯定会将宗教冲突引入其中。如果该政府在宗教问题上团结一致，反对者就会将社会冲突动员起来。

33. 具有讽刺意味的是，这一时期的一些最重要的比较政治理论家在很大程度上脱离了经验观察，他们认为"交错分歧"有利于稳定。其中最著名的是大卫·杜鲁门（David Truman 1951）。

34. 此处的修饰语很关键。如果两个议题几乎完全相关——例如，在 1918 年后的奥地利，几乎所有的工人都是世俗的，几乎所有的非工人（nonworkers）都是天主教徒——那么这些议题在实际上只相当于一个维度。（不幸的是，在奥地利有一个第三维度——德奥合并问题——与其他议题维度是正交的。）

35. 大多数非美国人觉得难以理解的是，在美国国会中，对国际货币基金组织增资或向联合国补交会费竟然会被堕胎和避孕问题上神秘晦涩的争论所挟持。对于美国人（可能还有以色列人）来说，没有什么比这更合情合理的了。

36. 假设 1 000 万选民要选举填补 100 个议会席位。每个选区恰好由 10 万名选民组成。保守党赢得 420 万票，自由党赢得 580 万票。在第一种情况下，假设

60个选区中每个选区正好有7万名保守派选民；其他40个选区完全是自由派，因此400万自由派在"被挤满"的选区，另外180万在保守派占多数的选区（60×30 000）。如此一来，42%的保守派选票选举产生了保守党占60%的议会。在第二种情况下，每个选区都是"公平的"，但自由党分成了两派。"A"自由派获得了380万票，"B"自由派获得200万票；显然，保守派可以赢得压倒性的多数席位。参见加勒特和兰格（Garrett and Lange 1994）。

37.比例代表制在设计上使"选票—席位弹性"（votes-seats elasticity）为1，即民众票数1%的变化会影响席位1%的变化——单一选区制（single-member districts）下的多数决和最高票选举产生的平均弹性约为2.5；赢得52%的选票将为一个政党带来约55%的席位；54%的选票将产生60%的多数票，以此类推（Tufte 1973；参见Taagepera and Shugart 1989, esp. chap.14）。美国众议院和法国国民议会的近期结果已经非常精确地证明了这一效应。

38.在布埃诺·德·梅斯基塔和西沃森（Bueno de Mesquita and Siverson 1995, 844）开发的模型中，在多数议会制或集团投票（bloc-vote）体制下，中位利益相关者（median stakeholder）移动的波动性要大得多。

39.然而要注意的是，与内阁、联邦议院和宪法法院相比，德国联邦参议院是一个弱势机构；因此，潜在的"去稳定效应"（destabilizing effect）被削弱了。

40."统一才有力量，这是不容争议的。一人行事，在决策、灵活、保密、及时等方面，无不较之多人行事优越得多；而人数越多，这些好处就越少……在指挥战争中，行政部门的强而有力乃是国家安全的屏障，一职多人尤其令人疑惧。"（Hamilton, Madison, and Jay 1787—1788, 356, 358; Hamilton, *The Federalist*, no.70）

41.正如威廉姆斯（Williams 1966）所指出的，第四共和国内阁在议会中会反对其最初提出但被一个或多个议会专门委员会修改得面目全非的提案，这样的情形并不少见。关于其对策，参见威廉姆斯和哈里森（Williams and Harrison 1973）。

42.法兰西第五共和国宪法第44条以及第11条。

43.泽比利斯（Tsebelis 1995）准确地观察到，数量更多的否决者使结果偏向维持现状，也就是偏向不作为。然而，外交政策的一致性需要目标和意图明白无误。当美国总统在国会共和党领导层的一致支持下，向所有相关人士保证美国将支持对墨西哥的金融"救助"，但几天后却在共和党后座议员的反对下食言，美国的政策就是不一致的。

44.另外，一些似乎能增强承诺的特征（专门化的因而也是分散化的权力、多重否决权）似乎破坏了一致性。这种矛盾的结果可能源于许多政策领域无法被简单分割的事实。

45."德国及其盟友［奥匈帝国］因而在财政上受到限制——首先是受到其联邦结构的限制。相比之下，尽管程度不同，但三大协约国都是中央集权国家，政府不超过两层（tiers）。"（Ferguson 1994, 161）

46.具有民主色彩的帝国议会实际上希望增加军费开支，但坚持要求通过程度较低的累退税来为此提供资金。保守派在各州政府和国家行政部门中拥有强大权势，他们一如既往地将个人贪婪置于国家福利之上，宁愿降低军费开支，也不愿削减其在马匹、温泉和珠宝上的预算（参见 Ferguson 1994）。

47. 关于多院制下的战略，参见 Tsebelis and Money 1995。

48. 美国法院虽然在外交事务上对行政部门的优先权较为尊重，但也裁决了一些案件（如关于单一税制［unitary taxation］和条约解释），为在法理上决定外交政策打开了大门。

第五章
国际关系中的治理问题

彼得·亚历克西斯·古勒维奇

当一切都在"起作用"、没有什么是保持不变的时候，会发生什么呢？在分析战略互动时，从关于偏好或制度的假定开始是有帮助的。如果我们保持制度不变，我们就可以说明改变偏好如何产生不同的结果。相反，如果我们保持偏好不变，我们就可以说明改变制度如何产生不同的结果。这两个概念实验都是强有力的，正是这种力量促使本书编者选取了关于这些实验的各章。弗里登（第二章）考察了偏好，偏好在一个定义明确的战略环境中塑造行为体的战略。莫罗（第三章）探讨了战略环境本身，它通常在很大程度上受到制度的影响。罗戈夫斯基（第四章）继续直接展示了制度的重要性，这些制度通过构建偏好的聚合方式来影响战略互动的结果。

如果制度如此重要，那么其本身就可能成为斗争的对象。人们明白，制度会影响战略互动的结果，因此人们会对制度本身发起挑战。如果通过改变制度可以改变结果，那么人们就会努力改变制度。任何东西只要是重要的，就很可能成为政治行动的目标。当制度是流动易变的，它们就会成为博弈本身的一部分，而制度本身并不能构建政治过程的结果。事实上，制度的流动性（fluidity），通过改变行为体的选项，可能会引发对战略的重新评估。

制度变化对战略互动的分析提出了具体的挑战。无论是对制度还是偏好，要想使其中任何一个保持不变都变得更加困难。两者都可能在起作用。这就是国际关系中的治理难题：互竞制度（contested institutions）的政治。*

各个层次的政治行为体，从最小的地方政府到最全球化的国际层次，从正式的政府场景到远离国家影子的最不制度化的安排，都明白规则和程序塑造了结果。当行为体对某一结果不满意时，我们应该预料到其会考虑改变产生这一结果的程序。

而且它们确实这么做了。国会希望增加与其他国家达成自由贸易协定的几率，因此通过采用"快车道"规则来改变其内部程序。欧洲人希望加深经济一体化，所以他们改变了共同体行政部门内部的投票规则，并授权建立货币联盟；欧洲人希望加强对共同体的政治支持，所以他们对欧洲议会议员进行直接选举；欧洲人寻求单一货币带来的好处，所以他们采用欧洲货币联盟。各国希望围绕自由贸易加强合作，所以它们创建了一个新的制度，用世界贸易组织（WTO）取代《关税及贸易总协定》（GATT）。第二次世界大战后，盟国想要建立比国际联盟更有效的国际合作新制度，所以它们为联合国制定了不同的规则。

上述例子涉及关于治理制度**的冲突，治理制度组成了塑造体系内各单元互动结构的规则和程序，无论该体系是国内的还是国际的。与治理有关的争议非常重要，这一点在国际关系理论研究者中并不是普遍接受的。对现实主义者来说，与治理有关的争议并不特别有趣，因为对他们来说，制度并不是最重要的。对现实主义者来说，国际制度没有能力强制

---

* 值得一提的是，朱莉娅·莫尔斯和罗伯特·基欧汉（Julia C. Morse and Robert O. Keohane 2014）在类似意义上提出了"互竞多边主义"（contested multilateralism）的概念，国内的国际关系研究者通常将其译为"竞争性多边主义"。不过此处"竞争性"的译法既有可能存在更大歧义，如"竞争性制度"可能更多地被理解为某一制度的特定属性，并且也无法较好反映"contested institutions"中所包括的不同可能的制度间以及某个制度内部"有竞争余地"的含义。故本章统一将其译为"互竞制度"。关于互竞多边主义，可参见 Julia C. Morse and Robert O. Keohane，"Contested Multilateralism，" *The Review of International Organizations*，Vol.9，No.4，2014，pp.385—412。——译者注

** 本章中，"治理制度"对应的原文为"institutions of governance"或"governance institutions"，意指"与治理有关的制度"，其中"治理"是对"制度"的一种修饰和限定。由于中文语境下的"治理"通常被视为动词，故"治理"与另一名词的组合可能会影响读者对相关词组的理解，类似的还包括"治理争议"（governance disputes）、"治理争论"（governance quarrels）和"治理冲突"（governance conflicts）等，此处一并说明。——译者注

其成员遵约。由于国际制度无法制裁,故其缺乏权威。由于其缺乏权威,所以就没有权力。国际制度仅在各国所选择的授权程度范围内才存在。要是国家不喜欢该制度做的事情,授权可以被撤销。因此,治理制度是权力关系中其他要素的附带现象,关于治理制度的争端最好从这些其他要素的角度进行分析。

在回应这一批评时,制度主义者对批评者检验制度重要性的标准进行了质疑。一个制度的权力不仅仅来自,甚至不主要来自它使用物理意义上的武力的能力。相反,它产生于成员从参与其中所获得的收益。制度为成员做了一些它们在没有制度的情况下无法得到的事情。成员拥有了维系制度的激励。因此,检验一个制度权力的是它的效用,而不是它的强制力。制度为其成员的某个目标服务。拒绝遵约,因而削弱了制度,意味着失去一些有价值的东西。成员们有动机去关心制度的维系,而结果便是,制度具有力量。

这样看来,制度主义者和现实主义者之间的争论通常都被误述了。问题不在于其中一方或另一方是否正确地解释了国际关系的全部,而是在何种条件下,一方或另一方的模型能最好地刻画现实(Mearsheimer 1994—1995;Keohane and Martin 1995)。什么时候制度能够提供足够的收益以获得支持来维系自身？什么时候制度无法获得这样的支持并因此变得无力？每种立场是否准确取决于经验世界中的各种条件。我们的任务则是要明确这些经验条件可能是什么。

那么在制度确有重大影响的意义上,与治理有关的争议便是重要的,并且需要进行仔细考察。要解决这个问题,需要讨论为什么制度会存在、为什么制度会形成、是什么让制度变得强大或无力、为什么制度会具有特定形式,为什么制度会互竞,以及这些竞争中的冲突是如何解决的。讨论大致可以这样进行:为了探讨为什么会产生关于治理制度的争议以及如何解决这些争议,我们首先要探讨为什么起初会形成制度。这使我们能够考察政治行为体从制度中寻求什么以及它们想要什么样的制度。由于行为体希望制度为它们提供收益,而制度的类型又影响到谁能得到这些收益,因此对制度的治理就会出现相互竞争。当利害关系重大时,行为体就会为之斗争。伴随制度的形成或改变,行为体从它们的角度出发寻求最佳的可能制度。

在确定了治理冲突发生的原因之后，就有可能研究这些冲突是如何解决的了。治理争议的结果取决于几个关键变量。首先，争议的发生是在强制度还是弱制度的背景下，这点很重要。发生在强制度内的争议将由这些制度的规则来解决，而在弱制度背景下的争议将由各行为体的权力资源及其无中介互动（unmediated interaction）的议价过程来解决。

影响治理争议的第二个重要变量与集体行动问题有关。制度设计受到监督、授权和激励等问题的影响，以提供制度所供给的公共物品。"联合产品"（joint product）的概念可以解决其中的一些问题。

第三组因素与信息成本和知识有关。放宽关于完美信息和无成本信息的假定，这使围绕制度观念——政治哲学，或者说是行为体在塑造冲突结果时关于制度安排在日后产生影响的快捷运算编码——的治理争议可以扮演重要角色。在这些情况下，行为体对替代性制度的偏好本身可能并不明确。在遥远的未来或在未知的意外情况下，很难预测一个行为体对某些政策结果的具体欲求。结果是，行为体在选择制度时会转而求助宽泛的哲学信念或立场。在这些领域中，我们可以探讨建构主义者和方法论个人主义者（methodological individualists）以及现实主义者和制度主义者之间的一些趋同与差异。

下面的讨论特意对国际政治和国内政治的例子都加以使用，以强调这两个层次在分析意义上没有区别。它们在连续统上的位置有所差异，在参数的取值上有所不同，但这些区别并不体现在分析性议题中。无论是在国际还是国内政治领域，我们都可以找到治理制度稳定性高或低、对规则的争议程度高或低的部分。在这两大领域中，我们可以找到偏好和规则同时发挥作用的情况。在这两大领域中，我们都需要了解治理争议是如何被解决的。国际和国内政治之间的区别在于，我们在何种程度上发现了更高或更低的制度化水平，而不是制度是否仅存在于一个领域或另一个领域。

制度为何形成？

评估治理争议的一个重要切入点就在于对制度起初形成原因的理解。一种可追溯至霍布斯、洛克、麦迪逊和密尔的功利主义路径将制度视为人类有意的发明，这种发明或多或少是有意识地建构，以提供对问题的解决方案。没有制度，就会出现混乱。在混乱中，合作是困难的，因而难以获得合作的回报。战略互动导致了制度的形成，因为战略互动为行为体提供了其在没有制度的情况下无法实现的收益。制度在混乱中创造了秩序和稳定，并为其成员提供对合作至关重要的信息。

在没有固定规则的情况下，偏好的聚合会导致多重的且不稳定的均衡（Vaubel and Willet 1991；McKelvey 1976）。如果台面上有两个或两个以上的政策维度，对任何一组偏好的追求都可能在多重结果之间产生"循环"（cycling），* 其中没有哪种偏好占主导地位。由于循环是可能的，所以政治行为体会挑战一切。它们没有动机去节制它们的要求，因为没有办法确保任何协议得到坚持。在没有方法强行达成均衡的情况下，秩序就无法发展。制度通过将偏好聚合的过程结构化来结束混乱，从而消除循环（Shepsle 1979；Shepsle and Weingast 1982；Krehbeil 1987）。有了明确的程序，偏好就会导致固定的结果。战略互动在这种情况下是稳定的，因而合作也变得更有可能。

制度还通过提供信息、降低交易成本和减少机会主义风险来进一步促进合作。战略互动带来了"搭便车"和欺诈的风险。制度通过提供有关遵约、规则、政策和结果的信息来帮助对协议进行监督。这使一项谈判中的各方安心，增加了合作的几率（Keohane 1984）。

由于制度是如此强有力的工具，行为体有强烈的动机来创建制度。

---

　* 本章对"循环"一词的使用应该与"阿罗不可能定理"有关，意在表明各行为体偏好的聚合不能导致稳定结果，而是各种结果可能循环出现的情况。——译者注

米尔格罗姆、诺思和温格斯特(Milgrom，North，and Weingast 1990)在其关于中世纪商业法的著名文章中表明，即使不在国家的影子下——没有强制性权力——具有高度积极性的个体也可以形成一项制度，由于成员们发现调解人的作用是如此有价值，以至于他们自愿地接受其裁决(也见Grief，Milgrom，and Weingast 1994)。罗伯特·埃利克森(Robert El-lickson 1991)在加利福尼亚州塞拉地区的农场主和牧场主发展出的机制中展示了非正式制度的力量，该机制在国家没有任何介入的情况下解决了牛群擅入的争议。在另一篇文章中，诺思和温格斯特(North and We-ingast 1989)表明，通过将行政部门(王室)置于立法部门(议会)的监督之下，英格兰减少了其行政部门在投资者眼中的专断性，因而能够以较之绝对主义国家更低的利率进行借贷。

这种制度主义的论证模式颠覆了一系列关于国家权力的论点(Krasner 1978；Katzenstein 1978)。英国和美国通常被归类为弱国家(weak states)，因为它们的官僚机构不太发达，且行政部门受到立法机关的监督。但是，英国几个世纪以来能够在国际关系中投射权力，不但用于海外殖民和与欧洲大国的战争，并且发展其经济。制度主义者将此解释为英国体制力量的一种表现。议会权力以及弱官僚机构使英国政府具有更大的承诺可信性。相比之下，欧陆的绝对主义国家则被其官僚体系削弱了，因为这是以民众的低参与度为代价的，故君主的可信性也较低(Brewer 1989)。事实证明，在调动资源介入国际事务方面，被认为国家较弱的英国比那些被认为国家较强的绝对主义竞争对手更为有效。近来，温格斯特(Weingast 1997)将这种推理和论证应用于一系列议题，包括内战的终止和拉美的社会公约(social pacts)。

对一项制度的投入需要一种信念，即相信该制度带来的收益会超过作为其成员的成本。洛奇(Lodge)参议员反对国际联盟，并不像人们常说的那样，是因为他是一个孤立主义者，反对美国参与海外事务，而是因为他对美国在世界事务中行动自由受到的约束持批评态度，而成立国际联盟并拥有成员身份会带来这种约束。洛奇相信美国参与国际事务的价值——因而他是一个国际主义者——但他对必须遵守的约束心存顾虑——故他是一位像戴高乐和撒切尔那样的"单边主义者"，而不是一个多边主义者。他认为成员身份产生了义务,而国际联盟的决策体系无法为美国利益提供保护(Lake 1999)。如果成员们不相信从制度获得的收益会超过其承诺的投入,制度将无法生成。

制度可以解决问题。如果所有人都接受这些制度,它们就会以一种自我实施的方式管理事务。只要每个行为体都明白制度提供的好处,合作的激励就会是巨大的,行为体就会为了维系制度而进行合作。服从并不源自强制,更确切地说,强制的能力源自每个行为体在维系制度时的利益所系。如果有足够多的行为体想要维系一项制度,那么该制度将有能力胁迫那些不服从者。任何行动的持不同意见者都将面临一个选择:要么服从多数,要么离开。如果异见者希望保留制度带来的更大收益,那么他们就不得不在具体的争议点上让步。制度使成员们能够实现他们没有制度就无法实现的目标。为了维持该制度,成员们必须改变其行为:他们不能单方面采取激起其他人解散该组织的行为。因此,得到制度收益的激励为该制度提供了一种强有力的杠杆来实现遵约。虽然这种形式的强制不像是用枪,但也可以是相当强有力的。

到目前为止的讨论提供了一个关于制度的工具主义解释,这是霍布斯、洛克和边沁所采用的路径的当代版本。这标志着对国际关系的战略选择解释与其他类型路径,如文化主义或历史主义之间存在区别,尽管其间的交叉可能比最初看起来更多。埃德蒙·伯克与托克维尔一样,认为制度是随着时间的推移,根据习俗、习惯、传统而有机演变的(evolved organically);伯克不接受功利主义者们机械的比喻,以及他们所说的自我意识、自愿主义、深思熟虑的目的性。在他看来,制度“设计”是荒谬的,因为公共制度就像橡树从橡子中生长出来一样,是有机的、无意识的。刻意的改变很可能会产生“反常的效果”(perverse effects),与本来的意图相反(Hirschman 1991b)。然而,在思考制度做了什么,探讨制度的“功能”时,伯克也是一位工具主义者。制度可以解决争议,解决集体行动问题,管理公共事务;简言之,它们是有用的。当制度的特征不再起作用时,制度就应该被改变。“没法自我改变的宪法就是没法自我维系的宪法”,这是伯克的一句名言。改变必须发生,但要循序渐进。伯克厌恶“革命”。

与伯克一样,现代建构主义者强调意义、话语、修辞、对话以及文化在界定和维持制度实际运行上的重要性,然而与伯克一样,他们中的许多人同意制度作为社会建构发挥着特定作用。与伯克一样,他们认为功利主义的路径并没能充分解释仪式、情感以及传统在制度实际运作方式中发挥的作用。

尽管如此,功利主义的论点确实为制度的创建提供了一种连贯一致的解释。合作被认为会提供好处,通过克服集体行动带来的各式各样的问题,将结果的水平提高到一个更优均衡。为了进行合作,需要有制度。按照功利主义的逻辑,讨论的下一步转向围绕制度安排的冲突问题。

治理的争议为何出现?

制度虽然有影响力,但仍会面临挑战。为什么各国会在世界贸易组织等机构中为了国际规则而争斗?为什么利益集团、政治家和官僚们会在国家内部为了程序而争斗?为什么国会要求总统报告其他国家的人权状况?为什么国会代表为了治理贸易谈判的规则而争斗?对这些问题的理性主义回答聚焦成本和收益。如果行为体认为一项变革会给其带来收益,并且如果这些收益超过了发起挑战的成本,那么制度就会受到挑战。行为体会比较变革的成本和预期收益(变革能实现的收益乘以变革发生的概率)。投资于任何特定制度的专用性资产(specific assets)越多,行为体认为变革的好处超过其成本的可能性就越小。

这似乎是相当简单直接的:在理性主义者的世界里,当行动的成本大于收益时,行为体理所应当地不会去做这些事情。然而,对制度变革成本和收益的理解并不那么显而易见,因为关于这些重要问题在分析上还存在着相当严重的分歧。对现实主义者来说,正如上文所提到的,制度提供的收益很少。对制度进行挑战几乎是零成本的,而且因为成本低的缘故,这种挑战经常发生。当改变制度的做法符合行为体的利益时,制度就会被频繁地改变,而与治理有关的争议则无足轻重了。如果是在弱制度下,这种对制度的态度是讲得通的。

然而，如果是面对强制度，那么对其结构的挑战就更加事关重大了。强制度意味着其成员认为制度提供了实质性的重要收益。任何特定结构下的受益者都不希望看到制度被削弱，这些受益者也不会接受可能维系该制度但会削弱他们在制度之中权力的那些变革。相反，那些认为能从变革中获益的人将为之奋斗。

由于制度是重要的，行为体会关心制度的内部安排。政治行为体会对特定安排展开投资，即"专用性资产"，在这种特定安排下，关系、期望、特权、对程序的知识，所有这些都与这个正发挥作用的制度相绑定。如果对某项制度的专用性资产投资很多，行为体就会发现任何危及这些资产的制度变革的成本都很高；事实上，这种情况下的行为体可能根本不愿意承担任何变革的风险。如果这类专用性资产投资很少，变革的成本就很低。如果利害关系不大，则有更大的可能性去冒险。对制度的投资不仅包括对特定制度的直接参与（如在国会或公务员队伍中的工作）；还包括那些假定制度能产生特定政治结果的投资。贸易团体如果想要自由贸易，就会投资于"快车道"制度，但如果他们不想要自由贸易就会反对这项制度（见下文的讨论）。

正是在投资多的地方，制度才是重要的。若因行为体享受着特定制度安排带来的收益而导致变革成本高企，那么制度本身就将对任何改变规则的争论结果产生重大影响。如果变革的成本很低，行为体就会倾向对变革采取机会主义态度，而制度对争论结果的影响就会很小。现实主义者关注的是世界上哪些制度薄弱、容易改变的情况，因而对冲突来说这些制度只是次要的附带现象。新自由制度主义者关注的是那些制度更为强大、更难改变，因而能够影响结果的情况。现实主义者倾向认为对制度的投资涵盖的议题范围很窄，几乎没有互动或联系；制度主义者则倾向认为对制度的投资范围很广，且具有大量的互动和联系。从战略互动理论的角度来看，两种情况都是有可能的；在战略选择路径看来，与治理有关的争论的重要性不是一个常量，而是一个变量，该变量会随争论发生的制度环境的强度而变化。

关于专用性资产投资的一个著名案例与车辆驾驶有关。作为一个协调问题（coordination problem），汽车是在道路左侧还是右侧行驶并不重要,不过一旦约定俗成,投资是如此之大,以至于改变变得成本高昂;结果便是,约定一经达成就被证明是非常持久的。航空协议、邮政公约、电信系统、银行结算系统、货币兑换程序、外交公约以及无数其他议题领域都表明,即使没有很制度化的机制,一套安排也可以变得如此根深蒂固;"机制"(regime)这一概念正是为了表达这一套安排而提出的。在安全领域的安排中可以找到同样类型的投资,每个国家的武装部队内部都会进行武器采购和专业化,而且类似的专业化也会出现在联盟中的各国军队之间(Lake 1999)。

对专用性资产的投资有助于解释制度的持久性。由于每个社会中的行为体都投资于特定的制度安排,它们有动力通过反对变革来保护它们的投资。如果某项制度实现了目标,甚至可能会努力寻找新的目标以维系制度。在社会科学中对这种观点进行开创性地概念化涉及对"优生优育基金会"(March of Dimes)的讨论。当索尔克(Salk)和沙宾(Sabin)疫苗的发现结束了脊髓灰质炎的威胁,该组织便将注意力转移到了新疾病上,而不是关门歇业。同样的逻辑也可能适用于北约(NATO)寿命和功能的延长。

对制度安排的挑战,或任何其他争议,都会受到"返归点"(reversion point)——如果没有达成协议将会出现的结果——的影响。1995年,共和党控制的国会认为,如果其未能通过预算,其将从"返归点"也就是政府停摆中受益,共和党领导人认为这在政治上将被归咎于总统克林顿。相反,公众却将"返归点"带来的成本归咎于国会。在1997年的预算谈判中,国会试图将"返归点"重新定义为略低于当前的资金水平,从而在政府不停摆的情况下减少开支。关于航空协议或电信或一般贸易机制的争议都有这样一个特点:各方的议价权力受到他们如何评估"返归点"的影响,其中评估"返归点"指的是,各方对如果讨论破裂而维持现状会发生什么的评估(Richards 1997)。

即使是失败的制度也可以通过"榜样的力量"来影响结果。设计联合国的规划者很清楚国际联盟的失败。美国宪法的作者反思了《邦联条例》(Articles of Confederation)的弱点。在编写世界贸易组织条约时,谈判者考察了《关税及贸易总协定》的弱点。

故治理争议的产生正是因为这些争议相当重要。制度，即使是相对较弱的制度，对政治行为体来说也可能具有重要性，因为制度能够影响行为体之间的战略行动。因此，下一步的讨论要求我们解释相互竞争的制度安排间的斗争是如何解决的。一旦行为体开始为制度设计而争吵，这种冲突将要如何解决？答案在很大程度上取决于冲突本身的制度化程度，我们现在就来讨论这个问题。

寻求何种制度？

制度影响权力。因此，我们应该预计政治行为体会寻求最适合其目标的制度安排。政治行为体知道每种安排都会产生不同的结果。它们会争取实现对自己最有利的制度安排。

制度的出现是为了解决集体行动的问题，这一总体性的论点并不能解释在若干有效率的制度中实际选择了哪一种。追求效率的动机预示着对帕累托最优性（Pareto optimality）的追求，但并不能解释在同样有效率的各组制度中哪一组制度会被选择。一些制度也可能为了使某些群体受益而牺牲其他群体的利益，例如，卡特尔（cartel）使其成员受益，但却剥削了作为"消费者"的公众。关于制度选择的推理论证不仅可以为帕累托最优的制度建模，而且也可用来解释试图寻求以及成功实现了的那些偏离福利最优的制度安排（Vaubel and Willet 1991）。

制度上的区别造成了政策产出的差异，这也是本书第四章罗戈夫斯基所论述的主题。要求一致同意的规则意味着决策更难达成：18 世纪波兰议会中的自由否决权（liberum veto）是波兰未能发展出用于抵抗俄罗斯、普鲁士和奥地利的军事能力的一个经常被提及的原因；相反，这三个帝国的专制性规则被认为使其能够建立更强大的军事机器，能够在国际事务中调用武力（Gourevitch 1978a，1978b）。针对绝对主义的官僚模式，布鲁尔（Brewer）和温格斯特认为英国的议会模式具有优越性。对行政部门的立法监督使投资者和国内选民相信王权会受到约束；这提高了英国政府汲取资源的能力,进而使其能够调用武力,从而建立起世界上最大的帝国(North and Weingast 1989;Brewer 1989)。

这一论点当前出现在关于外交事务里的民主制的辩论中。由于民主国家的领导人付出了高昂的观众成本,他们的承诺被认为是更可信的,因而他们更有能力参加持续时间长的联盟。[1]民主国家也被认为是更和平的,因为它们似乎较之其他政治形式更不可能相互开战。在贸易和其他政治经济活动领域,研究工作广泛地探讨了制度对不同群体的影响,以及由此对政策结果的影响。

由于制度会影响政策结果,我们应该预计政治行为体会要求建立能够提升其影响力的制度。因此,创建或修改制度的尝试可能会带来关于应建立何种制度的冲突。我们讨论的下一步要求我们找到一种解释,来说明相互竞争的制度安排之间的斗争如何得以解决。

治理的争议如何解决?

关于制度的争吵一旦开始,要如何解决呢?对此的回答取决于若干议题:发生争吵的制度情境是强是弱、制度变革背后的集体行动议题,以及有关信息成本的议题。

关于制度变革的争吵一旦展开,要是预先存在的(preexisting)制度安排一开始就很强大的话,那么争吵就会被这些制度安排所塑造。反之,如果制度薄弱,其他因素将更为重要。美国国会关于"快车道"权力——改变国会审查总统所谈判贸易协定的规则——的争论就是前者的例子。这些治理争议发生在一组高度发达的用于解决规则变迁的安排中。国际联盟的形成及其实施、《关税及贸易总协定》和国际货币基金组织的创建,以及许多国际安全条约则是后者的例子。

当制度互竞发生在一个强大的制度框架中时,我们有相当清晰的模型来分析结果。当制度互竞发生在一个薄弱的制度框架中时,那么制度本身之外的其他变量就会在找到解决方案的过程中发挥作用。

强制度的情况

有些治理争议发生在一个高度有序的制度框架内。政治行为体要求改变规则，但又接受现有的规则作为考虑改变和解决任何在其间可能产生的争议的正当程序。在这种情况下，这些程序沿着罗戈夫斯基在本书第四章中分析的方式运作。治理争议的结果将取决于任何一组特定制度对偏好/利益聚合的折射方式。

美国的贸易立法就是一个典型的例子。贸易政策之争与规则之争相关。在 20 世纪 30 年代，国会将一些权力授予总统，让其参与互惠的贸易谈判。1974 年，国会给予总统"快车道授权"。在 20 世纪 90 年代，国会有几次未对"快车道"进行重新授权。我们如何理解制度创新（向总统授权）与政策内容和政策偏好（倾向更自由的贸易）之间的联系？似乎很清楚的是，国会议员对这类制度创设的支持或者反对，是他们关于基本贸易问题的偏好倾向的函数。其中的推理论证如下。一些国会议员想要自由贸易。他们知道，如果国会可以对条约进行修正，那么各成员为其所在地区的特殊产品寻求豁免的倾向可能会被证明是难以抗拒的，随之而来的是议员间互投赞成票，导致保护主义的政策结果（Schattschneider 1935）。这些想要自由贸易的国会议员还知道，可以设置程序来阻止这一过程，该程序便是总统来谈判一项条约，而国会在不经修正的情况下决定接受或拒绝；由于总统的选区更加广泛，他将为开放贸易而谈判，且拥有特殊利益的集团无法通过附带协议（side deals）加以阻拦。一项关于不作修正的克己法令（self-denying ordinance）增加了获得自由贸易的可能性。

由于国会议员了解"快车道"程序的含义，对该程序或制度的投票支持就相当于是对自由贸易的投票支持，反之亦然。当 1994 年的国会民主党多数派和 1995 年新的共和党多数派都拒绝批准"快车道"的续期时，这显然是两党中保护主义情绪上升的迹象。[2]

程序的改变是由政策偏好的改变所引起的。关于程序变化的争议是如何被解决的呢？改变程序的程序相当明确，即美国宪法的结构和国会的规则。因此，治理争论的结果可以用制度分析的分析工具来理解：偏好加上由制度折射的政治资源等于政策产出。在这种情况下，围绕制度的争吵是对实质问题争吵的一种替代物（proxy）。请注意，这不同于将政策转变归结为制度转变的论点,制度转变独立于贸易偏好本身。例如,美国总统权力的增长是因为经济活动和对外交政策参与的增加,然后这种权力的增长使构建一个支持自由贸易的国内联盟成为可能。

上述关于贸易的案例显示了讨论政策(贸易条约)的程序规则是如何被一个高度结构化的政治体制在正式宪法中加以处理的。尽管许多宪法都有正式的修订程序,但文本如何实际起作用的一些元素取决于使用方法。马歇尔大法官在司法审查中所做的比许多美国最初宪法的起草者所预期的要多得多。* 如果国会真的将安德鲁·约翰逊(Andrew Johnson)赶下台,那么弹劾的意义就会发生巨大变化,美国的总统职位可能会从属于国会不断变化的政治潮流。**

弱制度的情况

美国国会的贸易立法显然是一个制度规则强大到足以影响争议处理的例子。许多治理争议发生在制度较弱或几乎不存在的地方。在贸易领域,许多机制都是这样的。欧佩克(OPEC)是一个典型的卡特尔组织。它只有在其成员感到有必要让它发挥作用以及其成员想要合作时才会奏效。集体行动理论预计,一些成员会发现背叛的诱惑是难以抗拒的。研究制度选择的理论家则预计,拥有众多成员的卡特尔会崩溃,而且事实上它们经常如此。

许多安全领域的安排都具有这种特征。第一次世界大战后,法国承诺支持其在东欧的盟友以制衡德国。当英国拒绝支持布拉格时,法国也放弃了捷克斯洛伐克。现实主义者对弱承诺的预期变为了现实。国际联盟也许是制度失败的最有名的例子。集体安全既需要共识也需要决心。当受到日本、意大利和德国的挑战时,主要大国被证明不愿意向国际联盟投入必要的力量以使其制裁变得切实可行。

---

　*　约翰·马歇尔(John Marshall)曾任美国第四任首席大法官(1801—1835 年),并在其任上作出了马伯里诉麦迪逊案的判决,阐述并确立了美国的司法审查权。——译者注

　**　安德鲁·约翰逊曾于 1865 年至 1869 年任美国总统。在此期间,美国众议院在 1868 年对约翰逊发起弹劾动议,但弹劾程序在参议院以一票之差未获通过。这也是美国历史上首次弹劾总统的动议。——译者注

　　与美国国会内部围绕贸易立法规则的冲突不同,国际舞台上的贸易和安全问题是在相对弱的制度内发生的。最近世界贸易组织对《关税及贸易总协定》的取代是一个治理变革的例子,旨在强化一个制度,而这种强化制度的争议本身却发生在一个相对薄弱的制度之中。《关税及贸易总协定》是其成员共同接受某些贸易原则的大型多边契约。在遵约方面,它主要依靠自我实施。作为一项制度,《关税及贸易总协定》并没有规定多少管理分歧的程序。这些分歧在双边冲突中爆发,符合国际政治研究者所熟悉的预期。贸易争端导致贸易大国希望有更强有力的程序来处理它们之间的争端,而较小的国家则寻求约束较强国家行为的方法。世界贸易组织就是其结果。这在某种程度上是个熟悉的故事,许多国家寻求从合作中获益,同时也认识到,它们为做到这一点将不得不接受对自身单边行动能力的限制。

　　为了完成从《关税及贸易总协定》到世界贸易组织的谈判,各国只有一个弱制度,即《关税及贸易总协定》本身。《关税及贸易总协定》确实有规范化的会议程序,这是某种制度——国际关系文献称之为机制。该制度可以就讨论——各个《关税及贸易总协定》的谈判回合——作出承诺,但其无法强制作出决定。《关税及贸易总协定》中有一个解决争端的机制,但相当薄弱。因此,导致世界贸易组织成立的《关税及贸易总协定》谈判回合必须被看作大规模集体谈判的结果,成员们对一个机制——自由贸易和解决争端的机制——作出承诺,并正在为此创建一个制度。现有的制度在塑造新制度方面发挥的作用很小。实际创建的制度产生于一个复杂的各自利益互动的讨价还价过程,被各国内部利益集团塑造并且这些利益集团由各国的制度框架所调解。北美自由贸易区的形成是一个类似的故事——一个由美国、加拿大和墨西哥创建的制度,这些国家可以随意解约,尽管这对它们之间稳定的关系来说并非没有代价。该制度是通过直接的三边谈判建立的,不在任何现有制度机制的影子里(Hall and Taylor 1996)。

　　欧盟提供了一个从弱制度向强制度发展的有趣例子,而且也是探讨关于制度设计、制度发展和制度影响力的分析性争议(analytic disputes)的一个好案例。欧洲经济共同体(EEC),即欧盟的原名,是作为独立国家对一个中央机构的授权行为而建立的。欧盟是否因此有对成员的控制权? 从形式上讲,任何成员都可以根据自己的意愿离开欧盟。欧盟缺乏任何强制性的手段来防止成员脱欧。因此,欧盟与内战时期的美国完全不同,美国的北方成员有意愿和决心迫使南方各州留下,从而重新定义了联邦成员资格的条款。因此,现实主义者认为,欧盟仍然是各委托人的代理人,并且这些委托人有不服从的自由。

从形式上来说这是正确的。成员可以离开,欧盟本身也缺乏强制性权力。成员国仍然极不可能调动军事力量来使成员留在欧盟内。不过,成员离开欧盟的代价是高昂的。它们将失去当初加入时的有利条件。在各个国家内部,都有一些利益集团会因为离开欧盟而损失惨重。这些利益集团将努力防止这种情况发生。因此,欧盟的强大之处在于,离开欧盟需要成员国付出其不愿付出的代价;它们遵约的欲望就成为欧盟使其成员国遵约的强制手段。

近年来,欧盟在治理方面的主要争论围绕着深化(扩大共同体的权力范围,最明显的是货币联盟)和扩员展开。还有一些治理议题的出现是关于权力的行使以及在南斯拉夫和波斯湾等地战略性使用武力的行为。显然,欧盟延展制度范围的能力受到了限制,因为各成员国需要遵约,它们必须就这些延展达成一致意见。不过,在此过程中的冲突是颇为井然有序的;也就是说,关于共同体变革的这些治理争议的规则是相当明确的。每个国家内部和作为整体的共同体的程序都是规范化的。有些人认为,这些程序的民主化减缓了决策进程并且削弱了共同体。莉萨·马丁的观点恰恰相反,她认为民主批准虽然可能会减慢达成协议的进程,但在最终达成协议时却能建立更强的承诺、可信性和影响力(Martin 1994; Richards 1997)。

随着时间的推移,程序和进程本身可能也会改变用于治理的制度。欧洲法院建立权威时借助了各国法律界的能力,通过围绕许多判决的法教义学发展来扩大管辖权和其他职权。每个国家永远可以挑战这些管辖权和其他权力,但这样做的政治成本逐渐上升,因为选民开始喜欢共同体的制度所提供的好处(Burley and Mattli 1993; Garrett 1995; Garrett and Tsebelis 1996; Garrett 1992; Mattli and Slaughter 1995)。在贸易问题上，欧共体内部关于治理的争吵越来越类似于一个国家内部的争吵——这些争吵发生在大家都明白理解的机制和进程之中。

这里引用的大多数弱制度的例子都来自国际场域。这样的例子确实能找到很多，但这并不意味着制度在国内政治中就总是强大的。内战标志着国内制度的急剧崩溃，而且比起严格区分国内和国际的做法所能论证的，内战其实相当常见。即使在一些"稳定"的国家，国家权力在某些领域范围的影响力也很弱，如毒品交易、城市帮派、农村"民兵"，这里只是举几个美国的例子。由于美国宪法没有明确规定机构内部的程序性规则，因此即使在美国国会这个相当正式的竞技场中，也可能发生剧烈的变化，如同 1910 年至 1911 年对众议长坎农的反抗所表明的那样。*在任何特定时刻，规则都依赖于多数人的支持，而多数人的支持就可以带来并且已经带来了改变。

这几个例子——卡特尔组织、国际联盟、《关税及贸易总协定》、世界贸易组织、欧盟——探讨了弱制度框架下的治理争论，在我们对欧盟的考察时也涉及了更强一些的制度框架。由于这些制度是薄弱的，其程序无法对任何争议的结果起到决定性影响。在这种条件下，如何解决治理争议呢？

在缺乏制度时，战略互动涉及行为体相互之间能力的部署运用。各行为体在国家间战略互动中拥有不同程度的影响力，如军事力量和组织、经济实力、人口、技术、地理位置。在国家内部，各行为体有不同的能力来动员民众、作出可信的承诺、行使意志和决心，进行领导和激励，并通过罢工、抵制、减少投资、资本外逃、竞选捐款、媒体和广告、投票或武力来施加影响力。各行为体在信号、沟通、推理和计算方面具有不同的技能。它们有不同的意识形态表达和"前科"（priors），不同的大战略和战术信条。它们在意识形态的跨界吸引力上，在情感纽带或对立情绪上，以及在历史背景上都有不同。

---

* 约瑟夫·葛尼·坎农（Joseph Gurney Cannon）为共和党籍，在 1903 年至 1911 年担任美国众议长。坎农在任期间的保守派做法及独断专行作风引发两党不满。1910 年，乔治·诺里斯（George W. Norris）领导的众议院进步派共和党人和全体民主党人组织了一次反抗，坎农被迫削权。次年，民主党取得了众议院的领导权。——译者注

所有这些因素都影响着战略互动。当然,即使在制度强大的情况下,这些因素也会产生影响。但如果缺乏制度,战略环境就会更加易变,而这些其他的能力和属性就会变得更具决定性。例如,在 19 世纪晚期,法国和俄国组成了一个制衡德国的联盟。它们赋予了联盟一些制度形式:将军之间的参谋会谈。贷款和贸易有助于在经济上满足自身利益,以支持地缘政治上的关切。两国之间承诺的强度完全依赖于彼此的自身利益。英国保持着疏离态度,直到德国对斯海尔德河(Scheldt River)河口构成危险,这是英国衡量自身利益受到威胁的传统指标。第二次世界大战前夕,当张伯伦得出结论认为维护英国的利益无需捷克为制衡德国作出贡献时,法国对布拉格作出承诺的意义就消失了。没有了苏联的威胁,《美日安保条约》现在还有何意义呢?

北约是当今世界上制度化程度最高的安全体系,也许是有史以来最高的。其成员之间在北约东扩问题上存在着强烈分歧,也在负责人的国籍等象征性议题上发生争吵。管理这些分歧的程序似乎是薄弱的,从属于对自身利益的分别计算。法国已经设法置身于指挥结构之外,并且没有给北约对法国承诺的可信性或法国与其盟国的接触造成任何严重的损害。*

在松散或薄弱的制度框架内,治理争议类似于各完全独立的行为体的讨价还价。正是在这种情况下,制度无法充分解释关于制度结构的争吵。

集体行动与信息成本

到目前为止,我们的讨论已经从创建制度的动机中推出了治理争论的重要性,然后转向了如何解决这类争论的议题。第一步考虑的问题是争论发生的制度背景。下一步要问的是,为何选择某一制度安排而非其他的制度安排。建立制度是为了解决问题。可能不止一种制度可以做到这点。若干不同的制度安排可以消除循环(eliminate cycling),因此可能有若干不同的安排可以满足帕累托最优的要求,克拉斯纳(Krasner 1991)

---

* 法国是北约的创始成员国。在戴高乐主义影响下,法国在 1966 年宣布将全面撤出北约军事一体化机构,不过此后仍保留了北约成员国身份。北约总部由法国巴黎迁至比利时布鲁塞尔。不过需要指出的是,在本书英文版出版后,法国已于 2009 年宣布重返北约一体化军事机构。——译者注

已将这一观点应用于国际关系话题。是什么因素决定了在一系列帕累托最优解中选择哪一个？有两个议题需要考察。一是探讨制度创建所引发的集体行动问题，二是探讨构成制度创建或制度瓦解行为之基础的信息及其假定。

集体行动问题

制度建设是成本高昂的。达成协议是困难的；要是这很容易，制度就会不停地兴衰起落。形成一项协议的成本引出了集体行动的问题。如果要获得协议，那么必须有人承担这些成本。推动制度形成的东西——克服集体行动问题的方法——恰恰也抑制了制度的实现。关于某个制度的好处的论证本身并不能解释制度的建立，因为这种推理方式没能解决为起初制度的形成作出解释的集体行动问题。克服集体行动问题的手段将影响到从一系列最优的可能性中对具体制度的选择。

集体行动的情势本身也会影响对制度的选择；也就是说，激发行动的各种激励的性质本身会对制度设计产生实质影响（Wilson 1973）。集团规模和公共物品的性质是尤为重要的变量。如果集团规模较小且公共物品可以由单一行为体提供，那么所选择的制度就有可能出现一致同意或多数决定原则，并将反映该单一行为体、霸权国、多数派或"K 集团"的倾向性（Snidal 1985）。如果公共物品是通过选择性激励（selective incentives）提供的，那么个体被私人利益卷入组织的方式就会影响到所选制度的类型。

近来，战略行动理论家用"联合产品"的概念来解释制度的建立。除集体动机外，行为体还可能有发展制度的自利动机。布罗兹（Broz 1997）用这一观点解释了金本位制和中央银行的起源。金本位制提供了一种公共物品，即管理国际金融的系统。为了创建和运作金本位制，一些国家需要激励机制来支付充当领导的交易成本。霸权稳定理论认为该角色的扮演者是英国，因为作为领先的工业经济体，英国有兴趣也有手段来支付领导成本（costs of leadership）。布罗兹认为，英国并不是唯一的重要行为体。法国人也有他们自己的动机，尽管是不同的动机。英国寻求货币价值的稳定，而法国则寻求使国内经济免受外部波动的影响。各个国家的特殊主义动机（particularistic motive）生产出了一种公共物品。

　　关于中央银行的起源，也可以给出类似的解释。要证明一个稳定的中央银行制度的集体利益并不难，但谁会有动力去支付创建它的交易成本呢？布罗兹在像纽约和伦敦这样的主要中心城市的金融家的利益中找到了答案，这些金融家们能够占有足够多的利益，从而对筹备该项制度有兴趣（Broz 1998）。

　　联合产品提供了必要的个人激励，以克服通过创建制度提供公共物品的集体行动问题。同时，联合产品有助于解释哪些制度会被选择。正如克拉斯纳所指出的，如果在帕累托边界（Pareto frontier）*上有一个以上的有效制度，而这些制度在如何分配由于效率所产生的收益方面存在差异，那么我们就需要知道在这些制度之间选择了哪一个。对此的部分回答在于对集体行动成本的支付。那些有强烈兴趣支付制度创建成本的人将能够影响该制度的具体特征。由于所选择的制度产生于政治过程，所以具体的制度安排细节会反映此前讨论强制度和弱制度时所提到的政治过程。

　　当所选择的制度不是帕累托最优时，政治的作用就显得尤为重要。关于效率的论点认为，战略互动导致了帕累托边界。关于分配的论点指出，沿着这个边界存在着不止一个点。制度的形成不仅仅涉及驱动均衡的经济力量。制度形成还需要达成政治均衡——一种满足行为体政治要求的安排。正如约翰·理查兹（John Richards 1997，1999）在探讨国际航空服务机制的演变中所表明的，政治均衡可能不同于经济均衡。

信息：完美且无成本的？**

　　行为体如何决定什么制度能实现它们的目的呢？简单的偏好模型会

---

　　* 帕累托边界，也称帕累托前线（Pareto front）或帕累托曲线（Pareto curve），指的是多目标优化中所有帕累托最优解的集合。——译者注

　　** 此处或许有必要对关于信息的两个修饰词——"完美"（perfect）和"完全"（complete）——做个简单区分，尽管后文的许多内容似乎偏离了这一标题。在动态博弈中，完美信息意味着每个玩家在每一步行动时了解之前发生的所有事件；完全信息意味着每个玩家都可获得有关其他玩家的信息，各玩家的效用函数和"类型"等属于共同知识。完美信息博弈既可能是也可能不是完全信息博弈。也就是说，在完美信息博弈中，玩家能够获得其他玩家先前行动的信息，但不一定拥有其他玩家类型的信息；而在完全信息博弈中，玩家了解彼此的类型信息，但不一定知道此前其他玩家的行动信息。关于不完全信息博弈亦可参见本书第三章的相关讨论。——译者注

直接关注行为体的目标。行为体会选择能满足它们需求的制度。仔细检视这一观点就会发现关于信息的问题。为了选择与偏好相对应的制度，各行为体必须很好地了解在所有情况下系统中所有行为体之间的所有联系：它们的偏好、信念、行动等等，以及在不同时间的所有战略互动的因果可能性。为了准确地进行这些计算，行为体需要有能力和资源来获得完全信息。对信息的这种要求是令人生畏的。[3]

信息是成本高昂的。这也是起初创建制度的强大动机之一。没有谁能有足够的资源来获取所有影响其决策的全部可用信息，无论其单独而言多么富裕。相反，他们依靠代理人或代表为其收集和评估信息。对于挑选代理人的委托人来说，会出现监督的问题：如何确保代理人按照委托人的要求行事，并将代理成本降到最低（McCubbins，Noll，and Weingast 1987，1989）。在设计制度时，委托人的动机是通过构造系统来产生符合其目标的结果。美国宪法的起草者想要避免暴政，他们认为暴政来自行政部门；为了防止暴政，他们在政府各部门之间建立了制衡机制，并在国家和各州之间建立了联邦制。在我们这个时代，国会担心总统会在外交事务中忽视人权或毒品问题；为了影响政策，国会要求行政部门证明各国正在这些领域内取得进展。

面对错综复杂的现实和成本高昂的信息，创建一个新的制度对设计者的认知能力构成了巨大挑战。现实中的许多方面必须被整合成一个连贯的整体。当制度薄弱时，这一过程就尤为困难，因为缺乏制度性的手段来构造该过程本身。因此，考察制度设计的那些重大时刻尤其具有启发性，如第一次世界大战后的和平条约，国际联盟、联合国、国际货币基金组织、《关税及贸易总协定》、世界银行等新国际制度的建立，以及各国内部的宪法制定。

宪法制定很少被归类为国际事件，但其语境是相似的。在宪法制定过程中，像是内战情况下，国内政治和国际政治之间的区分变得模糊了。一国内部的诸团体必须制定一套新的规则，且通常没有任何或仅有薄弱的制度结构来作为边界约束着该过程。

从五个不同的国家找一千人，把他们放在不同世界的相同大陆上。他们会写出一样的宪法吗？不太可能。他们各自都会将自己的"前科"带到治理争议之中,这些"前科"来自他们个人的历史、经验和阅读。宪法制定中的复杂性、不确定性和循环性越大,这些"前科"对治理争议的理解方式和解决方式的影响就越大。选上十个不同的霸权国,并且给予它们第二次世界大战后美国所拥有的权力。它们会创建同样的国际制度吗?现实主义者会说是的,而其他人则明显会持不同意见。探讨宪法和宪章在国内和国际上是如何制定的,这对展示各种力量的相互作用是有启发性的。

在18世纪末的十年内,法国和美国的政治家相继新起草了本国宪法。为此,他们必须分析一系列广泛的问题:人类的本性、各自社会的特征、经济结构、外国威胁的程度、与文化少数群体的关系以及其他问题。在这样做的时候,他们并不是"一块白板"＊似的坐下来,用纯粹的宪法定理的演绎形式技术(deductive formal technology)来设计一个政治体制。相反,他们转向了反映他们那个年代的关于社会和制度的一系列思想,包括他们所处时代和地域的政治哲学:孟德斯鸠、洛克、霍布斯,以及他们对古希腊和古罗马宪法的诠释。

法国和美国的领导人都汲取了类似的灵感,但面对着不同的情势和经验。这些将来的美国人(would-be Americans)设想出一个由自主的经济行为体组成的社会,并且这些组成社会的行为体受过良好的公民道德教育,有进行理性推理和作出道德判断的能力。他们将议题视为利益,将意见分歧视为派系之争,将暴政视为行政部门的专断统治。整个宪法机制体现的是关于社会性质、社会问题和善治的更为广泛的协议(Dahl 1956)。法国的政治领导人对事情有不同的诠释。他们留意到社会充满了反动势力,大众受教育程度低且公民道德水平有限,并且还有许多外敌。因此,他们的宪法构造与美国人的不同。在这两种情况下,各自宪法协议的作者们都为他们的任务带来了一套关于人、社会、议题和政治的假定,以及一套关于什么是好制度的"前科之鉴"(Higonnet 1995)。

国际关系中的类似时刻可以在大战后的著名会议中找到——那些在

＊　此处"白板"(tabula rasa)的说法主要对应自由主义哲学家约翰·洛克(John Locke)的"白板说",即认为人出生时是一块白板,不存在先天赋予的观念,所有认识均来源于后天经验。——译者注

维也纳、凡尔赛、波茨坦举行的会议。这些巨大斗争的胜利者们有机会制定一套新的安排，以保卫他们的未来。面对许多的可能性，他们做了什么呢？他们进行了分析。他们研究了战争的起因、过去和未来敌人的性质、和平的必要条件——和学者们做的事情一样。而且就像学者们存在分歧，这些协议方案的谈判者们也有分歧。每个人在参加这些讨论时都带着自己过去的经历，这是用来为混乱的选择带来秩序的一套理论。

就这一点而言，基辛格（Kissinger 1957）使得维也纳会议和巴黎和会之间的对比变得知名。每次重大会议的领导人对国际关系的看法都不尽相同。在维也纳会议上，他们像现实主义者一样思考，因此构建了一个由制衡者组成的国家体系，其中包括战败的法国，后者挑起了长达四分之一个世纪的战争。相反，在巴黎和会上，威尔逊采用了"第二意向"的分析。战争是由国内制度安排、由独裁统治造成的。* 正如阿尔诺·马耶尔（Arno Mayer 1959）所指出的，列宁还把国内政治视为战争的原因；对他来说，这就是资本主义。在每种情况下，领导人的不同理论肯定会导致不同的条约。基辛格和现实主义者通常将第二次世界大战归咎于巴黎和会的错误推断，并将 19 世纪欧洲的长期和平归功于现实主义者在维也纳会议上的制衡观点。当代的民主和平论者通过将国际行为归因于国内政治特点来对这种思维提出了挑战。

上述两项和平条约的性质都不是那么纯粹。维也纳会议的领导人相当了解国内的制度安排，并认为这些安排很重要。尽管现实主义逻辑在 1815 年盛行，但欧洲协调还是进行了干预，以改变各国的政治体制。参加协调的欧洲大国的外交部长们将战争归咎于革命和民主的国内政治，并部署武力来保护君主制；对这些干预措施应该走多远的分歧导致了欧洲协调的瓦解。相反，在巴黎和会上，不同意威尔逊观点的各同盟国要求迁就以现实主义为前提的权力制衡。法国人坚持要与美国签订共同防御条约，威尔逊不喜欢这个条约，但还是签署了；该条约在美国从未得到批准（Lake 1999，chap.4）。

---

* "第二意向"的说法源自肯尼思·华尔兹的名著《人、国家与战争》。在进行层次分析时，华尔兹为对应不同的国际政治分析层次划分了三种分析意象（images of analysis），分别对应个体、国家和国际体系，故政治学界常用"第二意向"来指代国内政治。——译者注

　　第二次世界大战后,大国在其政策中又一次结合了因果关系模型,混合了现实主义和"第二意向"的分析。美国和苏联都希望其各自盟友在国内制度上与其相似。苏联建立了人民民主政体,美国则试图加强西欧的宪政民主政体。双方都将战略考量应用于彼此的政治体制,认为国内体制相似的盟友比制度安排截然不同的国家更为可靠。

　　在苏联集团以外的势力范围内,美国有能力构建全球贸易和安全体系的关键要素:《关税及贸易总协定》、国际货币基金组织、《马歇尔计划》、北约、与日本的安全条约、欧洲共同体。美国人在塑造这些制度安排方面有实质性权力。他们的观念将自身利益与向世界投射美国模式结合在一起,这种美国模式提取自关于制度、世界社会和国际事务的信念,而这些信念则产生于他们对美国经验的理解。美国模式是在一组强大国际制度下的开放贸易——"嵌入式自由主义"(embedded liberalism),正如鲁杰(Ruggie 1982)所命名的那样。在现实主义的推理中,鉴于美国在世界上的地位,这也是人们可预期到的政策:最强的军事大国,在世界经济产出中占有压倒性的份额。自由贸易戳破了美国那些盟友的帝国,向事实上不存在竞争对手的美国公司开放了世界。这些制度为贸易和金融提供了规则,这种规则下的竞争让美国人很有可能获胜。像北约这样的联盟则将其成员关联进一个有明确义务的安全体系中。

　　与此同时,美国的政策也反映了其他方面的影响。现实主义的推理还可为另一种不同的政策路径提供解释,一种支配性和控制性的政策,即建立一个帝国,这更像是苏联的模式。莱克(Lake 1999,chap.5)提醒注意美国对密克罗尼西亚的政策这一鲜为人知的案例,美国在那里建立了帝国式控制。针对欧洲和苏联,在政策上进行了广泛的辩论:控制德国,如摩根索计划(Morgenthau Plan)所建议的;孤立主义;迁就苏联。政策结果反映了国内政治、关于国际关系的意识形态和现实主义计算之间复杂的相互作用(Goldstein 1993;Goldstein and Keohane 1993;Burley 1993)。苏联在1917年后和1945年后的行为引起了类似的争论(Mayer 1959)。观念和利益的互动简化了极其复杂的制度设计过程中对信息的要求。

　　正是在这一点上,以贝叶斯更新和学习为重点的战略互动的理性主义分析,与关于认知模型、意识形态以及身份和意义诠释的文献有了交集(参见本书第一章中莱克和鲍威尔的讨论)。治理争议往往涉及一些模棱两可的情况,在这些情况下可能存在自由裁量权并且需要借助判断力,这些情况下的信息是不完美且成本高昂的。关于所处情况的观念有助于解决不确定性和缺乏信息的问题;在一篇著名的文章中,克雷普斯(Kreps 1990a)展示了"文化"如何解决企业中的协调问题。观念降低了信息搜寻成本;在不确定性很大的情况下,在惯例只能为前所未有的情况提供不完美指导的情况下,简化和降低搜寻成本尤其有价值。政府的思想体系通过影响对偏好的评估、成功和失败的标准以及进行"更新"的框架来塑造制度设计的过程(Jervis 1970, 1976; Katzenstein 1996a, 1996b; Apter and Saich 1994)。

观念成为战略互动中不可或缺的一部分,因为它们构成了共同语言或共同推测的基础(Goldstein and Keohane 1993)。对理性互动的博弈论分析假设,行为体对世界如何运作有一些共同的假定,因此它们可以对彼此在特定条件下的可能行为进行计算。故关于制度和治理的观念是战略行动的一个核心要素。关于制度的观念本身就是一种"专用性资产",是一种对知识的投资。政治行为体会投资于那些关于制度如何运作的观念,对它们来说利用这些观念是合乎理性的。

制度对偏好和战略的影响

从短期来看,在单个"盒子"中——这里使用的是莱克和鲍威尔在第一章中提出的比喻——参与治理争议的行为体有稳定的偏好和信念,因而有明确的战略并据此选择制度。然而,从更长期来看,当行为体成功地改变制度时,制度显然会改变该博弈。在一个特定的"盒子"中作出的选择会影响到"盒子""外面"更大的战略环境的属性。此处我们需要探讨过去的决策对未来环境的一些反馈效应(feedback effects),这也是迈尔斯·卡勒将在下一章中进一步考察的主题。

随着行为体对制度的投资,它们发现由于其之前的行动,它们之间互动的环境开始发生变化。制度规则改变了行为体的激励机制。因此,行为体可能会改变它们的策略。它们可能会由警察来代替枪支、接受由法院执行的合同、为教育而纳税等等。当行为体同意作出这些改变时,它们发生了演化。它们发展出了忠诚、拥护和判断力。它们从个体变为公民或是更大舞台上的主体。它们构建出新的自我。它们经历了一个发现的过程,并且因为环境对激励机制和政策偏好的改变而调整它们的战略互动。在这种情况下,偏好、战略和治理结构之间存在对应的相互作用。治理机制创造了一个复杂的互动过程,制度和战略在这个过程中彼此影响(Gerber and Jackson 1993)。

这样一来,战略选择路径和建构主义路径就有了交叉。制度的发展使新自我的建构成为可能,事实上制度会鼓励这种建构,如果不说成是实际上要求进行这种建构的话。要是没有制度,这些新的建构就不会产生。这是当国家从多元族群中形成时所观察到的过程,例如,当个体不再是诺曼人或布尔吉尼翁人而成为法国人时(Weber 1976)。这种情况还会在当下的欧洲发生吗? 在创建欧盟的过程中,行为体会投资于一些战略来创造一种环境,这种环境区别于它们不这样做的世界中可能存在的环境。当它们开始依赖欧盟时,它们可以因为欧盟的存在而改变它们的行为(Rogowski 1989;Frieden 1988,1991;Magee et al. 1989;Verdier 1994)。当行为体改变自己的行为时,它们自己的内在也会发生改变。战略互动将此视为修改战略以实现偏好,其修改根据是新的环境改变了结果的可能性。一些建构主义者将此称为"形成新身份"。分析上的困境取决于是短期分析还是长期分析,以及行为体的第一步行动从哪里开始,如果是短期分析,可以合理地认为战略环境要素是固定不变的,如果是长期分析,这些要素显然会发生变化。涂尔干式的研究者(Durkheimians)从一个系统开始,然后走向单元;方法论个人主义者则从一个单元开始,然后走向系统。从长期来看,可能很难分辨这两种路径之间的区别。

当制度瓦解时可以观察到类似的过程。内战就是明显的例子,南斯拉夫的解体是近期的一个悲剧性案例。只要当局的权威看起来强大,个体就可以发展出作为南斯拉夫人的身份,也就是作为一个更大集体的成员。人们在南斯拉夫按照和平的行为准则生活。国家的制度对公民实施的暴力或其他侵犯行动进行惩罚。此后,政治行为体开始挑战这些规则,要求做出各种改变。随着变革要求的增加,人们对现有制度安排的信心开始减弱。个体、群体和领导人无法再确信暴力行为会受到惩罚。政治"企业家"(political"entrepreneurs")意识到暴力行为可以带来好处——例如利用种族清洗来实现领土范围内的同质化。当这种情况开始时,即使是对暴力持批评态度的友善邻里,也开始担心其自身的安全。在新的环境下,朋友和敌人不再由阶级或政治派别来定义,而是由宗教所界定的种族来定义。随着治理结构受到挑战,战略互动的计算也在演变,以重新制定关于社会和公共政策的战略。偏好也许会保持不变,但战略发生了巨大的变化,从对多种族的宽容到基于种族的敌意(Laitin 1998;Fearon and Laitin 1996;Lake and Rothchild 1996)。在一个紧密结合的社会中,使其成员联系在一起的纽带被认为是理所当然的,太过理所当然以至于分析家们忽略这些纽带——这正是建构主义者所不满的。当社会分裂解体时,这些纽带的条件性(conditionality)变得更加明显了。人们之所以接受制度,是因为他们假定各种各样的制度安排都会得到尊重。当有证据表明这些承诺不会被兑现时,制度的偏好和其他目标可能会迅速发生变化。

分析者们将此过程建模为一种"倾卸博弈"(tipping game),其中个体的偏好取决于其他人的选择。正如莱廷(Laitin 1998, 326)所指出的:

> 在压迫环境下,人们会系统性地进行"偏好伪装"(preference falsification),在这种情况下,他们公开表示他们对政权的支持,或者至少是显示他们对政治的漠不关心。他们不仅对调查研究者撒谎,而且对他们的邻居也是如此。要是朋友和邻居都决定隐藏他们对一个政权的真实憎恶,除非不隐瞒的做法是安全的——并且他们认为只有在这么做的人数量众多的情况下才是安全的,那么在憎恨情绪非常强烈的环境下也可能会有很长的一段平静期。不可预测的事件——一个案例是戈尔巴乔夫发出信号表示苏联军队不会被用来支持东欧共产主义政权——可以让足够多的人(那些只要少数同胞透露了真实偏好就也愿意这样做的人)走上街头,引发一连串的抗议活

动。在 5 月时,东欧还秩序井然,对革命的即将到来没有预期,但到了 10 月,所有东欧卫星政权都已垮台了。

费伦和莱廷拓展了这一推理,来对南斯拉夫和其他地区的种族冲突进行建模(Laitin 1998)。苏珊娜·洛曼(Suzanne Lohmann 1994)将上述这些转变模型化为一种"信息瀑布"(informational cascade),其中少数事件提供了重要的信息,激发人们采取大规模行动;她将这一推理应用于1989 年苏联时代东欧政权的崩溃(另见 Hirschman 1993)。

内战给外交政策制定者带来了重要挑战。他们应该支持"合法"政府还是造反者(Lipson 1997)? 德国选择在南斯拉夫危机初期承认克罗地亚独立。许多评论家认为,这引发了分裂,继而启动了导致内战的极化进程。德国应该知道会发生什么吗? 德国的政策制定者是否明白,各种身份、价值观和战略会在他们所采取的行动之后发生变化? 许多研究该地区专家的看法是,对南斯拉夫宪法进行任何不包括管理民族关系机制的修改都会存在严重风险。专家建议不被采纳的情况并不罕见。德国是否知道并接受这些结果,正如完美信息假定所认为的那样? 还是德国的政策制定者以及许多其他行为体没有对所要采取的行动进行清晰的计算(Walter 1994,1997,1998)?

制度设计的问题既会在内战开始时出现,也会在内战结束时出现。内战可能变得难以解决,因为各当事方在一项和解协议的制度安排中难以相互信任。每一方都会致力于寻求确保秩序以及权利的制度,但前提是其对该制度机制能够站得住脚抱有信心。芭芭拉·沃尔特(Barbara Walter 1998)认为,"国内各集团在重建秩序之前选择'战斗至死',因为根据定义,任何权力分享安排(power sharing arrangement)都需要它们放弃所有独立的军事力量,而这一现实情况会使它们太过无助,无法在遭受攻击时幸存,而且也使它们太过羸弱,无法有力实施长期合作"。争端各方可能愿意通过谈判达成一项和解协议,但无法确保其实施。它们不会愿意接受权力分享安排,这种安排使其在面对另一方的背叛时变得更加脆弱。沃尔特认为,在这些情况下,内战解决过程中的问题并不像许多人认为的那样,是不可调和的矛盾、历史仇恨、利益冲突、贪婪的精英或是安全困境,而是在于难以构建出有能力实施特定协议的制度。沃尔特表明,这正是外部干预(external intervention)可以发挥作用的地方,即在建立信任所需的过渡时期,帮助为和平协议中的制度安排提供保证。在此情形中,外部力量就像宪法中的制度一样,构造互动的条款,直到已经投入了足够的"资本",并且对和平协议积累了足够的专用性资产,使该协议变成"自我实施的"。

为了结束霍布斯式自然状态下的杀戮,每一方都必须相信对方会采取克制。只有当双方都接受一个有实施能力的制度时,这才可能发生。既然如此,它们无需相信对方;它们只需要相信该制度有能力来实施规则。在宪政秩序中,这意味着接受一些按照既定程序进行的权力交替;在专制政体中,这意味着接受一个利维坦。

从长远来看,战略和制度是相互影响的。在下一章中,卡勒更详细地研究了这个问题。在治理问题的语境下,行为体在特定制度的框架内形成战略。他们也努力改变制度以对自己有利;其他力量(如技术、地震、人口统计特征)也可能对改变制度起到作用。随着制度的变化,战略也会随之发生变化。这个互动过程可能是渐进的,而且存在着深刻的相互依赖,因此很难知道战略或制度因素究竟从哪里开始或是在哪里结束(Gerber and Jackson 1993)。

结　论

治理争议位于由规则形成的冲突和由行为体能力形成的冲突的交汇处。弗里登在本书的第二章发展了一种关于源自偏好的战略互动的论证逻辑。为了实现其政策目标,行为体必须评估这些目标如何与其他行为体的偏好相互作用,以便在其他人的行动会产生重要影响的情况下制定有效战略。莫罗在本书第三章中,根据相互作用所产生的博弈类型,分析了这些互动的特点。罗戈夫斯基在第四章中考察了当互动由不同种类的制度来组织安排时会发生什么。本章探讨了当管理争议的制度本身成为冲突的目标时会出现什么。这里假定政治行为体有意识(awareness)而且有能力塑造他们互动的结构；卡勒在下一章中探讨了剔除"有意识"假定可能产生的影响。

治理争论的重要性在于制度的重要性。制度安排了权力关系，所以行为体有充分的动机去关心这些制度。它们会根据自己的喜好部署资源来塑造制度。随着制度的发展，行为体对这些制度进行着投资。投资越大、越具专用性，在任一制度安排中的利害关系就越大，制度就越强有力。如果是强制度，它们将塑造任一治理争论的结果。如果是弱制度，其他权力资源就会发挥作用，如武装力量、宣传和说服力、领导技能和经济杠杆等。形成和改变制度会带来集体行动的问题。如果存在一种"联合产品"，也就是说，如果一些行为体有足够强的回报来支付发挥领导力的交易成本，这些集体行动问题是可以克服的。

制度的形成和变化带来了信息挑战。如果信息是完全的，而且未来的方方面面都可以被充分预见，那么行为体就在进行一种充分知情的博弈（fully informed game），在这种博弈中，正在被讨论的制度安排的所有方面都被完全掌握。如果信息是不完美的，如果不能完全预见到未来，那么行为体将不得不求助于各种手段来将它们的偏好和策略联系在一起——例如，信息简要表达、意识形态、先前深信的观点、关于好制度和坏制度的思想体系——这些手段在玩家之间构建了一种共同知识，并将信息挑战降低到易管理的程度。这些简要表达或意识形态会影响到治理争议中战略互动的结果。

这种理解治理争议的工具主义路径有助于厘清国际关系中关于制度、体系、权力、文化和意义所扮演角色的辩论。现实主义者怀疑制度在影响行为方面的重要性；他们质疑制度所能取得的回报，并且质疑对制度的专用性资产投资有助于增加其持久性。建构主义者怀疑作为专用性资产概念之基础的利己主义是否足以充分地捕捉到行为体对其周遭制度形成的依恋（attachment）。建构主义者之中或任何体系理论家之中的涂尔干式的研究者，都对偏好形成于系统之前抱有怀疑。这些可供选择的不同研究路径导致了对治理争论的不同理解。

在某种程度上，这些观点之间的差异是经验性的：在某些情形下，关于制度的现实主义假定很好地反映了现实；在其他情况下，制度似乎要强大得多。在某些情况下,体系对其内部行为体的特点加以塑造的力量似乎是显而易见的,而在其他情形下,体系则是由那些已经形成了自身特点的行为体所建构的。

国际关系和国内政治之间的区别可以被重新改写为一个关于制度力量的经验性观点。依据制度的力量,治理斗争中发挥作用的因素会有显著不同。在制度力量强大的情况下,治理争议在很大程度上受到制度程序的影响;这可能是国内系统中的情况,但也可能出现在制度强大的国际关系领域。为此,欧盟内部的争论更像是国内政治,而不像战时的国家(州、邦)间关系。相反,在制度薄弱的地方,其他权力资源就会变得更加重要,这在国内和国际环境中都有可能发生。为此,正经历内战的国家更像是国际关系,而不像稳定的国内政治。

如果把所有的变量都放进去,研究就不能有效地进行了。正如本书的编者所指出的,方法论上的赌注是至关重要的。最好是掌握每种路径的逻辑,遵循该逻辑,然后探索各路径可以或无法对现实中的哪些元素进行建模。

注 释

1. 见莫罗在本书第三章中概述的文献。

2. 关于贸易谈判、制度授权和贸易政策偏好的不同观点,可参见 Lohmann and O'Halloran 1994;Haggard 1988;Lake 1988;以及 Milner 1988。

3. 更复杂的分析考察了信息快捷方法或信息简要表达(information shortcuts or shorthands):选民或其他决策者找到的对完整信息的替代方式,以预测代理人或代表之间的行为模式。参见 Lupia and McCubbins 1998;Lupia 1994;以及 Gerber and Lupia 1997。

第六章
演化、选择与国际变迁[*]

迈尔斯·卡勒

国际关系在很大程度上忽视了演化理论,而演化理论已成为生物科学、经济学和哲学中充满活力的研究和辩论关注点。国际关系所持的这种怀疑态度有其历史、经验和理论起因。由于对思想史的误读,演化理论因其与社会达尔文主义的联系以及将国际政治作为一个冲突易发生的丛林的特定形象而受到玷污。此外,近来围绕社会生物学的争议给大家留下了一个错误的印象,即运用演化理论必然需要接受基因遗传对人类行为的强烈影响。

同样重要的是,1945年后的国际体系似乎并没有为变异(variation)和选择(selection)[**]的动力学提供有力支持。尽管新诞生了数十个弱国家,但总的来说,这些弱国家存活下来的数量比一个粗糙的演化模型可能认为的要多得多。即使在更长的时间范围内,低效率制度的存续仍然是经济史和国际关系史上的一个令人费解的主要问题。粗略地阅读历史,尤其是近代史,选择的力量似乎很弱或是被扭曲了。最后,已经有人提出了强有力的理论论据,反对将演化理论从生物领域简单照搬到社会领域。按照这种观

　　* 作者希望感谢杰克·赫舒拉发、约翰·麦克米伦(John McMillan)、洛乌·保利(Lou Pauly)以及《战略选择与国际关系》其他各章作者对本章的意见。蒂莫西·约翰逊(Timothy Johnson)提供了出色的研究协助。

　　** 本章对"选择"(selection)一词的使用大部分是在演化生物学的语境下,对应演化理论中的选择机制,因而与此前章节所谈到的行为体作出决定的"选择"(choice)有所不同。——译者注

点,演化理论只能以一种比喻性的方式应用于社会科学或国际关系。

如果能发展出一种细致缜密的演化研究路径,那么这一路径的优势也是同样明显的。演化模型为国际关系理论赋予了动态元素,并使其在解释历史变化时拥有更多手段。鉴于环境在"推动"演化过程中的重要性,演化理论有望恢复系统理论并将其置于更坚实的基础之上。无论它们在刺激理论发展和促进经验应用方面最终取得多大的成功,演化的类比(evolutionary analogies)都在冲击我们当前的假定和框架,迫使我们进行改进和重新设计。

对本书来说,最重要的是,演化理论不但显示了战略选择模型的限度,而且也扩展和丰富了这些模型。演化路径将莱克和鲍威尔所描述的概念实验之一推到了极限。对行为体属性所下的相对多余的断言使得放松理性假定和考察行为体环境的解释力成为可能。通过扩大战略环境的概念,演化理论既强调又削弱了对环境的狭义定义,这种定义将环境理解为行动和信息的选择菜单受限的种群(population)。演化理论还将战略选择理论的范围扩大到了更广泛的国际环境中,并为解释战略选择论中的一些长期困惑,如多种制度均衡间的选择,提供了一种途径。最后,演化是对战略选择的补充,为依赖于均衡结果的模型增加了一个动态的驱动因素。

评估演化理论及其在国际关系中应用的第一步是借鉴自然科学为演化框架建立一个基准(benchmark)。由于社会科学家给予了演化各种各样的定义,因此从一开始就建立一个共同的理解是必不可少的。再下一节介绍了演化路径在社会科学中的几个应用,主要来自经济学。除了评估这些应用的优缺点之外,该节还确认了演化框架和战略选择框架之间的互补性和张力。在第三节中,将演化路径在国际关系中的三个应用与其他非演化论的替代性解释进行了比较。各应用都涉及国际关系中的"种群":制度如何演变;为何国家的平均规模随时间的推移而改变;为何特定类型的单元(主权领土国家)在现代国际关系中占据主导地位。这些探讨得出的结论关乎受国际关系演化路径所启发的研究纲领*要想成功

---

* 此处的研究纲领(research program)可能借鉴了科学哲学家伊姆雷·拉卡托斯(Imre Lakatos)讨论科学发展时所提出的"科学研究纲领"概念。——译者注

的先决条件，以及整合演化框架与战略选择框架所带来的好处。

界定演化理论：达尔文式自然选择及其对手

科学史上的"达尔文产业"（Darwin industry）既丰富了我们对演化理论如何演化的理解，也削弱了一些长期存在且流行的关于达尔文在达尔文革命（Darwinian revolution）中所扮演角色的先入之见。许多争议标志了并将继续标志着演化生物学中源自达尔文革命的工作方式。达尔文式演化理论的对手们则在社会科学中有着明确的（而且往往是更强大的）理论上的相似点。

即使达尔文扮演了最重要的创造性角色（这点没有被严重削弱），但演化并不是他的发明。早在达尔文之前，演化就以其他形式被广泛接受。[1]达尔文非常重要的贡献是提出了自然选择作为演化和物种起源的主要机制。自然选择仍然是达尔文式研究纲领的核心。在自然选择所代表的理论突破中，变异是没有方向性的，并且变异的出现独立于任何适应性优势（adaptive advantage）；选择通过环境的作用将变异塑造为适应性。因果关系从生物体（这是达尔文理论的主要对手所持的观点）转变成为环境（Depew and Weber 1995）。[2]达尔文似乎是受到两个类比的启发来提出自然选择机制的：畜牧业育种者的人工选择，以及借鉴政治经济学的关于种群内部生存竞争的马尔萨斯模型。向"种群思维"（population thinking）的转变是达尔文（以及阿尔弗雷德·拉塞尔·华莱士［Alfred Russel Wallace］，他们几乎同时得出了类似模型）对演化理论所做贡献的另一部分（Mayr 1982）。对种群的关注强化了达尔文演化论的渐进性，即宏观变化（物种起源）是通过特定环境中的种群内一系列微观变化而发生的。

达尔文的《物种起源》从根本上打破了有神论演化理论对科学界的控制，但达尔文的革命是一场不彻底的革命。彼得·鲍勒（Peter J. Bowler 1983，7—8）清楚地说明了达尔文主义的对手们在20世纪初的影响力：新拉马克主义(neo-Lamarckism)所体现的获得性状遗传*为一种向前进步的生命观和历史观提供了有力支持;定向进化学说(orthogenesis)认为演化是由生物体内的力量展开所驱动的;以及突变(或骤变)**认为物种是通过巨大和突然的变化"跳跃"而诞生的。这些替代性观点(特别是新拉马克主义)的影响力是如此的强大,以至于只有达尔文主义和创立了现代遗传学的新孟德尔学派(neo-Mendelians)之间的意外结盟才得以占取上风。遗传学为 20 世纪新达尔文主义综合派(neo-Darwinian synthesis)中变异的主要来源提供了决定性的解释,使拉马克主义与新的生物科学无关。拉马克主义也被其自身更深的逻辑缺陷所削弱——性状的获得是对新的环境条件所作出的反应,然后可以在不受环境进一步影响的情况下被遗传(Bowler 1983,76—77)。这种遗传性状可塑性的非达尔文式变异点出了将达尔文模型迁移至社会和文化现象的一个困境。一些社会和文化性状或行为在传递过程中几乎没有变化,这与达尔文模型中的性状遗传性相类似;而另一些性状则可能会在相对较短的时间内发生剧烈变化。

那么提纲挈领地来看,一个达尔文式的演化模型需要些什么呢? 就其最基本的形式而言,该模型需要作出几个关键的决定。第一要确定的是选择发生在哪个相应的种群或层次。在这一点上,经典达尔文主义者是坚定固执的:选择发生在单独的生物体(或者按近来的说法是基因)层次上。群体选择或物种选择不被接受。即便这个新达尔文主义的共识是成立的,也有人提出了一种层级制选择过程(hierarchy of selective processes)的可能性,其中可以包括宏观演化的"物种分选"(species sorting)或"物种选择",这些研究者对经典达尔文模型在应对古生物学记录时的能力表示怀疑(Gould 1992,60—63)。有些人认为达尔文主义的现状甚至更加令人动摇,并且预计达尔文主义可能只适用于生物体和种群层次这一中层过程;宏观演化和微观演化(生物体以下的层次)可能只

---

* 获得性状遗传(inheritance of acquired characteristics),也称后天性状遗传,是拉马克主义的理论基础之一。——译者注

** 突变(mutation)和骤变(saltation)均为演化生物学概念,但两者至少存在程度上的差别。骤变是生物相邻的两代间更加突然且更加巨大的突变,可能一步导致物种形成。两者在历史上均被作为达尔文主义的替代性观点。——译者注

在较小的程度上受到选择和适应的支配（Depew and Weber 1995，15）。

任何将达尔文模型迁移至社会科学中的做法都必须作出类似的判断。有人可能会认为，任何演化过程在根本上都必定要对个体的行为模式或者个体完成的日常活动进行选择（Matthews 1993，164—165）。另外，人们也可以认为（与那些支持自然界演化存在层级制的人类似），对公司、组织或国家的选择或"分选"是不能还原至个体层次的。

第二，必须识别到种群内变异的来源和跨代复制（replication）。尽管达尔文接受了自然种群中变异的存在，但变异的主要来源，即基因突变，却要等上几十年才被识别出来。在社会生活和国际关系中，个体行为或组织惯例的变异来源不那么难以识别，尽管其来源更加多样。更具争议的是，当个人、公司或国家对环境变化作出反应时，存在着定向变异（directed variation）。学习的可能性，这被吸收进社会"基因型"并跨代复制，为社会科学中的许多演化理论引入了拉马克主义的元素。[3]

许多具有演化式设计的社会科学模型通过假设人类和制度行为中存在高度的惯性来处理复制问题。这种惯性被归因于有限理性、循规蹈矩或路径依赖。尽管这种惯性或许可以合理地作为生物学上复制的替代物，但也存在过度限制变异的风险。另外，此类模型中的变异（创新）通常是由环境压力引起的，偏离了达尔文理论中变异的随机性和无方向性。

第三，必须确定有关种群的选择环境（*selection environment*）。在经典达尔文主义中，种内竞争（基于与马尔萨斯类似的模型）是选择环境最重要的特征。因为如果种群里的所有成员都繁殖，那么种群规模将以指数方式增加，且种群所依赖的资源是相对固定的，所以"激烈的生存斗争"就会发生，在这种斗争中每一代只有一小部分幸存下来（Mayr 1982，479—481）。在社会环境中，对竞争或"制度市场"（market for institutions）的含糊提法取代了对竞争环境特征的仔细分析。正如杰克·赫舒拉发（Jack Hirshleifer 1987b）所指出的，在许多社会环境中（比如大多数市场），自然界中熟悉的某些类型的竞争（干扰*和掠食）被排除在外。市场竞争被限制在

＊　干扰竞争（interference competition）是生物体或不同物种间竞争的主要类型，指同一物种或两个及以上的不同物种的生物体通过争夺稀缺资源的直接互动，例如个体对其他个体的觅食、生存、繁殖进行干扰。——译者注

"更加无害的争夺形式"（资源损耗）。事实上，根据赫舒拉发的说法，市场竞争是一种三边竞争——和对手争夺与第三方（消费者或供应商）进行交换的机会。当人们从一个纯粹的市场环境进一步转入大多数社会里被政治化了的市场或制度环境时，选择环境和竞争的动力机制就会变得更加污秽泥泞。国际关系中的许多争议在某种程度上都围绕着国家的相关选择环境的定义而展开。对现实主义者来说，竞争是由大国间军事竞争来定义的（次要的军事大国在其中很少或没有发挥作用）；对自由主义者来说，环境的定义可能更为宽泛，包括可能与国家进行战略互动，或通过改变经济参数（如相对价格）来进行战略互动的经济行为体（如跨国企业），这可能会随着时间的推移对各国成功程度的差异产生影响。

第四个作为达尔文研究纲领核心的元素是适应（adaptation），它被一些生物学家批评为讲述邦葛罗斯式的故事（Panglossian storytelling），* 在这种叙述中，生物体的几乎每一个特征都可以被某个超级选择论者（superselectionist）"解释"为一种适应（Gould and Lewontin 1979）。即使是坚信不疑的新达尔文主义者也承认对"适应"的使用是粗心随意的，并告诫不要把适应值（adaptive value）** 归因到表现型（phenotype）的每一个元素上。各种性状可能是"被自然选择所容忍的，但并非为在某个特定适应带（adaptive zone）*** 的生命而专门塑造的"（Mayr 1988，136）。

在将演化研究路径应用于社会或国际关系方面，适应主义者的说法甚至更容易受到质疑。对生物学中适应主义过度（adaptationist excess）的批评者可能会认为，由于体型呈现（body plan）**** 或其他演化史上的人

---

* 邦葛罗斯（Pangloss）是伏尔泰小说《老实人》中的人物，其派生词"Panglossian"用来形容"过分乐观的"或指"过分乐观的人"，具有批判和讽刺意味。——译者注

** 适应值是种群遗传学的重要概念，可用来表示有助于生物体在其环境中生存的某个性状的有用性。适应值可以通过个体对其后代基因库的贡献来测量。对适应值的测量能加深我们对某个性状如何提升个体或群体在特定条件下生存几率的理解。——译者注

*** 适应带指的是一种使适应辐射（adaptive radiation）的发展成为可能的环境，这种环境使一个同质化的生物体群体多样化为不同的形式并迅速繁殖。适应辐射的过程是指物种多样化为相互区分的形式，且每种形式都能适应占据特定的生态位，该过程主要由变异和自然选择所推动。——译者注

**** 体型呈现是一个演化发育生物学（evolutionary developmental biology）概念，指有动植物演化史关联（phylogenetically related）的一组动物在发育过程中的某个阶段所共有的一系列特征。——译者注

为因素,故存在对适应的限制约束,尽管如此,这些批评者还是不会否认自然选择在催生适应性方面的力量。在社会或经济演化中,支持发展主义解释的论点要得多,因为环境压力迫使适应发生这一有影响力的观点还没有心甘情愿地承认失败。与那些反对将所有社会现象都解释为适应选择压力(selective pressure)的产物的批评者们不同,许多社会科学家可能会对环境压力在塑造组织、制度或国家特征方面所发挥的任何一点作用都提出异议。

最后,经典达尔文理论在其模型中信奉渐进式变化,遵循达尔文反对"跳跃式"演变(evolutionary change by "leaps")的箴言。演变的速率成为演化生物学中广泛关注(而且经常被误解)的争议性话题,即关于间断平衡(punctuated equilibrium)的问题。与经典达尔文主义强调稳定的、逐步的演变相反,史蒂芬·杰伊·古尔德(Stephen Jay Gould)和奈尔斯·埃尔德雷奇(Niles Eldredge)提出了一个快速物种形成期后跟着是相对静止期的模型(Somit and Peterson 1992)。这场辩论后来卷入了上文所提到的关于选择的层级制的争论。尽管"间断平衡说"很快就被社会科学家发现并学习,但其对社会科学中演化理论的影响实际上不如达尔文理论的其他构成要素那么重要。

演化一词在历史和社会研究中常常带有渐进的含义;例如,经济改革的"演化"路径近来被用来与"休克疗法"形成对比。不过,"骤变论"的观点,即认为历史同样由断裂和变异性所塑造,一直以来也是很具影响力的。尽管渐进主义仍然是达尔文主义中占主导地位的观点,但如果在一种演化理论中,更为快速的变化并不同时破坏作为自然选择中基本的"变异-选择-适应"模型,就不必将其推翻。

达尔文的自然选择理论,正如新达尔文主义综合派所阐释的那样,消去了关于自然界的进步性和有意设计的假定。然而,这些问题中的每一个都以不同的方式继续困扰着达尔文主义的知识迁移。在社会科学和历史学中,关于人类进步性的假定,小心翼翼地与其生物学上的类比区分开来,被证明是更加难以消除的人为产物。在自然科学之外,对演化理论的兴趣往往是由这种理论被认为所具有的进步性意义驱动的。在近来关于制度朝向更有效结果演变的叙述中,可以听到对进步性假定的附和。设计也以意想不到的方式继续存在着(尽管不是有神论意义上的设计)。对具有目的性的设计(purposive design)的信念及其在各种人造物——尤其是制度——中的重要性并不与演化论的说法相矛盾,但它必须要处理"非期然演变"(unintended evolutionary change)的问题,这种演变的发展进程与有目的性的施动者所预期的不同(Hirshleifer 1987b)。在将达尔文式演化论的观点与战略选择的视角联系起来的努力中,选项优化与由于竞争性选择(competitive selection)而发生的制度演化之间的紧张关系再次出现(Matthews 1993)。

在一场突然的、库恩式的科学革命中,达尔文式理论的逻辑不被认可。经过几十年的努力,科学上新的支持者在达尔文的思想中找到了他们所面临的不同难题的缺失部分。但即使是该逻辑的朴素梗概也仍然具有争议和质疑,虽然对近期所受抨击之重要性的估计存在很大分歧(Depew and Weber 1995;Dennett 1995)。不过,这些持续的争议证明,引入演化理论的社会科学家们所作出的"适应",并不仅仅是由于理解有误而注定发生的软化(inevitable softening)。

尽管以生物学为基础的演化模型模板提供了一个有用的出发点,但它不应该被当作一种衡量和发现的工具,以此来希望对社会科学中的演化理论进行更软的适应(softer adaptations)。与战略选择理论的实用主义相一致,这些适应是否成功只能通过它们在解释重要国际后果方面的有用程度来评估。下一节将讨论社会科学家具体省略或放松了达尔文式理论中的哪些构成要素,以及这些重新设计所取得成果背后的逻辑。

社会科学中的选择与演化

达尔文式理论与当代政治经济学有着异乎寻常的、有据可查的联系。达尔文在 1838 年对托马斯·马尔萨斯(Thomas Malthus)的著名解读以及他对其中"稀缺性条件下竞争"的挪用,被达尔文本人对自然选择的阐述赋予了重要地位。*还有人在达尔文对多样性的处理中侦查到了类似的借用：亚当·斯密（Adam Smith）的劳动分工。达尔文从将物种作为单元的本质主义（essentialist）观点转变为基于由生物个体所组成的种群的选择主义（selectionist）路径，这一转变使达尔文以一种类似于经济学的方式建立起来了他的理论（Depew and Weber 1995）。**

　　虽然有这些继承上的相似点，但达尔文主义和社会科学在其历史上的大部分时间里都是分岔的。尽管社会哲学家和社会科学家声称自己是演化论者，但很少有人是达尔文主义者。也许自然选择在生物学中的不确定命运使社会科学能够借用一种与达尔文主义的对手更接近的演化论，而不显得像达尔文主义本身。环境在达尔文主义布局中凌驾一切的重要性给达尔文式模型的迁移带来了一个不利条件。深谙达尔文理论的怀疑论者，如约翰·梅纳德·史密斯（John Maynard Smith 1972），认为达尔文主义可以假定环境是相对固定的，种群无法改变其环境；在史密斯看来，人类历史并不能毫无疑问地认可这一假定，而且经济和社会的发展进一步削弱了此假定。

　　达尔文主义中压倒一切的环境决定论是社会科学家难以接受的。同时，达尔文主义的另一个基础——无方向的、随机的变异——对社会科学来说也是个很成问题的出发点，尤其是对那些采用战略选择路径的人来说。人类行动的目的性、设计性特征意味着变异常常是为了适应环境变化或环境挑战而发生的，社会或文化变异不会是纯粹随机的。如果能够明确界定种群和选择环境（selection environment），那么演化理论在社会

---

　　* 达尔文的自传在其去世5年后初次出版。其中谈到了达尔文在1838年10月作为消遣偶然读到了马尔萨斯的《人口原理》。关于这段经历，达尔文在自传中写道，"我立刻想到，在这种情况下，有利的变异易于被保留下来，而不利的变异则被消灭掉。结果就是新物种的形成。至此，我终于有了一个可行的理论"。参见 Charles Darwin, *The Autobiography of Charles Darwin, 1809—1882*, New York：W. W. Norton, 1993。——译者注
　　** 早在达尔文乘坐小猎犬号航行之前便受到了亚当·斯密著作的影响。1829年，正在剑桥大学就读的达尔文给其表可威廉·达尔文·福克斯（William Darwin Fox）的信中写道，"我的研究包括亚当·斯密和洛克"。达尔文在1856年的一篇笔记中直接将自然界中的多样性与经济上的劳动分工原则相类比："每个群体的优势变得尽可能不同，这可以与这样一个事实相比较，即通过劳动分工，每个国家的大多数人都可以被养活。"参见 Stephen Jay Gould, *The Structure of Evolutionary Theory*, Cambridge：The Belknap Press of Harvard University Press, 2002, p.233。——译者注

科学中的任何应用都要正视这些议题——环境在决定结果中的重要性以及人类社会中变异的潜在方向性特征。这些议题重现了莱克和鲍威尔的概念实验，迫使人们关注环境的重要性，使其区别于行为体的信念和偏好。

尽管理论迁移带来了麻烦的方法论问题，但演化理论已经显露出了持久的吸引力，其最重要的原因是：达尔文主义提供了一个具有示范性意义的强大模型，用于解释不可逆的(非周期的)变化，与历史变迁类同。与此同时，达尔文主义模型要求对种群的理性以及信息处理能力进行非英雄化的假定(nonheroic assumptions)。

社会科学中与达尔文模型相似的演化理论可以在两个维度上进行排列：理论赋予选择环境在决定结果时的权重；以及理论是基于表现出固定行为剧目(fixed behavioral repertoires)*的种群，还是基于能"解读"环境并从过去的经验或其他玩家那里学习的有目的性的、理性的行为体。一组"严格达尔文主义"的研究路径模拟自然选择，将其注意力集中在大种群的选择压力上，对个体的远见或选择很少给予承认。演化经济学放松了环境和行为的假定，就后者而言是接受了定向而非随机的变异。演化博弈论仍然最为接近战略选择的框架，将非英雄化的理性假定与特定战略同时存在或占主导地位的结果结合起来。这些演化路径所共享的种群一般是由制度(在许多情况下是公司)组成的；这些路径旨在解释"社会组织的发展差异以及哪些社会组织的样式存活了下来"。"遗传特征"(inheritance)可以由"社会惯性的重负"来供给，这种重负是"通过刻意教授的传统来支撑的"。变异则是通过"复制错误"(copying errors)、效仿和理性思考等形式的突变来体现的(Hirshleifer 1982，221)。

---

* 迈尔斯·卡勒在本章中对"剧目"(repertoire)一词的使用应是受到了查尔斯·蒂利(Charles Tilly)的影响。蒂利早在1977年首次提出了"集体行动的剧目"(repertoire of collective action)这一比喻性说法，并在某种演化的语境下对其进行了讨论。蒂利表示，集体行动的剧目在两个方面上演化，"人们可用的手段随着社会、经济与政治的变化而改变，而每一种行动手段与新的利益和行动机会相适应。追踪这种剧目的双重演化过程是社会史的一项基本任务"。此后，蒂利还出版了《政权与斗争剧目》一书。参见 Charles Tilly, "Getting it Together in Burgundy, 1675—1975," *Theory and Society*, Vol.4, No.4, 1977, pp.479—504. Charles Tilly, *Regime and Repertoires*, Chicago: The University of Chicago Press, 2006。相关讨论可参考李钧鹏：《蒂利的历史社会科学——从结构还原论到关系实在论》，《社会学研究》2014年第5期，第191—216页。——译者注

"严格达尔文主义"

阿曼·阿尔钦（Armen Alchian 1950，211）将企业竞争描述为一个"没有任何个人理性、远见或动力的极端随机行为模型（extreme random-behavior model）"，这是"严格达尔文主义"模型迁移到经济竞争的早期范例。阿尔钦的模型旨在论证，若是给定了关于选择标准的假定，在其模型中是"实现正利润"，那么就不再需要假定施动者是理性的或是会进行优化。企业的成功很可能是运气或碰巧的结果。即便接受了模型中严格的条件，该模型也并不排除对不同企业生存能力的判断："通过了解已认识到的在经济中幸存的必要条件，并通过对其他替代性条件的比较，〔观察者〕能够说明相对于其他可能的类型，什么类型的企业或行为将更加能够存活，即使企业本身或许不知道这些条件，甚至也不试图达到这些条件"（Alchian 1950，216）。

阿尔钦的达尔文式模型位于这一系列演化模型的一端（强调环境的竞争性选择，就施动者而言不要求其具有理性或优化行为），但他也承认个体通过有目的性的、有预见性的行为努力来进行适应的可能性。（当然，不能保证这类行为就会被选择。）像其他演化理论家一样，在不确定性条件下，他认为可以将"粗糙但可用"（rough and ready）的行为模仿准则作为一个可能的替代选项；另一个是富于创新的"反复试错"（trial-and-error）行为。在演化论的框架之外，约翰·斯坦布鲁纳（John Steinbruner 1974）关于决策的控制论模型（cybernetic model）纳入了一个类似的简单学习模型，可从环境提示的有限剧目中进行简单学习；这种学习只在一个单元的行为发生系统性变化的情况下才会发生。同样从外交政策分析中得出的还有一个非学习模型（nonlearning model），菲利普·泰特洛克（Philip Tetlock）称之为"自闭症"：完全没有适应性，没有来自环境的有效反馈（Breslauer and Tetlock 1991）。尽管泰特洛克的版本只赋予环境在决定结果方面非常小的作用，但这样的个体行为模型可以被植入到达尔文式模型中（正如其可以植入到阿尔钦的模型中一样），只需在一点上作出关键的改变，即认为最终结果是由环境选择而不是内部驱动的变化来决定的。

对演化模型的应用较少采用严格的达尔文式路径。组织生态学

(organizational ecology)是一个重要例外,其试图将明确的生物学范畴迁移到对各种组织种群(populations of organizations)的研究中(Carroll 1984;Hannan and Freeman 1989)。"种群思维"以及对环境作为一种有力解释变量的强调,是这种研究组织选择和组织生存的达尔文式路径的重要组成部分。另一个关键且有争议的假定是惯性(inertia)。组织并不被认为具有高度的可塑性和延展性;管理者或领导者也不被预期对其指导的制度的生存前景有什么长期影响。鉴于这些假定,组织生态学一方面将其与通过学习或适应环境变化来解释组织变迁的做法区分开来,另一方面也区别于基于内部动力机制的随机转变而产生的变化。在组织生态学家看来,"组织核心结构的大部分变异性是通过新的组织和组织形式的创建以及旧的组织和组织形式的消亡而产生的"(Hannan and Freeman 1989,11—12)。

尽管组织生态学似乎将达尔文模型简洁巧妙地转置到了组织世界(organizational world),但先前的声明却暗示在一个重要之处存在模棱两可:发生变化的、被创建的或消亡的到底是什么。生态学的路径会将种群在与其他种群竞争中的兴衰作为核心研究问题。不过,一些组织生态学家似乎想解释某种相当于物种(组织)起源的东西——组织形式的演化。不幸的是,正如其批评者所指出的那样,并没有明确的组织分类学(organizational taxonomy)*来界定什么时候可以说出现了一个新的"物种"(Young 1988)。[4]

除了断言组织内部有强大的惯性力量外,组织生态学还缺乏一个令人信服的模型来与遗传和生殖相对应。尽管有一种假说将组织创新与进入新的资源空间(resource space)相联系(这与自然界中的异域性物种形成**相类似)(Romanelli 1991),但对惯性的强调也还是掩盖了

---

* 组织分类学是相较于生物分类学而来的,后者是对生物个体或群体进行识别、命名和归类的学科,主要研究范围包括生物分类单元(类群)间的异同、生物间亲缘关系及演化规律等。——译者注

** 异域性物种形成(allopatric speciation)是根据地理条件来划分的自然界物种形成的主要模式之一,指一个物种的种群因地理环境或种群本身等因素发生变化而被隔离,进而隔离种群与原种群由于面对不同的选择压力或各自发生遗传漂变而形成不同物种的机制。其他模式还包括同域性物种形成、边域性物种形成、临域性物种形成。——译者注

对组织形式中变异和最终"物种形成"源自何处的仔细考察。

不过，对组织生态学路径最强有力的批评集中在两个议题上，当达尔文主义被迁移至社会科学时，这两个议题反复出现。组织，作为人类的造物，可以影响其所在的环境；具体而言，它们可以创造资源。因此，作为组织生态学观点的一部分，对资源的激烈争夺必须得到论证或说明（Young 1988）。人具有能动性以及组织有能力自觉且成功地指导其自身进行适应，这一问题无疑造成了莫大的忧虑，尤其是在那些靠为组织提供战略建议为生的人中间引发不安。来自组织生态学的观点是明确的，尽管可能尚未得到证实，即适应是没有方向性的。正如汉南和弗里曼所说："在一个高度不确定的世界里，个体的适应性努力相对于未来的价值来说可能基本上是随机的。"（Hannan and Freeman 1989，22）这种激进的怀疑论观点——对组织有能力以一种适应性的有利方式进行学习持怀疑态度，也许是组织生态学以及达尔文主义在社会科学中的其他应用最令人担忧的含意。

演化经济学

演化经济学，就像理查德·纳尔逊（Richard R. Nelson）和西德尼·温特（Sidney G. Winter）所阐述的那样，在一系列演化路径中进一步远离了自然选择。与刚刚描述的"严格的"达尔文式模型不同，纳尔逊和温特的研究事业旨在通过将重点转向具有适应能力的施动者并在模型中加入简单学习，以解释经济变迁或变量随时间变化背后的"动态过程"。在界定演化模型时，纳尔逊（Nelson 1995）承认所讨论的变量会受到随机变异和"系统性的选择力量"的影响，并且该力量会对变异进行"筛选"。纳尔逊和温特（Nelson and Winter 1982）虽然对传统经济学的最优化和均衡框架持批评态度，但他们认为"盲目随机的"过程和"深思熟虑的"过程可以在演化论的解释中相互交织。因此，他们的演化理论是"不加掩饰的拉马克主义"：行为的变异可以由不利条件激发（定向变异），然后变异可以被嵌入组织中（获得性状遗传）。

纳尔逊和温特感兴趣的种群是某群企业或其他大型的、复杂的组织，它们为一组可辨认的客户提供商品和服务。对于特定的种群，至少可以建立一个粗略的标准来测量其绩效好坏。(故其理论范围可适用于许多其他大型组织,包括民族国家。)他们版本的演化经济学致力于解释经济变迁,尤其是技术变迁,并为经济增长提供新的理解。纳尔逊和温特认为,将特定企业种群分解到生存和增长的差别(differential survival and growth)这一层次,应该会为这些经济后果提供一种比传统理论更好的解释。

虽然纳尔逊和温特抛弃了严格达尔文式模型的随机变异和环境选择,但他们也与用最优化来理解企业行为的观点保持距离。惯例(routines),即"企业有规律的和可预见的行为模式",对他们"组织遗传学"的概念极为重要;惯例为组织生态学者所认定的"惯性"提供了在经验上更合乎情理的形式。惯例提供了演化理论所要求的各组织跨"世代"的稳定性。这些惯例还是变异的来源,选择环境能够对其起作用,因为在各个类别的惯例中存在那些可以调整企业经营的惯例,这些变化被建模为"搜寻"(searches)(Nelson and Winter 1982)。那些能产生新行为的搜寻是创新的来源,这是一切技术变迁理论的核心。

不过,纳尔逊和温特此处也在"有预见性地适应变化"和"完全的惯性或随机搜寻"这两者之间保持了平衡。企业(或其领导层)可以在各选项中进行挑选,但深思熟虑的、求最大值的选择并不是他们模型的一部分。相反,他们的创新模型中包括有限理性以及现存企业或潜在进入者的控制论式搜寻(cybernetic style of search),这些潜在进入者受到变化中的环境条件刺激而可能进入某一产业。创新可以通过模仿的过程产生乘数效应,这是对纯粹生物学模型的进一步偏离。他们的选择环境不同于简单的在稀缺条件下的市场竞争。市场是选择环境的核心,因为成功的创新会带来更高的利润、更多的投资以及企业成长(进而塑造更大规模的经济增长模式)。相对来说不成功的企业会损失市场份额和盈利能力,并且萎缩。另外,纳尔逊和温特在一个完整的选择环境模型中规定了若干额外的元素:企业作出一项创新决定时会纳入计算的成本和收益;消费者和监管偏好(regulatory preferences)界定"盈利能力"的方式;"利润"与组织的扩张或收缩之间的关系;以及各种模仿机制(Nelson and Winter 1982,262—263)。这种使环境各组成部分更加充实并具体化的努力是纳尔逊和温特的演化模型的最有创新性的特点之一。

这个旨在推进一项重要研究议程的演化经济学版本,似乎是对朴素达尔文主义或传统最优化模型的有益修正。遗憾的是,它在放松达尔文式假定时仍保留有一种临时安排(ad hoc)的味道。演化经济学试图用一种仍然具有强大惯性和无方向性的企业行为模型来解释创新和技术变迁,这在某种程度上是反直觉的。不幸的是,界定演化经济学的核心构成要素是困难的。对纳尔逊和温特来说,"惯例"是极为重要的概念,但稳定性需要达到多大程度才能被看作"惯例"却是难以判断的。惯例必须在绩效不佳的情况下发生变化,否则适应性的组织变革将会是不可能的。然而,如果惯例的可塑性太强,那么演化模型中所要求的固定性就会消失。同样,纳尔逊和温特也接受企业的环境是可被改变的——对稳定性的假定不能像通常在自然界中的那样,但是,可以从环境中提取的、作为企业绩效关键预测指标的特征却很难进行实证估计。定义选择环境时所需要的区分度可能会导致越来越个性化的"环境"(individualized "environments"),并且削弱下述演化观念,即种群面对的是相对统一的环境。

演化博弈论

作为生物学和社会科学之间交流的宽阔桥梁,演化博弈论也提供了一种演化路径,包含了并且可算作战略选择的起点。演化博弈论直接借用了演化生物学中最为富饶多产的前沿领域之一,其中博弈论提供了一种手段来解释在特定情境中——即"成功取决于他人所作所为"的情境中——行为(或更广泛地说是表现型)的演化(Maynard Smith 1982,1)。报偿与繁殖成功(环境适度的增加)有关;由于策略被附属在非人类种群中的个体成员,生物学中的演化博弈论是"没有理性的博弈论"(Rapoport,cited in Sigmund 1995,167)。正如宾默尔和萨缪尔森(Binmore and Samuelson 1992,286)所描述的:

> 在演化博弈论中,博弈 G 被看作反复进行的。每次博弈,自然界都会从种群中选择玩家,且该种群的组成会随时间的推移而改变。玩家们并不考虑如何参与博弈 G。他们通过突变和选择的过程被赋

予了策略,而此过程往往会淘汰那些相对不太成功的策略。

在这些情况下,相关"环境"被界定为种群中的其他成员,通常是(虽然也不总是)来自同一物种的成员。尽管两种以上策略的存在可能会导致相互竞争的种群之间出现复杂和不稳定的结果,但有两种备选项则可能产生以下结果:一是某种策略占优(并被整个种群采用);二是双稳性(bi-stability)(每种策略都是对其自身的最佳回应,初始优势通过巩固强化导致其中一种或另一种策略占优);三是共存,在这种情况下两种策略都继续存在(Sigmund 1995)。

当然,现有策略不断受到由突变引入的新策略的挑战。约翰·梅纳德·史密斯提出了演化稳定策略(evolutionarily stable strategy, ESS)这一重要概念来描述一种特定策略,该策略无法被另一种作为自然选择结果的突变侵入。确定演化稳定策略是否出现以及何时出现(这远非必然发生的事)一直对演化博弈论讨论生物学种群所催生的研究纲领极为重要。

对于经济学家和其他社会科学家来说,演化博弈论对战略选择中两个些微不同的难题作出了回应,分别是有限理性(为博弈论中关于玩家信息处理能力的假定注入了更多"现实主义"色彩)和多重均衡(Samuelson 1993;Morrow 1994a)。如果说演化生物学家是从相当于自动装置(automata)的固有种群(hard-wired populations)开始的,那么社会科学家则是从对理性过于苛求的界定出发向更为受到限制的理性概念进行回溯的。演化博弈理论家引入了行为假设(behavioral hypotheses),作为模拟有限理性和简单学习的手段,包括惯性(不确定性和调整成本)、近视(其中包含了阿尔钦所说的模仿)以及突变(玩家随机改变策略的小概率事件)(Kandori, Mailath, and Rob 1993)。这些假设在施动者的行为中引入了足够的一致性,以便使选择能够发挥作用。在某些情况下,均衡选择(equilibrium selection)是由引入到施动者种群中的突变或由有限理性的施动者在学习过程中犯的"错误"所驱动的(Samuelson 1993)。

生物学家对互助或合作行为的兴趣进一步激发了对产生这些结果的前提条件的兴趣,并且激发了对特定策略的稳健性、稳定性和最初生存能力进行解释的兴趣,作为一种囚徒困境博弈策略的"一报还一报"

(Tit-for-Tat，TFT)便属其中；考虑到物种成员之间的竞争是基于"自私的基因"，这种互助或合作行为是一个令人困惑的问题。在罗伯特·阿克塞尔罗德、杰克·赫舒拉发等人的工作中，这一研究议程被迁移到了社会科学和国际关系领域（Axelrod 1984；Hirshleifer and Martinez Coll 1988）。尽管这项充满活力的研究纲领仍在继续并且基于日益复杂的仿真模拟，不过这些模拟的结果虽然对社会现象和国际现象具有启发性，但也已经越来越多地对"一报还一报"策略优越性的大致原始主张表示怀疑。演化博弈论的其他实证应用也产生了有趣的而且时常是反直觉的结果。在对金融市场行为的建模中，布卢姆和伊斯利（Blume and Easley 1992）发现，理性和适应性之间的关联很弱，这在更大程度上侵蚀了曾经被接受的行为优化与竞争适应性之间不假思索的一致性。他们的模型还能够显示特定类型学习的选择性优势。在一个对社会演化具有深远意义的应用中，培顿·扬（Peyton Young 1991）在没有共同知识和最低限度理性的基础上建立了习俗的演化模型。"即使社会中的成员不'学习'，社会也可以'学习'"。空间上的接近减少了识别的成本，这已被证明在动物间和植物间合作的出现中非常重要（Nowak，May，and Sigmund 1995，80—81）。阿克塞尔罗德还注意到集群（clustering）* 对于"一报还一报"策略最初侵入怀有敌意的种群的重要性。这些发现与库尔特·高巴茨（Kurt Gaubatz 1993）的初步发现相呼应，即民主国家在历史上倾向形成集群（除了两次世界大战之间的一个短暂时期），尽管这种集群并没有产生相对于非民主国家的能力优势。

虽然演化博弈论有这些启发性的应用，但这类属于战略选择的"物种"在迁移到实证研究议程时是有局限的，这或许显示了对演化所进行的类推存在缺陷，且这些缺陷与其他演化路径所存在的缺陷是相似的。这些问题涉及对种群的界定、对模型中变异来源的描述、对环境的详细说明，以及对给施动者理性施加的限制进行辩护。

尽管在此类演化模型中，能相对容易地对这些由策略所界定的种群

---

* 类似地，中译版《合作的进化》一书中将"clustering"译为"小群体"。参见［美］罗伯特·阿克塞尔罗德：《合作的进化》，吴坚忠译，上海：上海人民出版社2007年版，第68—69页。——译者注

作出勾画，但这些种群通常由原子化的个体组成；甚至在许多仿真模拟的情况下是真实存在的个人。由于未引入社会结构或集体行动的决策规则，这也使得将此类演化模型直接应用在社会行为体身上变得更为困难（Hirshleifer and Martinez Coll 1988）。对于社会里各战略当中发生的最初变异，这些模型无法对变异的程度或是来源提供解释。经由突变在特定种群中引入的变异通常不是特意安排的，在社会环境或经济环境中发生突变的速率很难估计。生物环境和社会环境之间的主要区别之一就是突变的可能速率。在前者中，突变相对罕见；在后者中，突变可能过于频繁地发生，以至于现有的均衡没有时间在两次突变出现之间进行调整（Binmore and Samuelson 1992）。事物的结果往往对新突变型（mutants）进入的顺序和速率以及新突变型的策略高度敏感。导致"演化稳定策略"的竞争压力要是发生转变，可能会由于特定策略出现率的衰退（degeneration）而使另一个竞争者的入侵成为可能，而"演化稳定策略"原本对该竞争者应是免疫的（Young and Foster 1991）。如果突变型可以引入一点全新的行为形式，那么突变型就有可能改变正在进行的博弈以及特定策略的出现频率（Mailath 1992）。

与其他演化路径一样，在博弈模拟及社会和历史情境中对选择环境进行详细说明被证明是困难的。正如布卢姆和伊斯利（Blume and Easley 1992）所指出的，在金融市场和其他经济情况下，对特定环境中适应度标准（体现在报偿里）的选择必须小心谨慎。当用具有不同策略的种群来界定环境时，许多看起来稳健的策略已被证明对环境条件高度敏感。在进行了更多的模拟后，人们对"一报还一报"在许多环境条件下占主导地位的早期发现产生了怀疑。赫舒拉发认为，"一报还一报"在通过演化促进合作方面的成功是"高度取决于具体情况的"。改变阿克塞尔罗德的一些初始条件会使选择其他策略更为有利，或是使得一个若干策略共存的稳定平衡成为可能（Hirshleifer and Martinez Coll 1988）。赫舒拉发和马丁内斯·科尔（Hirshleifer and Martinez Coll 1992, 272）认为，通常情况下，一份种类更多的策略菜单（menu of strategies）能在许多环境中生存下来，并会共存，"每个策略都会在某些环境背景下表现相对较好，而在另一些环境背景下则不然"。近来的模拟表明，一种要求低得多的策略（就出错概率或复杂性成本而言),即"赢则继续,输则改变"(win-stay, lose-shift,被记为"巴甫洛夫"),对自然界中合作的演化来说可能是比"一报还一报"更为普遍的准则(Nowak and Sigmund 1993)。

不过,社会或历史情境中的环境可能也不仅仅包括由玩家组成的种群。这种更大意义上的环境如何影响到报偿结构和贴现参数,这点很少被说清楚。例如,赫舒拉发作出了一些改变(比如引入淘汰赛而非循环赛),显示了一个"更严酷"或更不宽容的整体环境。这种关键的环境调整可能对应于军事技术的变化(表现糟糕者的报偿变成了彻底毁灭,而非将来的经济劣势或其他经济上的苦难)或贸易的增长(增加了合作的报偿)。

如前所述,演化博弈论也允许放宽严格的理性假定。"策略"朴素天真和固定不变的特质(用来表示"对个体在所有发现其自己身在其中的情况下将会做什么的详细说明")未能考虑到对识别、推理以及学习等复杂能力的需要(Maynard Smith 1982, 10)。演化博弈论在社会科学中的应用已经纳入了简单的学习行为,有些甚至确定了不同类型学习的相对适应度。有限理性为演化模型增添了现实品质,对这些模型中行为所具有的惯性和一致性特征来说同样是必要的。然而,正如莫罗(Morrow 1994a, 204)所指出的,有限理性有若干含义。在用于演化模型之前需要对有限理性进行准确界定并进行正当性辩护。对人类的推理能力作出限定是有道理的,但这种推理能力的限度会因环境而异。这方面的类型学(typology)仍有待建立。

尽管依循粗略的达尔文学说和演化博弈论的战略互动模拟已经为社会互动和国际互动提供了令人向往的类比,但将战略选择和演化动力学联系起来的研究纲领至此才刚刚形成。正如阿纳托尔·拉波波特(Anatol Rapoport 1988)所提醒的那样,要根据这种受到限制的(以及明显是易受影响的)条件的模拟来提供政策处方还为时过早。然而,演化博弈论的应用为融合各种因素提供了一条前景光明的途径,这些被融合的因素包括符合现实的推理假定、战略选择,以及对行为体种群(populations of actors)发挥作用的选择压力所提供的动力机制。

演化、制度与国际关系的单元

本书的前几章已展示了战略选择在国际关系中长期以来的重要地位。演化的语汇也一直是国际关系的一部分,但直到最近,演化的理论还未在国际关系中出现。* 例如,肯尼思·华尔兹(Kenneth Waltz 1979)断言,选择和社会化是结构影响国际政治中行为的两个主要机制。尽管在处理由竞争导致的选择时,华尔兹在某些地方使用了彻底的达尔文式语汇(比如,理性"只是意味着一些人比其他人做得更好——无论是借助才智、技艺、勤奋还是碰巧走运"),但是关于"成功"程度差别的明确中介指标、关于竞争环境的清晰描绘以及关于对选择环境如何随时间变化的评估,华尔兹从未展开说明。

罗伯特·吉尔平(Robert Gilpin 1981)对国际政治中变革的处理是更具循环性的(cyclical)而非演化性。在吉尔平关于霸权国兴衰的论述中,变革的来源是特定国家内生的;来自其他国家的压力并不直接出现。尽管对变革和扩张的限制包括"对立国家的产生",但其重点还是放在对规模扩张设置限制的内部过程:国家内部的离心力和经济结构的变化。

上一节中描述的演化理论主要来自经济学,其中针对施动者(尤其是企业)的竞争性选择在理论上是基于最优化的模型的重要对手。对于世界政治来说,演化路径的优势在面对特定种类的国际变迁时得到了最好体现,这些国际变迁与达尔文式模型所解释的自然界中的变迁是同一类,即在相对较长的时间内(或在多次迭代的博弈中)种群特征的变化。国际关系中的三个构成要素启发了具有演化轮廓的替代性理论,它们是:在不

---

* 唐世平于 2013 年出版的《国际政治的社会演化》一书在此处值得被提及,该书因对构建国际关系演化理论的贡献获得国际研究协会(ISA)年度著作奖。一则轶闻是,作为本书编者之一的罗伯特·鲍威尔曾是唐世平硕士论文答辩委员会主席。参见 Shiping Tang, *The Social Evolution of International Politics*, New York: Oxford University Press, 2013。——译者注

同制度均衡间的选择、对单元规模的选择,以及这些单元之间的制度同构(这种选择导致特定的"物种"单元——主权领土国家——具有惊人数量的相似特征)。演化模型在国际关系中的这些应用也与莱克和鲍威尔所描述的战略选择路径的方法论赌注之一类似:演化模型可以应用于不同的分析层次,这些不同分析层次呈现出一张"从个体到国际结果的无缝之网"。

制度演化

彼得·古勒维奇将制度的出现——包括国内制度和国际制度——描述为所指明的施动者之间的战略均衡。制度变迁可以用偏好或是(经由学习的)战略剧目(strategic repertoires)的内生变化来解释。制度发生变迁的另一个原因是演化:随着时间推移,不同制度均衡间的竞争性选择。

对制度变迁最具影响力同时也是较为浅薄的演化论解释之一来自弗里德里希·冯·哈耶克。对哈耶克来说,制度和"自发秩序"(spontaneous order)的出现要通过一个他所描绘的与自然选择相似的过程,既非自然的(基于基因),也非人造的(人类有意识设计的产物)。制度秩序是"一个筛选或过滤过程"的结果,"指引此过程的是不同群体的差异化优势(differential advantages),而这些优势的获得是来自各群体出于某些未知的、也许是纯粹偶然的原因而采取的做法"(Hayek 1979,155)。虽然秩序的出现与合作的演化有一些相似之处,其中合作的演化是通过对自利战略(self-interested strategies)的"盲目"选择完成的,但哈耶克的类比显然指的是市场体系,以及市场体系整合个体特殊信息优势并协调个体间行动的能力。哈耶克对制度演化的看法与达尔文式演化的相似之处还在于他不时的反目的论声明。与他的"眼中钉"(其中包括卡尔·马克思)不同,哈耶克不相信我们可以理解历史的方向,也不认为我们可以提出任何关于演化的法则。

遗憾的是,哈耶克对自然选择的间接提及也就止步于此了。他并没有为制度发展提出一个条理清晰的演化理论。持续变异和制度创新的来源是难以说清的(Hodgson 1993b)。哈耶克假设了一个模糊的"制度市场",在按照市场标准以外的方式运作的环境中,群体(他的理论是文化和制度领域的群体选择)由于未被具体说明的途径(means unspecified)而处于有利地位和不利地位。(例如,通过战争和征服消灭整个文化,这就很难符合哈耶克相对温和的、"自下而上"的人类演化观)。正如纳尔逊(Nelson 1995,82)所描述的,哈耶克与其他制度演化理论家相似,没能具体说明选择机制是如何运作的,这些机制是纯粹选择性的还是包括了某些学习(从而超出了简单的反复试错),以及为什么这些机制有利于整个社会,而非社会中某些群体的特殊利益和权贵利益。最后,哈耶克对理性的态度仍然是模棱两可的:对所有由上面强加的理性主义"宏大设计"(grand designs)抱有敌意,但当演化走入歧途时又抱定决心要动员起来进行干预,反对这类集体主义的设计(Hodgson 1993b,183—185)。显然,"盲目的"演化最终必须由理性思考和学习来纠正,此处的学习恰是基于哈耶克对 20 世纪的理解。

道格拉斯·诺思(Douglass C. North)不断发展的新制度主义代表了另一种有影响力的对制度变迁的解释,其中包含了隐含的演化假定。在他的早期作品中,诺思关于制度的论点明显是由对效率的考虑所驱动的。创建更有效率的经济组织是理解西方在近代早期与其他地区相比更成功的关键(North and Thomas 1973)。而西欧更有效率的经济组织的演变又是由潜在变化,尤其是贸易的扩大以及军事技术的变迁所驱动的,这些潜在变化增加了政治组织的最优规模(optimal size)。诺思的早期论述有一种必然论者和功能主义者的特征,在此特征下的这些变化指向了民族国家的出现。虽然国际军事竞争潜藏在该解释的背景中,但正如《西方世界的兴起》的最后几章所表明的,在同构的(isomorphic)内部制度安排这点上并没有趋同(除政治单元的规模外)。荷兰和英国都是当时欧洲最有效率的政治经济体,而且是离群者(outliers),因为它们的规模相对较小。虽然诺思声称,国际竞争为欧洲主要国家之间的趋同提供了"强大的激励",并且在更大的规模这点上有一些趋同(即使这点也是有争议的),但经济上的前进国家和经济上的落后国家的国内制度安排之间几乎没有趋同。诺思的最新成果已将未能在最有效的制度设计上发生趋同作为中心问题。

诺思(North 1994)现在已明确放弃了他之前的论点,即制度必然朝着配置效率(allocative efficiency)的方向演化。制度减少了不确定性,但不能保证它们会为人类互动提供一个有效率的框架。与哈耶克不同的是,诺思(North 1990)意识到,持续存在的制度在很多时候都是效率极低的,并使得经济停滞容易发生。诺思不再假定有一种迈向更有效率制度的选择性倾向(selective tendency),他现在试图解释为什么在低效率制度背景下的经济停滞可以持续如此之久,在许多情况下会持续好几个世纪。诺思的模型继续依赖于竞争和市场,不过他也承认政治市场与经济市场有很大不同。

诺思对竞争性选择的失败——即无法淘汰低效率的经济组织和政治组织——进行了解释,其解释的核心是适应性效率(adaptive efficiency)这一概念。适应性效率是指允许社会"去获取知识、去学习、去诱发创新、去承担风险及从事各种各样的创造性活动,以及去解决社会在不同时间的问题和瓶颈"的那些规则(North 1990,80)。解释适应性低效率社会(adaptively inefficient societies)的核心,一方面是制度路径依赖(或锁定),另一方面则是存在社会学习的认知障碍。在早期诺思那里定义模糊的"竞争环境",在晚期诺思那几乎消失了,晚期的诺思对经济绩效差别的解释完全是内生的,与之相关联的是过去事情的分量(路径依赖)以及从认知上和意识形态上阻碍集体学习(collective learning)的筛选程序。这些导致制度惯性的倾向可以作为一种关于选择的论点(selection argument)的基础;对诺思来说,这些倾向是对制度静滞和经济失败的解释。

"选择环境"在诺思经过修改后的关于制度演化的解释中几乎消失,这不过是确认了对新古典主义制度观所提出的批评。由于对"制度"的界定非常宽泛——"塑造人与人之间互动的人为设计的制约"(North 1990;Nelson 1995),要界定相关的"竞争环境"就变得更加困难。但目前还远不清楚,竞争环境——其在新制度主义文献中继续受到欢迎——是否是核心关切。正如詹姆斯·卡波拉索(James Caporaso 1989,154)所认为的,新制度史在为制度变迁创立一种演化理论这点上充其量只是"暗送秋波",若是要创立一种演化理论,这需要"一种语言上的转变,从效率转到适应、从效用转到选择者(selectors),从有意识的选择到盲目的(无远见的)探测"。演化路径会对市场的类比抱有怀疑,并着手考察制度变迁中发挥作用的选择者们(纳尔逊所说的选择环境),而不是重新复原这种界定不清的竞争性市场类比。对该环境所占权重的评估及对其轮廓的勾勒工作几乎还未开始:"我们对这种选择环境如何运作,以及它如何定义'适合度'知之甚少。我们没有理由认为这类选择环境是严厉的或是稳定的,更没有理由认为是依据'经济效率'进行选择了。"(Nelson 1995,83)

演化博弈论为制度的出现和稳定的制度均衡的可能性提供了一种稍微有点不同的见解。阿克塞尔罗德(Axelrod 1986)对规范演化(evolution of norms)的处理与他早些时候对多人囚徒困境博弈中合作演化的模拟相似。不假定行为是理性的;在种群中加入了小概率的突变;更成功的玩家被裁定为"繁殖成功"。阿克塞尔罗德增加了一个核心假定,即稳定的规范取决于实施的某种概率,这使得目标受众和强制实施者都需要付出成本。在种群内部有背叛意愿(这种背叛有被发现的风险)和惩罚意愿的特定初始假定下,出现的模式是:(在惩罚的威胁下)不断增长的遵守规范的行为、(由于存在实施成本)愿意进行惩罚的种群减少,以及随之而来的对规范的违反的增加——简言之,稳定的规范无法出现。规范博弈只有在引入元规范博弈(meta-norms game)时才能实现稳定,在元规范博弈中,那些未能对背叛进行惩罚的人自己也会受到惩罚。(而这一结果取决于足够高的报复性水平,也就是说,无论是哪种背叛都有很高的概率受到惩罚!)在人类种群中,是否能达到足够高的报复性水平来支持元规范是一个实证问题,而阿克塞尔罗德并没有对此作出回答。

乌尔里希·维特(Ulrich Witt 1989)发展出了另一种演化理论,其在灵感上是更接近哈耶克式的。他认为制度是在不存在战略行为的情况下仅仅通过扩散和模仿效应进行传播的。在这个模型中,采纳某项制度创新或规范创新的效用取决于种群中其他采纳者(adopters)出现的相对频率。在某些情况下,由于种群中的个人利益,传播将"自发地"发生,并达到稳定的制度均衡。在其他情况下,如果没有"扩散剂"(diffusion agents)的干预,采纳者的临界多数(critical mass)是无法达到的。这些"扩散剂"通过以下方式来传播新制度,即诱导"足够数量的其他施动者来预期集体的采纳将会发生,从而使这种预期变为自我实现的"。

这里列举的最后一个,是扬(Young 1991)为自我实施的习俗的出现建立的一个模型,该模型不依赖于演绎推理或是假设一个聚焦点。* 相反,由于过去参与博弈的反馈效应,各种预期会随着时间的推移而收敛至一个均衡。扬论证了,如果玩家的反应有足够多的随机变异性(体现为试验或错误),这些预期将会以演化的方式收敛于一个均衡,一种随机的稳定均衡(stochastically stable equilibrium)。

这些关于规范、习俗和制度演化的路径中,每一种都包含着对理性行为、战略互动和稳定或随机波动环境的不同假定。这些差异进而又反映了制度的多样性及其背后的战略情境(例如,对强制实施的需要,以及自发采纳和出于利己考虑而采纳的可能性)。关于制度的演化模型提供了一种途径来解释多个多重均衡之中出现的单一的(或有限的)制度选项,这类制度选项存在于特定的行为情境中并且至多也只表现出有限理性。

演化与单元规模

从封建制结束到第二次世界大战结束的这段时间里,世界政治中的单元规模似乎在增加,在由巨大的(按历史标准来看)政治单元——帝国和即将成为的超级大国——进行的世界性冲突中达到顶峰。1945 年后,去殖民化使民族国家的平均规模迅速下降,苏联和南斯拉夫的解体则是这一趋势在晚近收听到的一个外加变调。学者们已提出若干理论来解释这一模式变化。戴维·弗里德曼(David Friedman 1977)将他的理论建立在想要实现财政最大化者(fiscal maximizer)如何进行计算的基础上。领土的价值在于其所预示的税收收入增加(扣除征收成本)。征税的税基(土地、贸易和劳动)不同会对这种计算造成不同影响。在弗里德曼的分析中,贸易和劳动所提供的是能够"逃避"个别统治者的潜在税收资源。如果贸易航路位于不同的司法管辖区,那么对贸易要么会课税不足(undertaxed),要么会课税过重(overtaxed);如果劳动被征税,那么劳动力可以移动到另一个司法管辖区。这两种税源的相对增加将导致扩大领土控

＊　聚焦点(focal point),又称"谢林点",在博弈论中该概念由托马斯·谢林在《冲突的战略》一书中提出,指玩家在没有交流的情况下所倾向作出的默认选择。——译者注

制(或增加种族同质性)的努力,以使税收最大化。弗里德曼认为,早期封建时期贸易的崩溃刺激了那些完全依靠土地获得收入的政治单元的分裂。随着中世纪晚期贸易的扩大,政治单元的规模也在增加,而且在单个政治单元内出现越来越多的族群。

阿尔贝托·阿莱西纳和恩里科·斯波劳雷(Alberto Alesina and Enrico Spolaore 1997)近期的一篇文章采用了不同逻辑。他们的假定之一是,在民主政体中,人群对公共物品的偏好必须由其领导人来满足。在提供公共物品的规模经济与更多的人口数量会对所提供的公共物品存在异质性更大的偏好的概率之间出现了张力。由此得到的第一个可能结果是,在一个由人群偏好必须得到承认的民主政体所组成的世界里,其呈现的单元规模会比由独裁国家组成的世界小。第二个可能结果则与增加规模的好处以及夺取这些好处的优先手段有关。随着经济一体化的增加(贸易壁垒下降),国家的规模变得不那么重要了。因此,阿莱西纳和斯波劳雷认为,国家的规模将与它们之间经济一体化的程度成反比。

这两种解释都没有对这些单元的竞争环境给予任何考虑。弗里德曼的模型或许假定了税收最大化的竞争理由;阿莱西纳和斯波劳雷承认,必须在他们的模型中加入军事威胁和国防开支的角色。两种解释关于一组关键关系——贸易增长对政治单元规模的影响——的相反预测(弗里德曼预测规模会增加,阿莱西纳和斯波劳雷预测规模会减小)与未能考虑到这种来自其他单元的竞争有关。在某些情况下,抢占贸易增长收益的最有利手段是占领或征服其他政治单元(现代早期和19世纪末似乎都证实了这种关系);在其他情况下,例如20世纪末,领土控制与从经济一体化中的获益是相分离的。

第三种模型更趋向于通过军事技术这一变量将竞争环境纳入到对规模的解释。理查德·比恩(Richard Bean 1973)将“战争技艺”中明显的外生变化与1400年至1600年间国家最优规模的增加联系起来。加农炮的投入使用以及特别是对常备军(而非封建征兵)的采用增加了国家对税收的需求(并直接减少了内部抵抗的几率)。通过在更大的税基上分配公共物品的供给,可以实现规模经济;更大的领土也会增加来自贸易的收益。在比恩的论述中,国家扩张的过程有一个朝内的面向(中央集权)和一个朝外的面向(将较小的单元合并为较大的单元)。

抛开这几个世纪以来实际的合并程度不谈(一些分裂也有发生),比恩的解释由于未能对可能助推规模扩大的选择和竞争过程(selective and competitive processes)进行处理而被削弱了。步兵常备军很难算得上是一项新技术。君主们对这种古老的新式军事手段的需求是可以解释的;竞争环境的变化是一种合理的候选解释。比恩所规定的更大规模的优势,需要在行政和财政技术保持不变(较小的单元可以在征税方面加强创新,就像在荷兰和英国那样)以及不存在规模增加所带来的抵消成本(off-setting costs)的情况下才能实现。事实上,经济史学家的一个核心论点是,伴随着规模和中央集权的增加而发生的变化是重要的。太多的中央集权可能会使低效率的制度嵌入,这对长期增长有害无益。一个权势过大的君主没有动机承认对产权的保护和其他有利于长期增长的制度创新(North and Thomas 1973)。在现行军事技术下,也许可以通过减少长期选择性优势(long-run selective advantage)的方式来实现最优规模。"竞争会倾向于淘汰那些规模在最优范围以外的企业"(通过瓦解或吸收),这种漫不经心的市场类比需要展开说明,而不是仅作出这样的假设。选择环境可能诱发了军事技术的转变,同时也为能存活的政治单元的规模设定了上限和下限。考虑到1600年后欧洲仍有众多小政体继续幸存着,竞争本身的激烈程度也必须得到讨论。

民族国家的演化"适应度"

在比恩对现代早期欧洲的论述中,提及了拥有主权的领土性民族国家的适应性优势。尽管他强调的是政治单元规模的扩大,但欧洲人口此外还见证了政治单元类型的转变。正如政治单元规模在20世纪中期的增加一样,主权领土民族国家的出现频率也出现了增长,并相对其竞争对手而言占据了优势地位。随着苏联这个最后的跨国帝国(multinational empire)的消亡,就没有了竞争对手,只有一个或许会也或许不会朝联邦制发展的欧盟可能是个例外。竞争压力是对制度同构(institutional iso-morphism)的一种解释,而近来对现代早期欧洲政治单元之间日益增长的同构的两种解释,都依赖于竞争动力学和演化模型。

查尔斯·蒂利(Charles Tilly 1975,1990)长期以来一直强调军事竞争在现代国家体系创建中的作用。与其他许多研究者不同,蒂利拒绝接受从中世纪君主政体到现代国家的简单线性演化。相反,蒂利(Tilly 1990)注意到了不同的路线,并试图解释自中世纪以来在欧洲出现的国家类型的变化以及它们最终在民族国家这一模式上的趋同。有两种替代选项尤为突出:一种基于资本和城邦,另一种基于强制和国家。对于其复杂精细的论点,蒂利进行了浓缩,他主张“战争制造国家,反之亦然”。战争是造成政治单元变异的原因,这是拉马克式的论点,即变异是由环境挑战所激发的,此处指的是军事冲突的威胁。在将替代性的国家形式挑选出局(select out)这点上,战争同样也是至关重要的。随着商业化的蔓延和资本向更大的政治单元积累,城邦的关键优势(资本)被削弱了。在这一点上,蒂利的论点与比恩的很接近:向常备军的转变意味着需要更多的资源才能在竞争激烈的环境中生存。小规模、权力分散的国家处于明显的不利地位。

亨德里克·斯普路特(Hendrik Spruyt 1994)提出了一种不同于蒂利的替代性解释,该解释在结构上甚至更明显地具有演化性。虽然斯普路特与蒂利一样认为中世纪晚期确存在政治形式的变异,但他认为这种变异并不是由军事冲突所带来的环境挑战所激发的。更确切地说,该变异起因于经济环境中的外生变化——贸易的增长,其作用于不同的内部政治联盟并产生了不同结果。中世纪环境的变化产生了三种“同步选项”(synchronic alternatives):主权领土国家、意大利城邦国和城市同盟(以德国汉萨为代表),它们在接下来的几个世纪中相互竞争。斯普路特仔细说明了这些备选形式之间存在差异的关键维度——内部等级制的程度以及根据领土参数对权力的划界。

与蒂利相比,在斯普路特对主权领土国家享有的选择性优势的解释中,与竞争对手发生军事冲突的表现并没有被给予那么重要的角色。在斯普路特看来,军事上的成功这一明显达尔文式的角色掩盖了国家更为根本上的组织优势。较之其竞争对手,国家可以更有效地动员军事资源,但这仅仅是因为其更优越的制度结构。这种制度结构还为其在现代早期欧洲的环境中赋予了其他优势。斯普路特提出了三种不同的“选择”机制

（mechanisms of "selection"），尽管其中两种不好装进严格达尔文主义的框架里。*主权领土国家的内部组织允许它更有效地动员资源，并赋予它其他外部优势，如在对国际协议作出承诺时有更大的可信性，并提高了防止"搭便车"的能力。虽然对领土国家选择性优势的这种解释拓展了蒂利对军事冲突动员的强调，但这与蒂利的观点仍是兼容的。

斯普路特偏向于同构性的第二个机制不是竞争机制，而是制度主义机制。借鉴社会学家安东尼·吉登斯（Anthony Giddens）的观点，斯普路特提出了"相互赋权"（mutual empowerment）——一个创造有利于国家的环境并使那些不具备国家领土划界和内部等级制特征的竞争对手变得不具备合法性的过程，这有利于国家对抗城邦和城市同盟。虽然这一机制的运作被斯普路特更多地理解为是认知性的或规范性的，但该机制也类似于扩展了合作行为范围的亲缘识别（kin recognition）等生物学机制。

第三个也是最后一个机制（其实是两个不同的过程）仅是间接地被竞争性的外部环境所塑造；竞争可能刺激对更为成功的制度形式的模仿（这点与广义的演化模型兼容），并加速社会行为体从不那么成功的单元中退出（这点与演化模型不太兼容）。上述机制中的每一个都使主权领土国家较之其竞争对手更受偏爱；尽管这些机制可能有助于在达尔文式的军事冲突情境下生存下来，但不同机制产生的效应是可以区分的。

蒂利和斯普路特对欧洲政治形式的变异和趋同提供了令人信服和部分兼容的解释。两位也都面临着演化理论中常见的困难，即评估选择环境在影响相关结果时的权重。两种理论都无法解释为什么趋同直到非常晚近的时候才完成。城邦国家一直存活到现代；由于仅存在一个城市同盟，因此很难对该形式的生存能力得出确切的结论。不仅城邦国家存活了下来，一些城邦国家——尤其是被称为荷兰的由城邦组成的联邦——还成为新时代中占主导地位的强国，这一事实给蒂利和斯普路特都带来了难题。

---

* 斯普路特在其书中强调的三种"选择"机制分别是：达尔文式的适者生存；"相互赋权"、有意的模仿和退出。对相关机制的更多讨论可参见 Hendrik Spruyt, *The Sovereign State and Its Competitors*, Princeton：Princeton University Press, 1994, p.158。——译者注

虽然在这些演化论解释中引入变异是有价值的,但人们也可能会注意到,变异的范围甚至比蒂利和斯普路特所允许的还要大。特别是,两位都没有仔细地关注到帝国这一政治形式,该形式在欧洲是失败的,但在世界其他地区长期占主导。正如琼斯(Jones 1987)所说的:"一个长期持续存在的国家体系是个奇迹。帝国是更容易理解的,因为它们是由简单直接的军事扩张形成的,对参与其中者有明显的回报。"即使在现代领土国家作为一个制度上的竞争者出现时,帝国的规模也在继续增长(Taagepera 1978)。与比恩一样,蒂利和斯普路特更擅长为新兴国家的动员能力设定下限,而不是设定上限。

更令人感到棘手的是选择环境的问题。蒂利对军事环境的依赖是简单直接的,他把领土国家和更强的资源动员能力联系起来的做法是合理的。然而,无论是蒂利还是斯普路特都没有研究经济环境;这在斯普路特那里尤其令人费解,因为他声称外生的经济变化造成了变异的迸发,从而开启了这些对手间的竞争。要评估斯普路特引入的非达尔文式的机制也有困难,尤其是评估相互赋权的重要性。需要额外的证据来说明相互赋权的运用是为了与国家组织的那些对手竞争。总的来说,尚不清楚斯普路特是否认为此外的其他机制可归入有利于生存的更广泛的达尔文式动力学之下,也不清楚这些机制是否各自独立存在。

最后,在这些互为对手的政治形式的竞争模型中,理性和有预见性的行为起到了什么作用并不明确。通过纳入模仿和社会选择(从"下面"进行的选择)等机制,斯普路特的模型可以包含战略行为的元素,这些元素以一种纯粹达尔文式模型可能会忽略的方式影响最终的结果。对于蒂利和斯普路特来说,这个问题的答案取决于相互竞争的变异体中核心制度的定向适应(directed adaptation)是否可能,以及路径依赖是否锁定了初始制度设计。如果缩小到在规模意义上讨论国家形态(这与蒂利在其论述中的做法接近),那么这种自我定向的转型是不大可能发生的。如果领土国家的轮廓是建立在中央集权和领土性政治结构的基础上,那么定向改进就是可能的。然而,在不确定性条件下,特定制度形式的选择性优势是否明确易辨,还需要更多研究。政治单元在那极其重要的几个世纪里只从事了很少的政治实验(political experimentation)吗,从事的是非定向的随机实验吗,还是说政治单元有意识地选择了适应性变化?

结论:演化理论及其对手

蒂利和斯普路特给出的解释为将演化逻辑应用于国际关系中的一个重要问题提供了极好的例子。他们论点的设计符合理查德·纳尔逊对演化模型的广义定义:对一个变量在不同时期的运动的解释;产生变异的途径和对该变异进行筛选的机制;以及在幸存者中提供"恒久性"(constancy)的"惯性力"(inertial forces)。蒂利和斯普路特的论述还提示了一个适合演化理论的研究议程:大型种群在很长一段时间内与相对固定的环境的相互作用。简单陈述对此议程的说明为国际关系中缺乏演化论研究纲领提供了一种解释。国际关系的理论家们一直痴迷于1945年后的国际体系和冷战引发的即时政策议题;"宏大"理论家们("grand" theorists)更专注于解释所谓的永恒模式(eternal patterns)而不是讨论处理国际变化。国际关系大体上将注意力集中在大国,而且往往是超级大国,而不是关注大型种群。"种群思维"对国际关系领域来说并不自然。"长时段"(ongue durée)*也很少超过一个或两个十年。

演化理论的范围

只有当国际关系领域扩大其历史臂展(如斯普路特和蒂利所做的那样)并扩大所考虑的问题范围,演化理论才能在此领域找到更多听众。一个可能的研究道路是,将斯普路特和蒂利的论点推向欧洲扩张之初存在的更大世界中的政治单元,并解释这些单元在被卷入军事和经济竞争的

---

* 这里的"长时段"说法来自法国年鉴学派学者费尔南·布罗代尔(Fernand Braudel)。这一术语被用来表示一种比人类记忆和考古记录更深入过去的历史观点,以便将气候学、人口学、地质学和海洋学纳入其中,并描绘出那些发生得非常缓慢以至于那些经历过它们的人难以察觉的事件的影响。当然,本章作者此处使用长时段一词并不是指年鉴学派的研究,而是对国际关系中某些所谓"长时段"研究的评论。——译者注

漩涡中随着时间的推移所取得的相对成功。

演化博弈论提出了着重研究国家战略及由竞争环境对特定战略进行选择的可能性。关于当代各经济体对市场导向和新自由主义政策的趋同,国际投资者和金融机构的议价杠杆可以进行解释;与此同时,对市场导向政策的内生选择也同样是对这一转变的候选解释。演化模型提供了一种竞争性解释:对日益自由化的国际经济环境采取更加开放战略的国家的相对成功。在某些情况下(苏联),失败意味着消亡;在其他情况下,战略的成功改变意味着资源的增加和国际地位的提高。要发展出对战略进行选择(select on strategies)的模型将需要一种更为复杂精细的战略类型学(typology of strategies),这种战略类型学要超越囚徒困境中简单的"合作"或"叛变"的选择,并扎根于各政府的历史选择之中。

扩大国际关系的范围,使之超越由国家定义的国际环境和由国家组成的种群,也将提升演化路径的效用。构成国家环境一部分的那些国际变迁——国际产业网络的演变、占优势地位的语言的出现和瓦解、移民模式等——应该被纳入对环境的重新定义中;进而演化理论就可能成为更合理的解释力角逐者(explanatory contenders)。

从最广义的角度说,认为演化理论具有价值,这种押注就意味着对世界如何运作进行下注。正如莱克和鲍威尔在本书第一章中所建议的那样,应该以实用主义的态度运用理论,允许每种理论都代表着对现实的一种必要简化。准达尔文式的过程(Quasi-Darwinian processes)不是解释历史变迁的唯一途径;正如赫舒拉发(Hirshleifer 1987b, 220)所指出的,由于潜在的经济和社会变迁,"革命式的"(而非渐进式的)和"经过设计的"(而非无意识的)变化可能在社会生活中发挥了更重要的作用。然而,无论人们在更大的研究纲领中押上何种赌注,国际关系中的特定研究问题似乎仍然适合运用演化路径来进行探讨。

方法论的选择

一些重要的方法论议题贯穿了此前回顾的演化理论的应用。其中最重要的是演化模型和国际关系的战略选择路径之间的联系。在一些演化路径中包含了理性和预见性的假定,但对大多数演化路径而言,理性行为并不是必需的。"严格的"达尔文主义者认为,达尔文式论点的适用性取决于"个体意图和组织结果之间耦合的紧密度"(Hannan and Freeman 1989，23)。组织生态学家认为,个人的意图对组织的长期成功或失败几乎没有影响,这是他们的出发点。其他人,如纳尔逊和温特,在他们的模型中保留了定向变异和简单学习的元素。针对个体或制度层次上存在的理性和有预见性的行为,演化模型能够承认对这类行为的不同解读;然而,它们不能赋予这类行为压倒性的解释权重,否则选择环境在创造非预期结果方面的重要性将会急剧减弱。在所描述的应用中,定向变异和适应性学习是两个要点,在这两个要点上引入至少有限理性能够有助于模型的解释力。从这个维度看,演化模型的完善与将学习作为一种变化来源是类似的,后一种做法在更广泛的一类战略选择模型中有所体现。不过,演化模型的吸引力之一向来是它们为从严苛的理性假定中解释国际结果提供了一种解脱。

第二个方法论上的要求是对种群中变异的解释。对于国际关系来说,这个要求没那么严苛,国际关系领域并不必须要有很大程度的惯性来确保不同时期的行为一致性,从而为选择得以发生提供场域。就此处来说,同样是放宽理性假定的做法有助于测量行为和战略中所必须要有的复制。

第三个方法论上的挑战是环境的特征。生物学家围绕环境在解释适应性上的重要性进行了争论,但他们在论战中引入的"约束"(constraints)意味着,约束是由过去的演化以及生物体现有的设计所施加的——"内部特征"就是约束。在社会科学中,由于强烈偏向于对变化的内生性解释,故"约束"是从外部施加的,其施加的对象在本质上是一个内部故事(inside story)。对于社会科学中的演化理论家来说,他们必须为演化生物学家的出发点——后者概念上的赌注(conceptual bet),即适应性是由环境对性状的选择来解释的——提供辩护理由。

由于环境的概念不明确,在社会科学中构建适应主义的解释变得更加困难。正如莱克和鲍威尔所描述的,战略选择路径在方法论上押注于一种局部均衡路径(partial equilibrium approach),这种路径"通过忽略一些反馈效应来对问题进行简化"。演化路径必须对相关的选择环境作出明确的并且是能够进行辩护的选择。* 就国际关系中对演化论语言的使用来说，环境经常被界定为作为军事竞争对手的其他国家。虽然这种界定与战略选择路径相吻合，但其也可能遗漏了选择环境中的一些关键元素。对于新制度史学家来说，"制度市场"这样一个模糊的类比便已足够。有几条路线可以让我们能够对相关的选择环境进行更仔细和严格的说明。赫舒拉发关于生物种群的竞争类型学提示了其中一条改进路线：一种在特定场景下"可允许的"（permissible）竞争战略类型学。对竞争强度的某种衡量以及对竞争强度决定因素的了解也将有助于使演化理论的应用更有说服力。

最后，演化理论和更多依赖能动者的有意识设计的理论都被偶然性（contingency）的问题所困扰。史蒂芬·杰伊·古尔德对伯吉斯页岩（Burgess shale）的处理有力地（而在别的理论家眼中是不正确地）论证了这种替代选项的含义（Gould 1989）。阿尔钦（Alchian 1950）在描述博雷尔实验（Borél experiment）时提出了一种类似的可能性。阿尔钦用博雷尔的例子来论证经济学家有将演化模型用于解释的能力，即便随机和非定向行为是选择的领域（field for selection）。** 古尔德得出了一个非常不同的结论，即对于某些结果来说，无法构建出一种合理的适应主义叙事。

---

* 在本句"对选择环境作出选择"的意思中，前一个"选择"对应"selection"，后一个"选择"则对应"choice"。前者是指一种挑选的过程或行为，更多地与演化论所说的"自然选择"相关联，后者则是指在不同选项中作出决定，包括对多个可能选项进行优缺点的判断和比较。由于上述两个在英文中各有侧重的单词在中文里都习惯译为"选择"，加之中文的"选择"兼具名词和动词词性，故要从译文中明确区分两者可能存在一定难度。一般而言，涉及与演化理论中"自然选择""社会选择"相近语境的"选择"多对应"selection"。——译者注

** 这里提到"博雷尔的例子"指阿尔钦在文中引述的博雷尔提出的随机模型及其对企业生存的推论。具体如下，假设两百万巴黎人被两两配对进行抛硬币比赛。每组选手一直抛下去，直到同一组的两位选手抛出相同的一面获得胜利再进入下一轮。假设每秒抛一次硬币，每天抛八小时，那么平均来说，这场比赛在十年后仍会有约一百多对在继续比赛；如果玩家可以将比赛留给他们的子嗣，那么在一千年后仍然会有大约十几对玩家继续进行比赛。其中的含义是显而易见的，假设一些生意已经运营了一百年，我们不应该排除运气和几率作为解释企业长期生存的实质性因素。参见 Armen A. Alchian, "Uncertainty, Evolution, and Economic Theory," *Journal of Political Economy*, Vol.58, No.3, 1950, p.215。对此的进一步讨论亦可参见 Clément Levallois, "One Analogy Can Hide Another: Physics and Biology in Alchian's 'Economic Natural Selection'," *History of Political Economy*, Vol. 41, No.1, 2009, pp.163—181。——译者注

在他看来,伯吉斯页岩中发现的奇异形态有充分的理由可以与寒武纪海洋中的其他栖息者一样成功,只不过后者的祖先(其中包括我们的祖先)幸存了下来。造成大规模灭绝的环境冲击周期性地改变了选择的规则,这种改变是如此剧烈,以至于古尔德很难设想出一种渐进主义的演化叙事来解释其中的赢家和输家。以令人印象深刻的形式,古尔德提出了环境变化的速率问题,以及在快速变化的环境下还能否支持适应主义的解释。乔恩·埃尔斯特(Jon Elster 1989, 80)运用了同样的论证来反对在社会科学中采用选择主义的观点,他指出,"社会选择论(social-selection argument)或许在变化缓慢的农民社会中起作用,在这种社会中,工具手段和常规惯例有时间达至局部的完美(local perfection)。这种论点在复杂的、快速演化的经济体中不太可能有很强的解释力"。值得注意的是,埃尔斯特对演化论中的最优适应(optimal adaptation)观点持反对意见。

作为一剂良方的演化理论

无论各种演化路径是否在国际关系的未来研究议程中占有重要的一席之地,它们都将继续作为良方(antidotes)来帮助矫正那些指导我们研究的未经思考的假定。首先,演化路径迫使研究者们解释观察到的目的性行为和学习的效果,而不是假定将会产生预计的效果。我们不能假定能动者对其环境以及对设计"适应性"战略以应对环境挑战的关注程度与成功的学习直接相关。在现代早期欧洲,学习和适应在军事技术领域相对较快,而在政治制度和经济制度领域则要慢得多(如果看得出来的话)。若要使对学习和定向适应的讨论摆脱无效论证(hand waving),则需要明确说明反馈回路,并且明确说明学习到的行为将以何种方式进入与其他玩家和特定环境的未来互动。

更为重要的是,演化理论迫使人们关注初始变异。社会科学家们使用并欣赏直线式发展、内部决定论的模型。专注于赢家而忽视不成功的或没有幸存下来的演化论上的替代选项是一种令人遗憾的习惯,这在任何严肃的演化纲领中都是不可能的。

这些对常见理论隐患(theoretical pitfalls)的有益改正,为国际关系中通常被视为战略选择竞争对手的那些路径既提供了意料之外的契合之处,也显示了与其之间的明显分歧。认知模型(cognitive models)同样解释了为何适应性学习会失败,以及为何选择会肆意践踏那些试图领会和适应环境的能动者们。如前文描述过的,诺思在解释经济体未能向更有效率的制度趋同时,越来越依赖于认知方面的洞察力。然而,与国际关系中的大多数认知模型不同,演化理论中的种群基础使得个人的认知差异在解释结果时不那么重要。

建构主义者在解释国际结果时给社会环境赋予了重要角色。然而,在他们对行为体及其身份可塑性的看法中,建构主义者与演化论视角大相径庭,后者要求有一个"严格的"种群基础,使环境可以在此基础上发挥作用。更加看似矛盾的是,达尔文式模型突出了国际关系中后现代主义者所强调的两个主题。严格的达尔文式模型是坚决反对目的论的,即认为不存在关于历史方向的总体叙事,尤其是不存在以习以为常的西方话语定义的所谓进步概念。正如前面已指出的,达尔文式模型还迫使人们关注那些可能已在当今"胜利者"的聒噪凯歌中被扼杀的声音和替代选项。演化理论隐含地赞同后现代主义对被压抑话语的关注。演化理论还有助于抵制对历史叙事的歪曲,这类歪曲是为了满足那些具有选择性优势的人的权力和利益,竞争性优势中就包括了操纵历史本身的能力。

注 释

1. 这种关于演化理论发展的叙述是基于 Young 1992;Depew and Weber 1995;Bowler 1983,1988;以及 Mayr 1982,400—488。

2. 迪皮尤和韦伯(Depew and Weber 1995)认为牛顿式物理学模型对推动达尔文强调"外部原因而非内部原因"起到了重要作用。

3. 拉马克主义的发现也悄悄地回到了自然界。两位考察动物行为的研究人员最近认为,习得的行为可以稳定地跨代传递(尽管——这也是理所当然地——没有吸收进基因型)(Angier 1995)。

4. 关于分类学议题的回应,参见 Carroll 1984,78—80。

第七章

战略选择的局限：受约束的
理性与不完备的解释 *

阿瑟·斯坦

　　博弈论,尤其是应用于微观经济学的博弈论,被大肆宣传为国际政治研究的救星,同时也被攻击为国际政治研究的破坏者。[1]支持者认为,博弈论将为建立一门严谨细致的科学提供坚实的分析基础。这本书本身就反映了这种自大。但正如其他创新一样,这一创新在受到躲避的同时也受到欢迎。如果说博弈论的支持者有宗教信徒般的热忱,那么它的诋毁者则反映了相当程度的盲目防御。本文强调了战略选择路径的优势,即在于其灵活性和严谨性,但也阐明了该路径的弱点,即它的过度简化、因果关系不完备和事后归因(post hoccery)。

　　我在本章中的任务是双重的,既是这种信仰的捍卫者,也是这种信仰的批评者。我强调了该路径的优势,但也详细说明了其核心弱点。我认为,一些典型的批评实际上是对特定的建模选择的批评,而不是对该路径本身的批评。但我也详细描述了一系列更具根本性的弱点。正如一名相信不可知论的人被要求扮演教会监察员(church ombudsperson)角色时所

　　* 本章的撰写得到了加利福尼亚大学全球冲突与合作研究所和加州大学洛杉矶分校学术评议会(Academic Senate)的资助。作者感谢艾伦·凯斯勒(Alan Kessler)的科研助理工作。我要感谢本书的编者和各章作者,以及詹姆斯·卡波拉索、埃米·戴维斯(Amy Davis)、詹姆斯·费伦、斯蒂芬·哈格德、艾伦·凯斯勒、莉萨·马丁、保罗·帕帕约安努、贝思·西蒙斯、谢丽·斯蒂尔(Cherie Steele),还有普林斯顿大学出版社的匿名审稿人。

被期待的那样,我得出的结论是,尽管这种路径是有局限和不完备的,但这种路径既是有用的,同时也是不可避免的。

战略选择路径特别适合于国际关系的研究。[2]早在战略互动的模型被开发出来之前,国际关系领域(如古典外交史)就关注国家利益以及互动如何影响选择和战略。类似地,战略选择路径开始于对行为进行有目的性的、意向性的、理性的解释,并增加了行为体互动的成分。行为体的选择不仅反映了它们的偏好和它们所面临的约束,而且反映了其他行为体的存在且它们也会作出选择。因此,并不令人惊讶地,博弈论分析战略选择的形式工具(formal tools)很快就在国际政治研究中得到了应用。[3]不过,由于遇到的是准备如此之好的受众,而且与此领域的关键假定是同义的,故这也意味着博弈论带来的影响并不是革命性的。[4]

本章强调了战略选择路径对分析国际政治的好处和优势。首先,该路径提供了数学建模所具有的好处:严谨性、演绎性和内部一致性。此外,战略选择路径的灵活性使其可以被广泛地应用。事实上,此路径是如此灵活,以至于许多针对它的惯常批评实际上是关于具体的建模选择(modeling choices),而非对该路径本身的根本性批评。也就是说,我认为许多批评是意味着要换一种建模的选择,但不是要换一种路径,因而被描述为具有根本性的那些批评更多的是一些典型的"教会内部口角"。学者们在将战略选择模型应用于国际政治研究的时候也必须要作出战略选择。学者们必须对关键的建模假定和中间步骤有自我意识,而不是简单地鹦鹉学舌,照搬那些由其他领域里实质性内容所驱动的假定(substantively driven assumptions)。战略选择路径是通用的,但特定的学术选择使其具有意义。换句话说,将关于选择的科学(science of choice)进行应用是一门艺术。[5]

不过,本章在抱有肯定的同时也持怀疑态度,因为这种路径在应用于国际关系时,无论是一般性地还是具体地应用,都有严重的局限。我认为,这种模型的核心假定是理想化的,最初作出这些假定是出于规范性的意图,并且在使用这类模型进行解释时存在根本性难题。实际上,使用这类模型进行实证解释要么可行要么失败,可行的原因仅是因为这些模型是自我实现的(self-fulfilling),失败则是因为这些模型对人类能力作出了成问题的简化假定。当模型被扩展以达到更高的逼真度时，这些模型就会变得无法确定和不完备——这与存在各种各样的结果以及存在导向任何特定结果的各种各样似是而非的模型和路线是一致的。

关于选择的科学中的艺术：建模与事后解释

鉴于这种路径的灵活性，构建战略选择的模型更像是一门艺术，而非一门科学，这需要学者们对行为体的性质、它们的偏好、它们的选择、它们的信念等等作出一系列的选择。[6]这些学术上的选择是可以被争论的。

目的性解释与国际关系中的行为体

战略选择路径的一个优点是它适用于任何行为体。经济学家将其应用于个体和公司。就国际关系而言，它可以适用于人、官僚机构、国家以及其他行为体。因此，它有效地巧妙地处理了国际关系中关于分析单元的争论。此外，战略选择路径从使集体状态（collectivities）得以产生的利益的角度解释了集体状态的存在，从而为聚合提供了微观基础，并划定了将该路径应用于集体行为体（collective actors）时的必要假定。

在社会科学中，对行为的解释通常始于意图（无论是个体的意图还是更大的社会聚合体，如公司、利益集团或政府的意图）。[7]学者们将行动视为有目的性的，因此在解释行动时评估行为体的利益、选项和计算。更具体地说，目的性的意向主义解释（purposive intentionalist explanation）是国际关系研究的一种标准路径。[8]对政府行为的解释往往从讨论政府的利益开始，而"国家利益"则是国际关系领域中经典解释模型的核心。[9]

与意图伴随而来的是"谁的利益"的问题：谁的意图有助于解释行为体的行动。在国际政治学者关于何为恰当的分析单元的争论中，一些学者将国际政治简化为人类行为，并将世界政治解释为个体选择的结果。对他们来说，适宜的分析单元是个体，国家政策可最终还原至个体的行动。解释外交政策和国际政治意味着解释领导人的选择。关键问题被重新表述，以便用这样的措辞表达来框定问题。解释第一次世界大战的起源就退移至解释导致战争的个体选择的汇合处：劳合·乔治（Lloyd George）模棱两可的信号、斐迪南（Ferdinand）进攻塞尔维亚的决定、贝特曼-霍尔维格（Bethmann-Holweg）向奥匈帝国开出空白支票的决定，等等。

其他学者认为适宜的行为单元（behavioral units）应是人的聚合体。经济学家将公司看作行为体；国际关系学者也以同样的方式看待国家。他们将外交政策看成是集体行动，并将各种集体状态视为行为体。这种视角通常被冠以"单一行为体路径"（the unitary-actor approach），将国际政治视作国家政策的结果。进而解释第一次世界大战的起源就被简化为确定国家选择的汇合处，比如认为英国未能明确地进行威慑以及德国对奥地利的空头支票导致了战争。

战略选择分析不仅对分析单元这一议题少言寡语，而且该路径的应用通过对人的分解（disaggregating the person）有效地扩展了它。在此研究传统中工作的学者们给予了我们"理性基因"，并将意志的薄弱（weakness of the will）概念化为"内心的囚徒困境"。这样的社会和自然科学家把对行为的解释简化为比人类更基本的分析单元。就像精神分析学家准备把人分解成自我、本我和超我的成分一样，这些战略选择理论家们也准备认为这些成分参与了人们相互之间的战略博弈。

这种路径的灵活性意味着批评者常常把注意力集中在建模选择上，而不是去挑战一般意义上的目的性解释。例如，对"国家作为行为体"观点的批评者将战略选择分析等同于对单一国家的关注。由于官僚政治解释的支持者不认为国家是可以被建模为具有偏好和做出选择的统一实体，他们提供了一种替代性的分析单元，即官僚机构或组织，然后集中关注其偏好、利益、选择和互动如何决定了一国的外交政策。不过，官僚政治的解释虽然宣称是用一种过程来替代目的，但其只是将目的性解释转移到了不同的（但仍然是聚合后的）分析层次。[10]组织利益取代了国家利益，官僚机构间的互动取代了国家间的互动。因此，官僚政治的论点也能够用战略互动来进行建模，并且就像被这些论点所批评的视角一样轻而易举（Bendor and Hammond 1992）。

　　战略互动路径也拆解了国际关系中分析层次的问题。学者们已有论述认为国际关系领域的学术研究可以关注个体、国家或是国际体系，更重要的是，这些分析层次间不能互动或结合。[11]他们认为，分析者将不得不在进行真正的体系研究还是还原主义（关注个体或国家）的研究之间作出选择，因为分析者不能将国内政治和国际体系结合起来。相比之下，战略选择路径可以被看作是整合各分析层次的一种工具，表明一些层次对其他层次的选择起着制约作用，宏观结果的微观基础是必不可少的。[12]此外，该框架提供了跨越分析层次的能力，从个体偏好到国家偏好，再到国际结果。[13]

　　事实上，战略选择模型可以被如此广泛地应用，以至于这些模型可以并且已经被应用于一系列行为体，包括人、公司和国家。而且，在所分析的那些互动中可以包含各种结合。这些模型可以应用于不同聚合层次的行为体的互动：个体与国家的互动；国家与国际组织、跨国组织以及非国家行为体（例如巴勒斯坦解放组织）的互动。[14]因而使用战略选择路径可以评估跨越分析层次的那些互动。

　　尽管战略选择路径在分析单元这一问题上少言寡语，但它确实明确规定了必要的假定，以便将此路径应用于更大的聚合体。战略选择框架中的行为体被设定为具有前后一致的效用函数，并且有能力进行选择、感知和计算。这些明确说明为单一性（unitariness）的概念提供了更为精确的含义。要使国家被看作战略选择意义上的行为体，国家必须是单一的，这不仅仅是说这类行为体作出的决定会牵涉集体中的每个人。一个对另一国宣战的国家会使其所有成员都受到这一决定的牵连。但是，这种单一性的含义对于战略选择路径来说是不够充分的，因为战略选择路径要求的是聚合的行为体由于其具有可定义的效用函数故而是单一的。[15]

　　战略选择路径不仅可以处理不同聚合层次的行为体，而且这类模型还通过解释行为体为何创建制度以及制度对选择造成的后果来解释聚合实体（aggregate entities）的存在。自利的行为体，无论是个体、公司还是国家，都会创建制度来处理集体行动问题和与自主选择相关的次优性问题。

　　正如罗戈夫斯基在本书第四章中所论证的，制度是集体选择

(collective choice)的机制,制度的设计在很大程度上决定了该选择的性质。制度的集体选择会受到其组成成员的影响,因而选举权和成员资格等议题对制度设计极为重要。组成成员的偏好被聚合的具体机制同样在很大程度上决定了结果。[16]而且,正如古勒维奇在本书第五章中所论证的,制度及其设计的重要性意味着它们是政治斗争明显且重要的焦点。因此,尽管战略选择路径假定行为体的性质和效用函数是给定的,而且没有处理它们如何变化的问题(例如从帝国和城邦到国家的变化),但该路径可以被用来解释制度形式变化的战略选择基础。[17]

简言之,战略选择框架为宏观行为提供了微观基础。该路径通过将聚合实体视为个体选择的产物(古勒维奇)、将集体选择视为个体偏好的不同聚合机制的结果(罗戈夫斯基)来把不同分析层次连接起来。

有目的性的自利自主行为体对集体行动机制的关注,打破了国际关系中现实主义与制度主义的分歧(the realist/institutionalist divide)。许多学者将现实主义和制度主义作为该领域的两种替代性路径进行了对比;前者强调无政府状态下的自主选择,后者则强调国际制度的作用。本书所发展的战略选择路径超越了这一"思维裂口",将制度的创建、设计、争论和崩溃解释为自主选择的产物。行为体创建、维系、议论并攻击制度。行为体们在不同环境下的自身利益解释了所有这些反应。

认真对待偏好

战略互动分析同样也很灵活,因为其建立在主观效用(subjective util-ity)的基础上,并且因其灵活而可以包含各种各样的偏好以及不同的计算方式。无论分析单元是个体、公司还是国家,分析都是从对其偏好的某种表述开始的。[18]讽刺的是,这种理论上的灵活性在学术实践中并不总是显而易见的。

在本书的第二章中,杰弗里·弗里登详述了学者们确定偏好的方法,而正是这些偏好使得他们的分析具有活力。弗里登强调了一种分析上的偏好,即采用某种演绎理论来假定行为体的偏好或是认为行为体的偏好起源于某种演绎理论。此外,弗里登还指出,最好是通过处于变化中的环境状况而非处于变化中的偏好来解释变化(无论是跨越不同行为体的变

化还是某个行为体随着时间的变化)。当我们对偏好变化的了解就来自
对行为变化的观察时,这样做就避免了用偏好变化来解释行为变化的循
环性(circularity)。尽管战略选择理论者倾向认为偏好是固定的,但弗里
登表明,如果我们有一些独立的途径来确定偏好的变化,那么我们就可以
通过偏好的变化来解释行为的变化。

无论是让偏好保持不变还是允许偏好发生变化,偏好都是这项分析
事业的核心。然而,国际关系学者们对如何刻画行为体的偏好存在分歧。
鉴于在选择理论(theory of choice)中对主观效用的关注,具有讽刺意味
的是,学者们通常会假定行为体所具有的利益和偏好,而不是对这些利益
和偏好进行实证探讨。国际关系中的一个长期传统就是将事情归结于国
家利益。古典现实主义者认为,所有国家都有一个核心的国家利益,即保
证它们的物理完整和领土完整,因而采取行动以使其权力最大化。[19]这一
假定在国际关系研究中扮演了财富最大化假定在经济学中所扮演的角
色。但权力最大化逐渐被认为是一个不可证伪的论断,或者被认为是一
个可证伪的错误论断(Rosecrance 1961)。

新现实主义革命用另一种假定取代了权力最大化假定,即国家采取
最低限度的行动以确保自身生存。[20]然而,这一假定既非不言自明也非足
够充分。假定生存优先是最低限度的,这并不足以为决策提供一个明确
无误的基础。该假定不是不言自明的,因为构成生存的内容本身必须被
界定。生存本身带来了自我界定(self-definition)和认同的问题。一些国
家符合古典现实主义的构想,即只关注物理和领土完整。但另一些国家
对其生存的界定更为宽泛,包括意识形态和种族特点等议题(Stein
1995)。此外,假定国家对生存最低限度的关切确实是不够充分的。这对
国际关系领域施加了限制,使其只能讨论那些关系到国家生死存亡的国
际关系,而这样做忽略了国际关系中的太多情况。[21]

此外,在国际关系(以及其他领域)中,将相同的利益强加给所有行为
体的做法已经引起了批评,并且导致了对引入主观的国家利益而不仅是
假定客观利益的呼吁。[22]这种观点认为,必须直接考察行为体对其利益的
表达以及行为体效用函数的性质。这个问题在人类学家那儿最为有趣,
人类学家们在解释人类行为和群体行为时必须作出选择,是要在这些人

和群体自己的世界观框架内解释他们的行为,还是要把对这些解释对象来说没有任何意义的概念应用到他们身上。[23]

这一争论反映了国际关系研究中一般主义者(generalists,或曰理论家)和地区主义者之间的论战。例如,在美国参与越南战争期间,争论不仅围绕何为适当的政策展开,而且围绕制定政策所需的知识也展开了激烈争论。理论导向的学者们打算将博弈论和威慑理论的经验教训应用于美国对越南的干涉。约翰·麦克诺顿(John McNaughton)——约翰逊政府的国防部助理部长——请他的老朋友托马斯·谢林将其关于讨价还价和信号传递以及强制战争(coercive warfare)的思想应用于通过使用美国空军力量恐吓北越的问题上。[24]与此相反,地区主义者对运用非历史性和非情境化的一般性论点感到震惊。在这种情况下,地区主义者们认为对越南历史、社会和文化的知识对于理解如何与北越互动至关重要。

除了如何确定国家效用函数的问题之外,还有一个问题是效用函数中要包括什么。这里更大的议题是,在国际关系研究中会假定国家有什么样的偏好。战略选择模型的拥护者的分析倾向是尽可能地保持效用函数的简洁。但国际关系领域的一个核心问题是,对国家偏好的假定可以简洁到何种地步。无论对简单规定好的偏好的分析愿望有多强烈,国家的偏好函数都不得不被扩大,以便解释所观察范围内的国际关系。[25]

例如,国际政治经济学领域的许多工作只是简单借用了国际贸易理论中关于国家偏好的假定,并认为国家对国民财富最大化感兴趣。但正如最近对这项工作的批评所指出的那样,对外经济政策是由安全关切和物质关切所共同驱动的。这就是戈瓦(Gowa)论点的核心,即对外经济政策具有安全外部性(security externalities),且安全利益和经济利益都构成了对外贸易政策的基础(Gowa 1989;Gowa and Mansfield 1993)。同样地,安全政策也具有财富外部性(wealth externalities),且这些都体现在国家安全政策的制定中。安全政策和军费开支会对一国的出口前景和未来经济增长产生影响,而对这些影响的关切一直是并且仍然是国家安全政策制定中的关键要素。学者们正在关注制定对外经济政策甚至是安全政策时,物质利益和安全利益是如何结合的(Frieden 1994b;Papayoanou 1996,1997,1999;Skålnes 1998,1999;Steele 1995;Weber 1997)。

与如何界定和评估偏好这类议题相联系的是偏好是否可以改变的问题。分析者们常常把偏好当作固定不变的。[26]有些人甚至认为，处于变化中的偏好给关于选择的理论带来了难题。不过，对偏好如何形成以及偏好如何变化进行建模是可能的（Kapteyn，Wansbeek，and Buyze 1980；Hansson 1995；March 1978；Schelling 1984）。[27]

关于偏好的性质、推断偏好的基础及偏好延展性的学术争论，是在"教会内部"进行的，对战略互动分析本身不构成挑战。作出一套建模选择（用本书第一章中莱克和鲍威尔的说法是"赌注"），这种选择倾向于让偏好保持不变，并参照处于变化中的约束条件和机会进行解释（弗里登所写的第二章），这并不表示其他的建模选择就意味着对因果关系持一种根本不同的看法。

作为数学模型的战略选择、作为科学语言的数学：建模与智识之笔的清理

在国际关系中使用战略选择路径的主要好处，是任何一种数学模型所会带来的那些好处，包括更好的分析上的一致性和严谨性。博弈论作为本书所讨论的战略选择路径的基础，是数学的一个分支，其优势是所有那些数学建模所赋予的。[28]数学是科学语言。[29]它增加了准确性和严谨性，并且使评估判定成为可能，而这在日常语言中是不可能实现的。[30]

而且，数学模型在形式上（formally）为真。[31]因此，博弈论的经验适当性（empirical adequacy）——实际上是更普遍的形式和数学工作的经验适当性——并不存在争议。在一种公理结构（axiomatic structure）内部从形式上推导出来的命题在形式上是为真的，并不需要对此进行经验上的评估判定。[32]但是，由于经验主义起着最重要的作用，其中涉及分析和建模中的假定与被评估的潜在现实之间的同构性，故许多关于战略选择的争论实际上牵涉的是学者们作出的具体建模决定。

此外，尽管数学是不受事实基础限制的（substance-free），但具体的运

用为数学这个一般化工具填充了意义,并且在将文字表述的实质性问题转换为形式上的(或用数字的)表达方式之后必须再转换回来。[33]大相径庭的实质性领域可以使用类似的数学工具来进行研究,但使用类似的工具并不一定意味着共同的实质性联系。特定种类的数学是在考虑到某一实质性议题的情况下发展起来的,但只要问题是同构的,这些工具就可以被应用到其他领域。牛顿为了研究行星运动而发展了微积分数学,但微积分适用于任何涉及事物变化快慢或某一变化量总数的问题。[34]我们应该警惕仅仅因某些模型在两个领域都适用就假定这两个领域具有可比性的做法。微积分可以应用于选举和行星运动并不意味着这两个领域没有本质上的区别。

同样地,博弈论也具有一般性的特点,并且也得到了广泛应用。除了在经济学中的大量运用之外(Kreps 1990b,1990c;Tirole 1988;Fudenberg and Tirole 1991;Binmore 1992;Rasmusen 1989;Osborne and Rubinstein 1994),博弈论还被运用于社会心理学(Colman 1982;另见 Kelley and Thibaut 1978)、政治学(Brams 1975;Ordeshook 1986)、国际关系(Brams 1985;Brams and Kilgour 1988;Nicholson 1992)以及哲学(Braithwaite 1955;Gauthier 1986;Parfit 1984;Lewis 1969)。[35]事实上,博弈论已经在生物学中被广泛应用于动物之间的互动(Maynard Smith 1976,1982,1984,以及 1984 年之后的评论;Dugatkin and Reeve 1998)。[36]在所有领域,每种应用都涉及对建模方式的选择,而大多数学术争论都是关于这类选择的。

尽管如此,与其他数学分支相比,博弈论的核心假定似乎要求对其在运用时施加更大的约束。例如,在算数中给物体和事件计数并对其进行加、减、乘、除时几乎不需要做什么假定。相比之下,应用战略选择模型似乎预设了更为严格的实质性假定。战略模型中的行为体必须是有感知能力的生物(sentient creatures),能够进行比较、评估和选择。

不过,战略选择路径的组成部分并不是那么具有限制性,以至于该路径只能适用于人类。博弈论可以用来给动物的行为建模,[37]这既不意味着可以将此归因为动物具有意向性(intentionality),也不意味着社会科学中的博弈论解释不需要将意向性作为这种解释的一部分。[38]非合作博弈可以被应用于审前谈判(pretrial bargaining)、立法机构和国际政治,这也并不意味着这些领域在分析上和理论上是没有区别的。

数学建模最主要的好处是它的逻辑性和连贯性,以及它的内部一致性。在一个被分析上的草率所困扰的智识领域中,这些优势并非无关紧要的。分析的结果可以很容易地归为三种类型。首先是形式化建模可以论证不可演绎性(*nondeducibility*)——实际情况与从特定前提演绎出来的推论并不相符。例如,正如近年来已经表明的那样,无政府状态的假定本身并不会导致得出国际政治本质上是冲突的推论。[39]其次是形式化的建模可以论证多重终局(*multifinality*)——从相同的前提出发得出多种结果。下面会讨论的多重均衡问题就是一个例子。第三,形式化的建模可以论证同等终局(*equifinality*)——存在通向相同结果的替代路径。正如本书第一章中所举的那个经常被给出的例子,对相对收益的关注可以产生自一个纯粹的利己演算(self-regarding calculus),而无需改变潜在的效用函数。[40]数学建模的这些结果已经被证明强大到足以带来科学事业的转型,无论是自然科学还是社会科学。

规范-实证的悖论

具有讽刺意味的是,此处提供的战略选择路径作为对行为和结果的回溯性解释,一开始是作为旨在改进决策而非解释决策的规范性事业的一部分。使用这类规范性工具以及理想类型(ideal types)来进行实证解释本身就有问题——由于有自我意识地应用这些解释,使得这些解释要么为真要么为假。此外,修饰这些工具以使其与现实更加同构,从而使其对于解释更加有用,这种做法已经让人认识到了这类模型的不完备性和未确定性(indeterminacy)。

就像在别处那样,博弈论在国际政治中既被用于解释行为,也被用作提高决策质量的一种工具。本书的主要关注点,因而也是本文的大部分内容,针对的是将战略选择作为对国际政治的一种解释。但对其先驱和最初的实践者来说,博弈论一直是一种规范性工具,这种工具是为了使决策更加理性而设计的。[41]

一项规范事业:寻找理性的受约束行为体

概率论、逻辑学、决策论和博弈论都是为了改进人类的决策而发展起来的。它们并不是为了准确表现和重建人们的实际所为而开发的,而是作为个体应该要应用的工具,以实现较之他们没有这种工具的情况下更为理性的决策。[42]人们被假定为具有目的性,但他们能力有限而无法达到完全理性。因而会渴望、创立、推荐和采用各种决策工具。逻辑学家戈特洛布·弗雷格(Gottlob Frege)认为,逻辑解决了人们"如果不想错过真相就必须进行思考"的方式问题(Lowe 1993)。[43]同样,概率论也起源于赌客对优势地位的寻求。就自身而言,人们被认为是直觉差劲、易于出错的统计学家,而使用概率论可以改进他们的决策。[44]心理学家关于人类判断力的启发式[*]和偏差的发现强调了这一点;用卡尼曼和特沃斯基(Kahneman and Tversky 1973,237)的话说:"在不确定情况下进行预测和判断时,人们似乎并不遵循几率的演算或是统计学上的预测理论。相反,他们依靠有限次数的启发式探索,这些启发有时会产生合理的判断,有时则会导致严重的系统性错误"(参见 Kahneman,Slovic,and Tversky 1982)。这些领域一开始都是规范导向的,而非实证导向;它们意在改进人类的决策,而不是为了解释人们的实际行为。

同样地,博弈论的使用也可以被看作是一种对决策有用的规范性工具。[45]正如望远镜将人们所能看到的范围扩展到了肉眼范围之外,博弈论也将人们能够从逻辑上对事物进行评估的手段扩展到了未经训练和未经帮助的人脑所拥有的手段之外。作为这样一种工具,博弈论(以及决策论)可能对作出决策来说相当有用,但无法被用于解释那些过去不具备这

---

[*] 启发式(heuristics)有时也被译为"启发法"或"助发现法",是一种有助于人们在短期内快速作出判断的思维捷径。启发式可有效地缩短决策时间从而提升决策效率,但在某些情况下也可能带来认知偏误。关于启发式这一中文译法及相关讨论可参见[美]丹尼尔·卡尼曼、保罗·斯洛维奇、阿莫斯·特沃斯基 编:《不确定的状况下的判断:启发式和偏差》,方文等译,北京:中国人民大学出版社 2008 年版。——译者注

一知识的行为体所作出的决策。[46]

然而讽刺的是，一开始的规范事业现在却变成了一项实证事业。曾经为了改善不完美人类的决策质量而创立的工具，现在被用来对选择作出解释。人类希望改善其认知上受限的心理官能（mental faculties）的质量的社会建构，这里受限的心理官能既指其是有界限的（bounded），也指其是半自闭的（semi-autistic），现在正被用来回溯性地解释过去人类的选择。[47]

因此，对选择的决策论和博弈论解释是有其内在问题的，因为这些解释对个体和群体作出理性的个体选择以及社会选择的能力作了不恰当的假定。这些模型是作为规范手段而开发的，之所以这么说是因为个体在其中被认为想要是理性的，但他们在理性的能力上受到了约束。因此，将这类模型作为实证解释导致了认知心理学家对理性选择的抨击。正如下文所讨论的，个体被假定有作出理性选择的能力这一点受到了认知心理学成果的系统性批评，这些成果表明个体背离了个体理性所需的必要条件。

最后，形式工作（formal work）的发展有一个公开承认的规范性目标，即改进决策质量，这意味着批评这类工作内在的保守性是荒谬的。然而，对经济学和政治学中形式工作的一种批评便是指其是保守的，因为这类工作将世界及其约束因素看作既定的，从而忽略了其他替代的可能性。[48]在国际关系中，理性选择理论被认为阻碍了人们想象和创建一个超越无政府的以及冲突的竞争性民族国家体系的世界的前景。[49]不过这种批评适用于当前的实践或实践者，但对这一智识工具（intellectual tool）的本性而言并不适用。战略选择的本性中会产生某种特定的分析性视角，但不会产生某种特定的政治性视角，政治性视角是不同于分析性视角的。事实上，人们是为了克服他们的本能局限并更好地实现他们的本能欲望而开发了这一思考视角。

有限理性、政治自闭症、知识与自我证实的理论

在解释那些自觉地、正确地使用战略选择理论来作决策的行为体的选择时，战略选择的解释无疑是正确的。当行为体使用一种关于这个世

界的模型来作出他们的选择，并且又用其来解释那些使用这一模型作出选择的人们的行为时，一座由追求自利和有目的性的人所创造的社会建构的理性大厦（socially constructed edifice of rationality）所起的作用便是充当一种自我证实或自我实现的理论。

但由于这种模型是一种规范性的理想（normative ideal），所以当被应用于行为体没有自我意识地使用该模型的情况时，该模型作为一种实证解释有时会被证明是错的。由于这些模型是由那些认为自己是跛脚的理性主义者（crippled rationalists）构建的，他们需要决策工具来作出更好的决策，所以用这些模型来解释那些没有使用这些模型的人的决定，至少在某些时候会被证明是有问题的。

正是理性选择模型在实证解释中的应用为认知心理学家打开了一扇门，让他们从各个方面证明人是跛脚的理性主义者，未能实现理性选择理论中所描述的规范性理想。[50]心理学家的抨击并非针对目的性解释本身。埃布尔森（Abelson 1976）认为，社会心理学家赞同一种"有限的主观理性"，它通过承认人们可能扭曲了关于现实的概念并可能过滤信息来符合标准的理性概念。这些符合理性的条件描述了人们实际上运用的心智加工规则（mental-processing rules），而非形式逻辑。

这些批评的一个关键意涵是，必须细致地关注人类处理信息的能力，并且细致地关注人们如何将其所处的世界概念化。为了反映现实，关于选择的形式化必须建立在准确的行为基础上。[51]此外，情境不仅重要，而且可能极为重要。[52]实际选择（actual choices）所具有的真实属性可能是进行决策的一个基本要素。

但认知心理学中出现的批评并不构成对目的性解释本身的攻击，而是对这些解释关于理性的假定进行批评。心理学家们认为人类并不具备相应的认知能力来总是满足理性选择所需的必要条件，他们关注的是人们在处理信息和进行决策时所使用的启发式和思维捷径。[53]他们还清楚地论证了情境对决策的重要性。与经济学家们强调理性选择的一般性和普遍性不同，心理学家们指向了情景因素（situational factors）。例如，他们的实验工作清楚地表明，个人对收益和损失的感知是不对称的。人们会为了避免某些损失而冒险，但对于收益则是风险厌恶的。因此，如何对选项进行框定，是将其措辞为损失还是收益，这对实际选择的决策至关重要（Tversky and Kahneman 1981, 1987)。[54]

围绕和平与战争的关键选择也可以反映出措辞表达的影响。[*] 领导人如果是要在立刻发生战争和以后发生战争之间作出选择，而不是在合作姿态和军事反应之间作出选择，就更有可能在危机期间采取升级的军事步骤（Snyder 1978）。导致第一次世界大战的决定是由那些认为别无选择的领导人作出的（Farrar 1972）。

对理性的限制包括人类的情感以及大脑对信息的处理方式，这是因为人们拥有利益的同时也拥有激情（Hirschman 1977）。[55] 经济学家为我们情感的存在发展出了效用主义[**]的解释，并认为自利的人会发现情感相当有用（Frank 1988, 1993; Hirshleifer 1987a, 1993）。[56] 然而，对于用理性选择来解释行为的做法而言，情感的效用主义基础并没有削弱情感主义与这类解释作对的意涵。[57] 要再说一次的是，以规范性为重点的形式理论化（formal theorizing）可能是出于一种愿望，即尽量减少情感对决策的影响——以此来增进利益并尽量不让激情碍事，但试图解释人们实际所作所为的实证理论必须在纳入利益的同时也将激情对选择的影响纳入其中。[58]

人类不仅是有限理性和具有情感的，而且他们还有点政治自闭。他们不会作出恰当的归因，尤其是在社会环境下。一个典型的例子来自行为体/观察者文献，其中发现人们通常将自己的选择归因于结构性约束，但将他人的选择归因于偏好、倾向和秉性。国际关系中充斥着这样的政治自闭症（political autism）。安全困境描述了国家在采取措施增进其自身安全时，如何因未将他国的反应考虑在内而减少了自身的安全。认为自己的行动仅仅是对他人挑衅的反应，而他人的那些行动则不被理解为所作出的反应本身，这种看法就是政治自闭症的一种。

---

　　[*] 在心理学中，这种由措辞表达的区别而产生的不同影响也被称为"框架效应"（framing effect）。行为经济学和传播学的研究中对框架效应的讨论较多。国际关系领域近年来的相关讨论也在增多。——译者注

　　[**] 效用主义（utilitarianism）在中文世界也被译为"功利主义"，但"效用主义"的译法可能更为准确和中性。——译者注

因此,使用战略选择作为一种解释就需要对个体的能力作出难以站住脚的假定。人们是跛脚的理性主义者,想要作出理性的决定,但却受到自身心理特点——即他们的情感和认知过程——的约束和限制。

然而,自利的有目的性的人们也会运用他们所掌握的知识来提高他们的决策质量——改进他们生物学上的局限性。他们会创造工具(如计算机)并开发知识(包括博弈论),目的是为了做得更好。

这意味着,行为体的知识,包括社会科学理论的知识,必须被纳入对选择和结果的解释之中。

战略选择(以及经济学)的知识是自我实现和自我证实的。这些知识体系是由那些想要做得更好的人们所创建的,并且它们为做到这一点提供了指导方针。当自利的行为体应用它们时,它们的知识主张之所以是正确的,恰是因为这些主张是被运用了的。对经济学的自觉的规范性运用使得经济学作为一种实证理论成了一种自我实现的真理。[59]

相比之下,心理学的知识是自我证伪的(self-falsifying)。尽管经济学家和心理学家都同意目的性解释的可取性和效用,但前者假定理性选择,后者则质疑理性选择。心理学家的工作重点是看人们在哪些方面无法达到理性选择的理想模式。因此,许多心理学的工作,包括国际关系中的心理学工作,都提出了关于克服人们缺陷的建议,从而使得这些理论变得自我证伪。对危机决策的研究通常发现精神压力会对决策产生不利影响,但这些研究的结论是给出关于如何避免精神压力影响以及如何实现更理性决策的建议(Holsti 1989;Janis 1982)。许多心理学工作隐含的(如果不是明确的)信息是,对认知扭曲保持敏感可以提升人类决策的质量和理性程度。[60]

一个完整的关于选择和行为的模型必须包括行为体对世界的知识。由于人们可以意识到并且确实可以利用社会科学家关于他们行为的理论,因而对他们行为的解释就需要纳入人们关于世界如何运作的知识和信念以及这些知识对他们决策的影响。这意味着,有些知识主张因为理论主体的自觉应用而变得正确,而另一些知识主张则因为主体的自觉意识而变得错误。

实证的逼真度与不完备且未确定的解释(多重均衡难题)

将规范性模型用于实证目的会带来问题,对此的一个解决办法是扩展形式模型,使模型与被解释的现实更加同构,也就是说,让模型不再那般成为人类力争达到的理想,而是更多地反映具有信息约束的受到约束的人类。事实上,学者们已经对战略选择解释中所假定的理性性质进行了修正。[61] 早期的批评者集中批评了理性解释中所假定的无限性质(unbounded nature),即认定行为体会评估所有可能选项并求其最大值。即使是反映论(reflective)* 博弈理论家也承认这一点,或正如一位主要的博弈理论家所说,"理性人(homo rationalis)[一个有目的性地并合乎逻辑地行动的物种]是一个神话里的物种,就像独角兽和美人鱼那样"(Aumann 1985)。经济学家布莱恩·阿瑟(Brian Arthur)以类似的轻蔑说法描述了理性解释这一领域的特征。"如果我们把经济主体可能会处理到的大量决策问题想象成一片大海或大洋,其中比较容易的问题浮在上面而越复杂的问题则在越深处,那么演绎理性(deductive rationality)可以在靠近海平面的几英尺之内准确地描述人类行为"(Arthur 1994,406)。[62]

受理性的粗略特质所困扰,赫伯特·西蒙(Herbert Simon)等人用有限理性的概念取而代之。例如,西蒙认为行为体是追求满意(satisfice)而不是取最大值,当行为体找到一个最低程度的可接受的选项时,它们就会停止其评估程序。这里所讨论的问题不是要替代目的性解释本身,而是对这种解释的特征进行替代。[63] 个体并非过度理性的(hyperrational),而是有限理性的,而且有限理性已经成为理性选择学术领域中的一个成长迅速的行业。[64]

认识到决策论和博弈论作为实证解释的不足,使学者们朝着使这些模型与被建模的现实更加同构的方向努力。早期模型中过分简单的假定——两个行为体同时作出选择,每个行为体在两个选项中进行选择并且拥有关于策略和报偿的完全信息——被之后涉及序列选择(sequential

---

* 国内有些国际关系学者亦将此译为"反思论",并将"reflectivism"译为"反思主义"。不过总体而言,"反映论""反映主义"的译法更为准确。对此的讨论可参见刘丰、张睿壮:《关于几个重要国际关系术语中文译法的讨论》,《世界经济与政治》2004 年第 10 期,第 74 页。——译者注

choice)和不完全信息的改进所取代。[65]这些改进扩大了多重均衡的难题，从而引爆了与模型相关的未确定性。进一步扩展模型以实现更大逼真度的做法（如增加选项和行为体等）很快就会到达数学上可驾驭性的极限，但即便是最终解决了这些问题，这些解决方案也肯定会扩大未确定性的范围。

按照目前的发展，稍微复杂一点的战略情景都会被多重均衡和多重解法概念*所困扰。为了减少由较为简单的标准所产生的均衡数量，最近开发了许多解法概念。[66]但仅仅是多重均衡（以及多重解法概念）的存在，就意味着知道玩家的策略和报偿完全不足以确定某个唯一的结果。换句话说，结构和选择具有未确定性，因为它们在解释上是不完备的。[67]这个策略未确定性原则（*strategic indeterminacy principle*）代表了战略选择的解释边界，并且最低程度地意味着，在有多重均衡的情况下，完备的解释将需要把战略选择路径与别的东西结合起来。因此，战略选择解释显示了其自身在理论上的不完备性。

共同知识、选择的建构与事后解释

战略互动模型假定行为体对博弈规则、对它们彼此的选择以及对彼此偏好的概率分布有着共同知识。这些建模的必要条件有巨大的局限性，而且在几乎所有情况下，除那些最为结构化的社会情况外，这都意味着所作出的解释总是事后解释。

战略问题的本质在于对行为体的共同知识所作的假定。[68]当博弈论者只研究像国际象棋这样的游戏时，这并不会成为问题，并且可以假定玩家

---

* 解法概念（solution concepts）是用来预测一个博弈将会如何进行的规则，这些预测被称为"解法"（solution）。解法通过描述玩家将会采取的策略从而预测博弈的结果。最常用的解法概念便是"均衡"的概念，其中最著名的是纳什均衡。对于许多博弈来说，有多重解法概念会导致不止一种解法，这会使得出的任何一种解法都受到质疑。因此，博弈论学者可能会使用改进（refinements，或译为精炼）的方法来缩小解法的范围，消除那些不合理的解法。——译者注

对规则有着共同知识。在高度结构化的社会环境中大致也一样，比如当政府制定了固定的程序来规制拍卖过程中公司之间的竞价时。但在许多社会环境中，共同知识就要成问题得多。甚至例如当人们使用同一个词的时候，我们能确定他们指的是同一件事吗?[69]这种形式的问题在国际关系中尤为重要。有一次，巴勒斯坦领导人亚西尔·阿拉法特（Yasir Arafat）在以色列和巴勒斯坦的谈判中制造了一个障碍，他当时在面对阿拉伯观众讲话时使用了阿拉伯语的"吉哈德"（jihad）一词。随后，人们就该词在阿拉伯语中的含义及其通常的翻译进行了辩论。

更广泛地说，国家如何看待自己参与特定博弈这本身就很重要。即使我们假定国家知道其行动的目标（既有直接目标也有间接目标），但我们也完全不清楚国家是否准确地认识到它们自己是其他国家行动的目标。围绕杜鲁门向日本投掷原子弹的决定在多大程度上是为了向苏联发出信号，学者们一直存在争论。相反，在某些情况下，国家错误地将自己视为他国行动的目标，或者在有的情况下未能认识到自己是目标。[70]甚至更广泛地说，各种行动不仅有目标，而且有观众，为了国内观众而采取的行动可能会产生国际后果，反之亦然。这里总的观点是，在某些博弈中，行为体是谁并不总是不言自明的。

上述以行为体名义提出的问题会延伸到行为体选择的性质。通常情况下，学者们的分析规定了行为体所面对的战略选择。然而，制定替代方案是治国方略和创造性外交的核心所在。当外交官们寻找解决冲突的"公式"时，他们要寻找的是其他不同选项，而非那些原先造成了僵局的选项（Zartman and Berman 1982）。尤利西斯的选择可以被框定为要么在能听到海妖的范围内行进，要么走一条使他不在听力范围内的航路。这也可以被说成是在塞住耳朵（听不见）与不塞住耳朵但承担后果之间作出选择。但是尤利西斯设计了一个替代方案，这个方案有效地让他"在吃掉蛋糕后仍然拥有蛋糕"。[71]人类在构建替代方案方面的创造力完全超出了战略选择的建模范围。分析者可以阐明与各种选项相关的报偿，可以解释各种选择，甚至可以详细说明在哪些情况下行为体会认为自己受了委屈并且希望拥有不同于它们似乎拥有或被给定的选项。但是，选择的划定是一种人为活动，所以我们无法先验地知道行为体是否会制定出新的替代选项,也无法知道这些新选项是什么类型。[72]换句话说,分析者无法先验地知道尤利西斯会设计出一种方法,让他既能听到海妖的歌声,又能避免海妖那致命的诱惑。从事后来看,要解释尤利西斯的选择是很容易的。战略选择解释假定了对选项集合有完全的了解,因此这种解释是事后的。

构建选项和改换报偿从根本上说与约束条件下的选择概念有关。一些行为体是实用主义者,他们把约束条件当作既定的;另一些行为体则是革命分子,他们对克服约束条件更感兴趣。美国总统吉米·卡特和以色列总理梅纳赫姆·贝京在戴维营的交流显示了一位实用主义者和一位愿景家之间的对话。卡特将重点放在当前局势以及在这种局势下以色列领导人所需要做的。贝京的回应让卡特感到恼火,他就犹太历史对美国总统进行了说教。他的观点是含蓄而明确的:如果他和其他人屈服于当时假定的那些要求,以色列就不会在 1948 年建国。贝京宁愿等待更好的境况,也不愿意向当前的现实妥协。或者,他可以尝试创造另一种未来和现实,即以色列人所说的“创造事实”(creating facts)。

行为体不仅可以创造选项并试图超越约束条件,它们还可以为彼此构建选择。毕竟,“囚徒困境”是一个由三名行为体做出选择的案例,其中一名行为体,即地方检察官,有权力来构建其他两名行为体的选项和报偿(Burns and Buckley 1974)。[73]

制度设计也与构建选择和创造新的替代选项有关。例如,这类设计可以将公共利益转化为集体利益,反之亦然。[74]最惠国待遇条款从根本上改变了贸易和贸易政策所固有的私下性和可分性。国家可以而且确实寻求与其他国家建立特殊的并且可区分的贸易关系。历史上,贸易协定是由国家成对签署的,其中规定了它们双边贸易的一般性条款。这些非自由主义的工具,最初是各国用来区别对待其不同贸易伙伴的重商主义手段,而这些手段因纳入最惠国待遇条款而被彻底改变。通过保证签约国将在随后的条约中为彼此提供那些给予了第三国的所有优惠,该条款确保了任何国家都不会得到更多优惠;因此,国际贸易协定从私下的歧视性安排转变成了在一个成员俱乐部中创造公共利益的协议。[75]

行为体受到限制或是试图超越的约束条件在性质上有所不同。物理和生物意义上的限制与社会意义上的限制不同。没有外力帮助，人类没法飞行。这种升空能力的缺失构成了一种严格约束。社会性的约束则不那么严格。在某种程度上，建构主义者对人类创造力和建构性的强调是正确的。社会结构一部分是人类能动性的产物。战略选择理论家们对人类的战略建构进行解释和建模并不困难。那些可以被模型化为对选择构成限制的规范和社会人为事实（social artifacts）也同样可以被解释为选择的产物。从事后来看，几乎没有什么东西不能被包括进战略选择这项事业中。

在对选择和报偿的简单构件（building blocks）进行运用时，战略选择的模型使计算、关系和国际体系脱离了具体情境。关于各个行为体及它们之间关系的一切都必须包含在博弈的结构（谁在何时行动，他们有何选择）、行为体的报偿、行为体的信念以及信息条件之中。而诸如行为体之间权力的不对称性，要么就是无关紧要的，要么就必须将其影响包含进上述某一要素里（强者可能比弱者有更多的选择、强者可能有更好的信息、强者可能有更高的报偿等等）。但在这些模型中，权力并不是一个直接因素；它是通过本书第一章所划定的战略选择的组成部分来发挥作用的。[76]

对各种关系来说情况也是如此。有些国家将彼此视为敌人；有些国家则将彼此视为盟友。在这两种情况下，囚徒困境的存在是否意味着同样的事情？由于联盟问题是一种囚徒困境（Snyder 1984），敌人之间的军备选择也是一种囚徒困境，这是否意味着国际政治中不存在盟友和对手之间的区别？[77]

在这一点上，战略选择理论家同样也可以作出调适。博弈论模型有效地将行为体放在同等地位，就像主权概念一样，但这并不意味着对囚徒困境的建模不能在权力不对称国家之间和权力相对平等的国家之间有所差别，也不意味着对这类博弈建模不能在盟友之间和对手之间有所差别。

战略选择可以应用于任何分析层次的行为体与互动，但这样一来，它就使领域的作用去情境化了。国际政治中的无政府状态和国内政治中的等级制之间的区别消失了。这产生了重要的洞见——国内政治中有无政府状态的元素，而国际政治中有等级制的元素，存在广泛的国际合作与国内冲突。但也有一些关键性的东西是其没有抓住的，也就是说，在将国际冲突与各社会内部的审前谈判进行轻率的比较时，忽略了国内政治中拥有合法权威与国际政治中缺乏合法权威之间的区别（比照本书第一章）。

形式理论家们不仅推算了行为体的偏好和选择，他们还假定了行为体进行计算和进行评估的基础。尽管有少数研究采用了另外的决策标准，但战略选择路径的应用通常将预期效用（expected utility）作为选择的基础。但是，除了预期效用之外，还有其他用于计算和评估的基础（更不用说预期效用本身在被形式化时的不同方式；参见 Schoemaker 1982）。[78] 新现实主义者强调对生存的首要关切，可以被解读为包含着一种词典式（lexicographic）效用函数，* 在这种效用函数中，国家的行动是为了使其生存的几率最大化，而无需在其他利益之间进行任何权衡（Stein 1990）。这与人们的认识相吻合，即行为体在做出有目的性的、经过计算的选择时，有各式各样的决策标准可供其选择。[79] 再一次地，这些也都可以被纳入战略选择模型的结构之中。

战略选择模型具有极大的灵活性，学者们总是可以构建出各种事后模型，这些模型的均衡结果能够与实际选择的行为相匹配。然而，除非是在约束性非常强的情况下，否则这些模型就只能是在事后被建构的。即使此，这些模型通常也不会产生某个唯一的均衡，而且还会面临同样看似合理的相互竞争的模型（那些生成了包括所观察到的结果在内的另一套均衡的模型）。

我们现在已经绕了个圈又回到原点。一种为改善人类决策而创建的路径创造了一项智识事业，该路径作为规范性建议和实证理论的两方面都不尽如人意，而且其中的原因是相同的。人类认知的局限性加上战略环境中不确定性的固有约束，结果便是模型在仍过于简单的同时却依赖

---

* 作者此处提出的"词典式效用函数"明显受到了约翰·罗尔斯（John Rawls）的影响。在其 1971 年出版的《正义论》中，罗尔斯在谈论优先问题时提出："我们也许能把原则放入一种词典式的序列中去（正确的词是'词典编辑的序列'，但那未免有些累赘）。这是一种要求我们在转到第二个原则之前必须充分满足第一个原则的序列，然后，在满足第二个原则之后才可以考虑第三个原则，如此往下类推。一个原则要到那些先于它的原则或被充分满足或不被采用之后才被我们考虑。这样，一种连续的序列就使我们避免了衡量所有原则的麻烦。那些在序列中较早的原则相对于较后的原则来说就毫无例外地具有一种绝对的重要性。"参见[美]约翰·罗尔斯：《正义论》，何怀宏、何包钢、廖申白译，北京：中国社会科学出版社 1988 年版，第 39—40 页。——译者注

于共同知识的强假定并且依赖于决定性的环境约束，但还是会导致多重均衡。我们关于战略推理的知识所给予我们的这些模型，既没能推荐某个唯一的策略，也没能为任何选择找到一种完备的解释（哪怕是回溯性的，除了那些最简单的情况之外）。[80]

本书所讨论的战略选择路径存在一般性的问题和局限，且这些问题和局限有着国际关系的表现形式。[81]尽管本书中的论文论证了该路径的效用，但这些文章也隐含地表明战略选择路径并没有解决困扰国际政治研究的一些核心问题。到头来，尽管有了更大的严谨性、更严密的概念化和更精确的具体说明，但未解决的问题依然存在。

所有赌注清空：战略选择向何处去

本书是以一种必胜主义（triumphalism）的语气写就的。[82]对战略选择的运用正在增加。将经济学文章中的观点引入政治学的时间间隔越来越短。对于每项新的发展，其在政治学中的潜在应用都会被评估。

然而，这并不是战略选择的首次到来。[83]博弈论在20世纪50年代末进入国际关系领域，被接受和吸收，然后该领域继续前进并向其他地方发展。对于博弈论在20世纪60年代的黯然失色，可以提出两种解释。[84]首先，形式工具似乎已得到充分开发。技术上的发展貌似终止了，加上现存研究发现的整合，促使国际关系学者转向其他追求。更直接地说，早期博弈论所关注的威慑问题已经被解决了，从形式角度上关于威慑似乎没有更多可说的了，而且似乎不存在对该方法的其他有趣应用。其次，关于威慑的形式工作所依据的假定，可以直接从经验上对其进行评估。因此，对威慑的博弈论研究的一种回应是对决策本质进行经验评估。对威慑感兴趣的学者们质疑了单一行为体假定（直接导致了官僚政治文献的发展）以及危机期间决策的理性假定。[85]20世纪60年代末和70年代初关于决策制定的经验研究试图直接评估形式化威慑理论中的一些假定。

形式化的博弈论工作在20世纪70年代末和80年代初重新回到国

际关系的前沿。这是在 20 世纪 60 年代中晚期的量化工作或丧失信誉或不再有生产力之后发生的,当时的实证工作似乎是过度归纳性的,且极少受到理论上的启发,而当时的理论化则是轻浮和散漫的。那时候也反映了博弈论的新发展:仿真模拟的运用(Axelrod 1984)以及包括序列行动的博弈(关于完美均衡,参见 Selten 1975,1978;关于序列均衡,参见 Kreps and Wilson 1982)。[86]

似乎有两种因素推动了国际关系理论的发展。一种是研究传统的生成性力量(generative force)。拥有众多追随者的路径往往具有驱动智识努力的研究议程。但最终,这些研究议程也会失去势头——研究手段被消磨殆尽或是达到技术上能驾驭和行得通的极限。如果没有新的技术上的发展,学术兴趣和努力就会转移到其他地方。类似情况曾发生在内容分析、仿真模拟以及事件数据建模等路径。经济学家和一些政治学家更晚近的实验法和演化博弈论转向中似乎也明显出现了类似情况。[87]

另一种改变国际政治领域学术关注点的重要力量是现实世界。第二次世界大战和 20 世纪 30 年代末的事件给该领域对国际法的关注带来致命一击。关于联合国效能和效用的看法变化常常助长和削弱了人们对国际组织的兴趣。欧洲一体化的成功和失败对区域一体化研究产生了更为广泛的影响。古巴导弹危机产生了关于危机与危机决策以及危机管理的文献。布雷顿森林体系的崩溃和石油危机带来了国际政治经济学的回归。里根初期言辞的激烈、国防预算的增加以及缓和关系的失败,带来了安全研究的重生,这是一个在 20 世纪 70 年代中后期已萎缩了的子领域。[88]冷战的结束已经对国际关系领域的研究兴趣产生了深刻影响。博弈论的广泛使用是否能在这一转变中幸存下来,将取决于战略选择理论家们解决当前引发关切的实质性问题的能力。[89]鉴于今天的博弈理论家认识到行为学路径的重要性,并且考虑到形式理论化的现状,另一次的循环也不是不可能的。[90]

然而,对于战略选择在国际关系中的继续应用来说,仍然存在着未被充分发掘的方法论上的新发展以及大量的潜在研究议程。许多被常识认为重要的战略互动成分已经凭借博弈论的技术发展进行了有益阐释。声誉和信号就是其中的两个,对它们已经进行了形式化研究并在国际政治中加以应用。但即使在这方面也还有很多工作可以做。比如决心、坚信、固执、耐力和正直这些概念还都是博弈论尚未能解决的声誉要素(Shubik 1993,220)。该路径在国际关系中的持续生命力在一定程度上取决于诸如此类的发展。[91]

有何替代方案?

通过参考目的来解释行为是社会科学的一种标准做法。因而毫不奇怪地,许多争论都发生在目的性解释的路径之内。事实上,这里讨论的形式工具就是有目的性的人类构造的,他们想要提升其决策合乎理性的程度。那么在目的性路径之外,有什么不同于该路径的替代方案吗?

尚不清楚什么能作为目的性解释的替代方案,也不清楚是否有什么能想到的可能性位于目的性解释之外。海萨尼(Harsanyi 1969)将理性选择与功能主义和从众主义(conformist)的解释进行了对比,但他随后主张是理性选择为制度和社会价值提供了一种解释。埃尔斯特(Elster 1986)点出结构主义和社会规范作为替代方案的可能性,尽管他发现前者令人难以信服而后者则是不正确的。在此之后,埃尔斯特所说的潜在替代方案也已成了理性选择解释的关注点。[92]

即使是我没能在此进行概述的建构主义或后现代的替代方案,其与理性选择路径也几乎没有矛盾。这种替代方案只是把战略选择的基本要素,即系统和偏好的性质,视为可塑的且需要解释的。但战略选择也同样可以处理这些问题。习惯法与规范,连同私有产权和制度等其他因素,可以被视为对选择的约束和框定。但是它们也可以作为人类能动性和选择的产物来加以研究。[93]

此外,作为一方面的建构主义和后现代主义与作为另一方面的博弈论和经济学之间也存在相似之处:双方都强调怀疑和不确定性,而后现代主义所强调的开放性(open-endedness)在博弈论中也有体现(Heap 1993)。具有讽刺意味的是,尽管战略选择路径强调选择以及选择的规范根源,但建构主义者还是将该路径描述为结构性的,并用其与强调能动性的路径形成对比。然而,战略选择路径既可以阐明行为体有兴趣建构政治替代方案的情形,也可以阐明现代世界中制度设计和建构的必要条件。

人们甚至可以争辩说,现代博弈论有一种新时代的特质:在某组假定和期望下,对不完全信息博弈可得到的均衡的讨论就接近于如下论点,即当我们所有人都想着和平时,和平就会到来。简言之,战略选择强调能动性,并且能处理诸如规范和制度这类的社会建构。

结　　论

　　战略选择虽不止是一种语言和一套工具,但它也还远不是一种理论。之所以说战略选择不止是一种语言,是因为它有内容并且需要实质性的假定。因此,它比微积分要更丰富(微积分是数学的一个分支,专用于研究行星运动,但却能适用于许多没有实质性内容的现象)。然而,作为一种路径,战略选择在很大程度上仍是一个空洞的容器——并非没有形状,而是需要内容,如果它要有所贡献的话。因此,经常招致批评的是战略选择的具体应用,而不是战略选择本身。战略选择的持续成功有赖于其在面对国际政治的具体关切时的自身发展。然而我们知道,将模型复杂化以使其与现实更加同构,通常会使该模型成为一种未确定且不完备的解释。因而如果被问到我们是否应该相信博弈论和战略选择时,我们的回答应该是禅师被问到是否相信上帝时的回答。听起来仿佛禅师自己陷入了某种战略博弈,他回答道:"如果你信,那么我不。如果你不信,那么我信。"[94]而对于战略选择路径是否应该构成国际政治解释的基础这一问题,我们的回答是:"是的,没有它不行;不是,只有它不够。"

注　释

　　1. 这种情况也发生在政治学的其他分支领域,实际上还发生在其他学科。

　　2. 最致力于战略选择的那些经济学领域一直受到政治学家的定期追踪,政治学家们在其中挖掘智识上的金矿。经济学家通常假定市场是竞争性的,他们经常忽略战略互动,而是假定个体和企业只是把市场当作给定的并且不作出战略选择。但经济学家确实认为当企业数量很少时,企业就会作出战略选择,而政治学家则从经济学家关于双头垄断和寡头垄断的成果中寻找国际政治的相似之处。

国际关系学者受到了经济学家在20世纪40年代末和20世纪50年代初关于垄断竞争的成果的影响。这在华尔兹(Waltz 1959)那里相当明显，他引用了费尔纳和张伯伦的成果。在卡普兰(Kaplan 1957)对不同国际体系的特征描述中也很明显，这些描述与经济学家对不同类型市场的特征描述相一致(Boulding 1958)。经济学家和国际关系之间的联系导致许多经济学家被国际关系学者揽入怀中(维纳、赫希曼)，也导致一些经济学家直接讨论国际关系问题(谢林、博尔丁)。[此注中先后提到的费尔纳、张伯伦、维纳、赫希曼、谢林、博尔丁分别指威廉·费尔纳(William J. Fellner)、爱德华·张伯伦(Edward H. Chamberlin)、雅各布·维纳(Jacob Viner)、阿尔伯特·赫希曼(Albert O. Hirschman)、托马斯·谢林(Thomas C. Schelling)、肯尼思·博尔丁(Kenneth E. Boulding)。这里提到华尔兹引用了费尔纳和张伯伦的成果，应该是指其1979年出版的《国际政治理论》一书，而非1959年出版的《人、国家与战争》，此处作者似有误。——译者注]

3. 在第二次世界大战中，经济学家在运筹学和战略博弈的军事应用中扮演了主要角色(Shubik 1992；Kaplan 1983；Bernstein 1995)。在战后不久，博弈论就得到了军费支持，并在经济学家接受博弈论之前的很长时间里直接应用于战略安全议题(Leonard 1992；Mirowski 1991)。

博弈论与国际政治的相关性在20世纪50年代写成的两本最重要的国际关系理论著作中得到了体现。华尔兹(Waltz 1959)和卡普兰(Kaplan 1957)都提到了博弈论。事实上，卡普兰的书中还包含了一个关于此主题的附录。经济学家托马斯·谢林在1960年出版了他的经典著作《冲突的战略》(*The Strategy of Conflict*)，将博弈论应用于国际冲突议题。1961年10月的《世界政治》(*World Politics*)特刊专门讨论了国际体系的理论工作，其中有两篇经济学家的文章，都是关于博弈论的(Schelling 1961；Quandt 1961)。该卷中的另外两篇文章也讨论了博弈论(Kaplan 1961；Burns 1961)，使得1961年特刊中讨论博弈论的作者数量几乎占到总数的一半。到1985年，《世界政治》的另一期专门讨论国际合作的特刊中涉及的几乎完全是基于博弈论的工作。

关于博弈论和国际关系同构性的讨论，参见Stein 1990。有关综述文章，参见O'Neill 1994。人们可以提出理由认为，对国际政治来说，战略选择不是一种路径而是一种定义。我们这里的重点是前者。

4. 相比之下，战略选择路径对政治学的其他分支领域，如选举政治学或公法的影响要晚得多，而且更具革命性，在这些领域，社会学观点占主导地位(现在也是如此)。关于理性选择和博弈论在政治学中的传播，参见Rogowski 1978；Riker 1992和Ordeshook 1986；另可见Miller 1997。

5. 奥曼(Aumann 1985)认为博弈论和数理经济学都是艺术形式(art forms)。几乎同样的话对一般意义上的数学也适用。

6. 由于科学的逻辑是进行合理的解释而非发现新的事物，这一见解其实是更具一般性的。

7. 关于理性选择理论作为意向主义解释的一个子集的讨论，参见Elster

1986。

8. 正是这种目的性解释的中心地位，使经济学学科处于社会科学的核心位置。关于经济学和政治经济学不断演变的含义的讨论，参见 Groenewegen 1991。目的性解释在社会科学中的中心地位，使得当下在政治科学和其他领域如此盛行地引进经济学思想（本书就是一个很好的反映）和最近经济学理论化的帝国主义特征成为可能。经济学家已将其模型应用于各式各样的决策问题（Becker 1976；Hirshleifer 1985；Radnitzky and Bernholz 1987；Radnitzky 1992；Baron and Hannan 1994）。

9. 格雷厄姆·艾利森（Graham Allison 1971）阐释了这一路径并将其称为"模型一"，以此开始他对标准的国际关系理论化做法的批判。摩根索（Morgenthau）著名的说法——"以权力界定利益"，为通常被认为是国际关系领域关键理论的权力平衡（均势）与一种目的性解释之间提供了联系。{艾利森在其经典著作《决策的本质》的初版中将"理性行为体模型"称为"模型一"或"经典"模型，将"组织过程模型"（Organizational Progress Model）和"政府（官僚）政治模型"[Governmental (Bureaucratic) Politics Model]分别称为"模型二"和"模型三"。艾利森认为后两种模型能为更好地进行国际关系解释和预测提供基础。参见 Graham T. Allison, *Essence of Decision：Explaining the Cuban Missile Crisis*, Boston：Little，Brown，1971，pp.3—7。——译者注}

10. 参见艾利森（Allison 1971）以及艾利森和霍尔珀林（Allison and Halperin 1972）文中的微妙变化。对此的批评和讨论，参见阿特（Art 1973）、鲍尔（Ball 1974）和珀尔马特（Perlmutter 1974）。关于将理性行为体模型应用于艾利森阐述方式的一篇优秀论文，参见本多和哈蒙德（Bendor and Hammond 1992）。

11. 一些学者将官僚政治作为一种额外的分析层次（Jervis 1976）。

12. 我在此前的著作（Stein 1990，esp.175—184）中以一种更为扩展了的方式提出过这一论点。

13. 这一讨论的要旨是，在对某些结果的解释中，不同的分析层次可以而且通常来说必须结合起来，即不同分析层次的自变量可以进行结合。但在另一意义上，分析层次的问题仍然存在，即我们应该选择在什么分析单元和分析层次上进行解释。换句话说，我们应该在哪个分析层次上对因变量进行措辞。举个具体的例子，我们可以选择解释为何肯尼迪总统对古巴的苏联导弹作出反应并选取了封锁，或者解释为何美国对苏联导弹作出反应并采取封锁，又或者解释为何两极体系会周期性地产生超级大国的危机，而这些危机会以战争之外的方式得到解决。每个问题都可以通过结合不同分析层次来回答，但提出的问题是不同的。

14. 关于包含玩家概念的博弈论问题的不同理解，参见 Güth 1991。

15. 将目的性解释长期应用于作为国际政治行为体的国家意味着，整个领域，而不仅仅是战略互动分析，都必须面对将这类聚合体视为行为体的可行性问题。很少有（如果有的话）学者会因讨论国家利益而感到困扰，稍微多一些的学者会因讨论国家的效用函数而惊讶，但当一位心理历史学家（psychohistorian）断言"国家也有心理特征，就像个体一样；国家也有可以用于分析的梦境和幻想；国家也有由它们孩童时期民众的恐惧和创伤引起的欲望冲动"（*New Yorker* 1995，55—56）时，有更多的学者会逡巡不前。然而，从分析的角度来看（在科学而非精神分析的意义上），将利益和目的性计算扩展到国家，或许将它们扩展到心智领域一样值得怀疑。关于社会选择和聚合实体问题的讨论，参见 Sen 1995。

16. 规则和程序对结果的极端重要性是阿罗（Arrow 1951）获得诺贝尔奖的著作中的关键结论，也是社会选择文献的核心主题。

17. 更广泛意义上，正如一本编著的标题所暗示的，组织可被视为博弈（Binmore and Dasgupta 1986）。

18. 如前所述，一些对战略选择的批评实际上是对意向主义解释的批评。毕竟，自然科学中的因果解释是在不提及意图和目的的情况下提供的。我们有可能设想出一种类似的社会科学，这种社会科学忽视个体偏好以及由个体所组成的群体的偏好。但是这种批评并没有在国际关系领域发展起来。

19. 权力最大化是摩根索（Morgenthau 1948）著作的核心。

20. 假定权力最大化和假定最低限度地确保生存之间的区别是古典现实主义与新现实主义之间主要的区别，并且这一区别是被自觉（self-consciously）阐明了的（Waltz 1979，1990）。

21. 这使得克拉斯纳（Krasner 1978）对国家利益的归纳性探索（inductive search）具有活力。克拉斯纳一开始便指出，现实主义关于国家偏好的核心假定不足以解释大国外交政策的大部分内容。

22. 罗西瑙（Rosenau 1968）区分了对国家利益的主观评估和客观评估；克拉斯纳（Krasner 1978）区分了评估国家利益的演绎手段和归纳手段。

23. 参见哈里斯（Harris 1979）对主位（emic）和客位（etic）的区分。这个人类学问题已进入政治学并用于讨论农民行为（Scott 1975，1976；Popkin 1979）。这个问题也出现在历史学家那里，他们需要知道哪些是过去的人们所自觉认识到的东西，这一问题会对他们形成制约。

有一个长期以来的争论，是关于经济交换的普遍性与前现代存在的计算和评估模式（Finley 1973；Polanyi 1944；Kindleberger 1974；Humphreys 1969）。对古典经济论点的反驳，参见 Conybeare 1987，chap.4。这个问题在经济人类学家中引起了激烈争论，他们将其称为实质论派与形式论派的论争（the substantivist-formalistcontroversy）。关于将这些观点线索联系起来的文章，参见 Lowry 1979。

24. 值得注意的是，谢林不知道从哪里开始（Kaplan 1983）。

25. 同样的情况也出现在政治学的其他分支领域。有些学者通过简单假定政治家们有再次当选的偏好来解释美国政治，这种解释遭遇了局限，于是他们已经开始扩大政治家的效用函数以包括对政策的偏好。同样，假定选民有收入最大化的简单偏好也已被证明是不够充分的，最近的研究工作将选民对自身收入的兴趣与一些关于公平公正的普遍偏好（不同选民持此偏好的程度不同）结合了起来。

26. 斯蒂格勒和贝克尔(Stigler and Becker 1977)对这一立场进行了有力的论证。弗里登在本书中的文章(第二章)为在国际关系中持此立场提出了充分理由。

27. 偏好变化这一议题与偏好对信念的依赖性有关。本书第一章采取了将两者分开的正统立场,但在一些重要的案例中,偏好是取决于信念的(Hausman and McPherson 1994)。

偏好变化这一议题还与行为体自身是否发生变化以及他们是否有能力考虑除当前目标以外的其他事物有关。这不仅仅是指行为体会严重地对未来回报进行折现,而且行为体对其自身的未来缺乏认识也缺乏兴趣,它们只是简单追求当前的目标(Parfit 1984;Walsh 1994)。当产品、组织结构和领导层已全都发生了变化的情况下,在20世纪上半叶制造商业机器的国际商业机器公司(IBM)和在20世纪下半叶制造计算机的IBM还是同一家公司吗? 同样,中年企业高管和20年前的嬉皮士还是同一个人吗? 可以说他们有相同的偏好吗? 能认为年轻的嬉皮士是在计算过时间后果(temporal consequences)的情况下作出的选择吗?

28. 作为博弈论之父的约翰·冯·诺伊曼(John von Neumann)是——至少有一次被认为是——有史以来最伟大的数学家之一(Paulos 1991)。他的重要著作《博弈论与经济行为》(*The Theory of Games and Economic Behavior*)主要关注经济行为,这很大程度上是因为受其合著者——经济学家奥斯卡·摩根斯坦——的影响(Leonard 1992;Rellstab 1992;Schotter 1992;Mirowski 1992)。但博弈论的早期根基都是在数学(Dimand and Dimand 1992)。讽刺的是,博弈论在普林斯顿大学的早期历史中,数学系对这项新事业是鼓励的,而经济系则不认可(Shubik 1992)。

29. 伽利略进一步扩展了这一观点,他写道:"自然之书是用数学语言写成的;没有数学的帮助就不可能理解其中的任何一个字。"(引自 Pinker 1997)

30. 著名的经济博弈论者戴维·克雷普斯(David Kreps 1990c)为博弈论对经济学的贡献提供了一幅颇为克制且有限的图景。事实上,克雷普斯所列出的博弈论贡献根本不是专门针对博弈论的,而是普遍适用于数学建模的那些一般性贡献。

31. 事实上,在政治学中对这项事业有不同的称呼,包括"形式理论"(formal theory)和"数理政治理论"(mathematical political theory)。

32. 这一讨论巧妙地处理了数学哲学中的争论。

33. 并非所有数学上的可能性都有现实世界的对应物。许多博弈可以作为假设命题(hypotheticals)来进行分析,但这些博弈相对较少地是因其模拟了重要的社会现实而被研究。肯尼思·博尔丁曾将现代数理经济学斥为"关于一个未知宇宙的量子力学"。数学家们对于其构造物是存在于他们头脑之中还是存在于现实世界有不同意见。关于数学哲学中此类议题的入门介绍,参见 Barrow 1992;Davis and Hersh 1981;and Paulos 1991。

34. 运动物体研究对数学中的关键发展具有实质重要性,关于这一中心地位的讨论可参见 Kline 1985;关于微分和积分的最简单说明,参见 Paulos 1991。

35．对于文学阐释的一个富于想象力的应用，参见 Brams 1980。

36．关于经济学家对经济学和生物学具有相似特质的讨论，参见 Hirshleifer 1977，1978a，1978b；and Samuelson 1978，1985。

37．哈默斯坦（Hammerstein 1989）指出，令人惊讶的是，一种假定人类理性的模型不仅在动物行为研究中具有广泛的适用性，而且该模型似乎在解释动物行为方面比对人类行为的解释做得更好。关于博弈论和演化生物学的述评，参见 Hammerstein and Selten 1994。

本书中卡勒的文章（第六章）漂亮地论证了在国际关系中使用演化模型的相关议题。在其严格的生物学形式中，这些模型不考虑意向性，但是卡勒讨论了将这类模型引入社会科学的方式，以及伴随而来的修饰，这些修饰注意到了定向变异和适应性学习的作用。

38．类似地，在自然科学和社会科学中都使用均衡的概念并不意味着经济上的均衡与物理上的均衡是同一回事（Phelps 1991）。

39．我对此的表述可参见 Stein 1990。

40．我对此的看法可参见 Stein 1990，chap.5。

41．决策理论家和博弈理论家所致力于的唯一价值就是理性：优化行为体的偏好并使其最大化。

42．诺齐克（Nozick 1993，xi）描述了关于人及其理性的两种观点之间的对比，正如两位伟人所表达的那样："笛卡尔试图表明为何我们应该相信逻辑推理的结果，休谟则质疑我们这样做是否合乎理性。"

43．洛克持相反立场，他认为人们的头脑不需要逻辑的指导。对逻辑规则的了解会有所帮助，但即使没有关于逻辑的知识，头脑也能用合乎逻辑的方式进行推理。这类似于现代宏观经济学中的论点，即个体会计算出理性预期，甚至在对模型和数学进行详细阐述以使这种计算变得易于处理之前，这种计算就已经发生了。

44．一些早期的概率论者认为他们的事业是在捕捉凭直觉得到的推理，或如皮埃尔·拉普拉斯（Pierre Laplace）所说，概率论"只是将正确的感觉（good sense）简化为演算"（Laplace 1951[1814]，196）。当概率理论与直觉发生冲突时，需要重新表述的是理论（Daston 1980，1988）。

45．诺齐克（Nozick 1993）认为，博弈论即使作为一种规范性建构也是不充分的，满足何种条件才能算是一个理性的决定，对于此通常的规范性观点必须要扩大并包含行动的象征意义。

46．人们可以将此观点再往前推进一步。也许博弈论不是一种用来探索世界的实验仪器，而是一个本身可以生成结构的工具，就像计算机算法那样。如果是这样的话，博弈论就在创造某种新的事物。关于实验工具，可参见巴罗（Barrow 1992，261）的讨论。

47．卡默勒（Camerer 1997，167）指出，"引人注目的是，在博弈论研究是如此之多的同时，很大程度上却忽略了[是否应该用其来描述人和制度的实际选择这一]问题",而且卡默勒还继续指出,即使当博弈论"确实旨在描述行为,但其在进行理论化的过程中细致观察的比例往往低得令人不安"。

48. 这一批评也与现代政治有关。前几代经济学家是社会主义和共产主义强烈批评者。在过去的20年里,一些在公共选择领域写作的人是福利国家的坚定批评者。

49. 一些女性主义者和马克思主义者认为理性选择与他们的议程是相抵触的,并倾向建构主义或后现代主义这种看似更适宜的智识土壤。然而,马克思主义者和女性主义者(前者人数很多,后者人数不多)可以很容易地运用理性选择,就像那些支持去中心化市场交易的保守派一样。

要注意的是,这些标签只是针对现代政治联盟的一种非写实和漫画式的描绘。在更早期的时候,政治自由主义者是去中心化市场的坚定支持者,他们反对保守的中央集权论者对重商主义的支持。关于自由主义者对国家和交易的看法演变,参见 Stein 1993。

50. 关于认知革命的一个简单易懂的历史,参见 Gardner 1985。

51. 也许心理学给现代博弈论在这方面带来的最大问题是人们是否具有贝叶斯理性。不完全信息博弈的形式模型依赖于贝叶斯更新(Mariotti 1995),但是经验证据表明,大多数人并不是天生的贝叶斯主义者。

52. 认知能力制约因素的存在(Oaksford and Chater 1993)和认知的情境依赖性(Stevenson 1993)受到广泛认可,且心理学家确实想要把理论扎根于认知过程之中(Shafir 1993)。一些经济学家也看到了纳入实际推理的重要性(Rubinstein 1991),并强调了有限理性和经验主义的重要性(Binmore 1988)。或正如西蒙(Simon 1990)所说,人类行为的不变量(invariants)就留存于做出选择背后的认知机制。

53. 经济学家们最初对这些心理学的许多抨击持相当怀疑的态度,但现在已经承认了心理学家们的许多观点。对此进行追溯的一个好方法是参阅查尔斯·普洛特(Charles Plott)的成果(Grether and Plott 1979;Plott 1987)。影响之一便是实验经济学领域的蓬勃发展,以及使用小组实验来评估经济学论点(Smith 1992)。

关键成果来自特沃斯基和卡尼曼(Tversky and Kahneman 1974)。经济学家们一直在争论的是,人们不按经济学理论假定的方式运转,这一点应该在多大程度上使他们感到不安(Friedman 1953;McClelland 1975,136—143;Lagueux 1994)。最具防御姿态的是,普洛特(Plott 1987)面对心理学证据接受了经济学假定是成问题的这一性质,但他认为在没有可行的替代方案的情况下,这项事业应该继续下去。

54. 说明情境重要性的另一个例子是,人们会根据他们所能得到的选项的某些方面依次按顺序地作出决定。经济学家会认为,在三个同等价值的选项中,每一个都有三分之一的概率被选中。特沃斯基(Tversky 1972)认为,当其中两个选项有某个共同的特征——例如是同一交响乐的不同录音带——而第三个选项则大为不同（例如是一本书）时，上述说法是荒谬的。特沃斯基的观点是，一个人首先会在书和录音带之间进行选择，然后才会在录音带之间进行选择；所以选择书的几率是二分之一，而每张录音带的被选择几率是四分之一。要再说一次的是，受到质疑的并不是计算选择的模型，而是该计算过程中的具体假定。

55. 赫希曼（Hirschman 1991a，357）认为，世纪之交的经济学家们拒绝了"本能性直觉、习惯性、无意识、意识形态以及神经质驱动"——也就是说，他们回避了"非理性，而非理性几乎是当时所有有影响力的哲学、心理学和社会学思想的特点"。在这样做的过程中，他们清空了他们概念——最确切地说是自利这一概念——的"心理学起源"。

56. 一位哲学家认为，冲动在寻找协调问题的最明显解决方案方面具有效用（Gilbert 1989b）。其他人认为，习惯行为和常规行为可以被看作理性的（Hodgson 1993a）。西蒙（Simon 1978a）指出，即使是精神分析理论也包含着某种功能性成分和某种理性含义（与 Cohen 1976 形成了对比）。

57. 人类的情感不一定要被看作是与理性选择相对立的；事实上，这些情感对于人类任何理解和评估得失的能力来说都是必不可少的（Damasio 1994）。

58. 一些博弈论中确实包括了如下可能性，即存在那些从理性假定出发无法解释的偏离（威胁将某事交给运气、颤抖手均衡）。

59. 在最近的政府移动电话使用权竞标中，所有的竞标者都聘请了博弈论专家为他们提供讨价还价策略方面的建议，并且毫不奇怪的是，博弈论对竞标的预测效果相当好。〔这里应该主要指的是美国于 1994 年 7 月开始的频谱牌照拍卖。美国频谱拍卖机制直接受到保罗·米尔格罗姆（Paul R. Milgrom）和罗伯特·威尔逊（Robert B. Wilson）的影响，两位也因"对拍卖理论的改进和新型拍卖形式的发明"而获得 2020 年诺贝尔经济学奖。——译者注〕

60. 精神分析理论大致上也是如此。分析者们认为，一旦个体意识到驱动他们行为的因素，他们就能够对付这些因素。

61. 对于许多接受目的性解释逻辑的人来说，理性的概念仍会引起怒火。虽然下面的讨论是以分析的方式处理批评，但要明白，有些批评源于理性一词的内在含义。理性选择的解释确实包含了除意向主义解释之外的一些假定（Elster 1985，1986）。

62. 阿瑟（Arthur 1994，406）接着还指出，"演绎理性能适用于像井字棋这样的简单博弈，但国际跳棋所在的深度上就找不到理性'方案'了，当然，对国际象棋和围棋这种仍然只处于适中深度上的博弈来说也找不到这种方案。"〔根据博弈论中的策梅洛定理（Zermelo's theorem），对于任何一个完全信息的两人博弈，一定存在先手或后手的"必胜法"（或更为严谨地说是"必不败法"）。这一定理对围棋亦适用。不过，受算力限制，人们尚不能具体计算出这一最优策略。——译者注〕

63. 西蒙（Simon 1976，1978a，1978b）等人提出的方法是区分理性的不同类型或不同方面（Evans 1993）。西蒙在实质理性和程序理性（substantive and proce-dural rationality）之间进行了区分。

64. 参见 Conlisk 1996 以及 Lipman 1991，1995。奥曼(Aumann 1997，8)辩称，为处理多重均衡难题而提出的均衡精炼(equilibrium refinements)"听起来并不真的像有限理性。它们听起来更像是超级理性"。

65. 博弈论已经得到扩展，从完美信息到不完美信息，从处理报偿之和为零的情况到报偿不为零的情况，从假定效用(报偿)可以在行为体之间转移到不能转移的情况，从假定同时选择(常规或策略形式)到序列选择(扩展形式)，从只处理两个行为体的互动到处理多个行为体的互动，以及从完全信息扩展到不完全信息。奥曼(Aumann 1992)将博弈论扩展到行为体不需要假定其他人必然是理性的情况。关于这些进展的说明，参见 Harsanyi 1977，1988。

66. 有关均衡之间关系的讨论，参见 Morrow 1994a。

67. 多重均衡的存在意味着，这项事业开出的处方是不够好的，作为解释也是不完备的。解法概念依赖于那些关于无法达到的状态的信念，这同样是个问题。面对均衡挑选(equilibrium selection)和个体偏离战略理性的问题，一些学者甚至放弃了形式事业(formal enterprise)，转而使用实验来评估人类选择的基础(Plott 1991)。那些不愿意离开形式事业的人正越来越多地转向不依赖于强理性假定的演化博弈论(Binmore and Samuelson 1994；Van Damme 1994；Robson 1995)。

68. 关于对博弈规则的共同知识假定的意义和必要性的持续讨论，参见 Lismont and Mongin 1994。这种关注将博弈论的前沿与哲学中逻辑学的前沿结合在了一起(Bacharach 1987，1994；Stalnaker 1994)。关于偏离共同知识的一些影响，参见 Geanakoplos 1992，1994。

从他人的角度来换位思考是生物学上所固有的(hard-wired)。自闭症者患有一种神经紊乱，使他们在很大程度上看不到其他思维方式的存在，并使他们无法评估他人的信念和意图。西蒙·巴伦-科恩(Simon Baron-Cohen 1995)将这种没有能力推断他人想法的情况描述为"心盲"(mindblindness)。

69. 事实上，这也是语言哲学中的一个关键问题。

70. 杰维斯(Jervis 1976)认为，国家经常错误地将它们自己视为其他国家行动的目标。

71. 埃尔斯特(Elster 1979)用这个故事来说明一种情况，即理性选择的可能性存在于事前而非事中。埃尔斯特将此称为"不完美的理性"。

72. 这一观点甚至还可以被说得更广泛：行为体在真正开始分析一个问题之前并不知道自己的偏好是什么。安德森(Anderson 1983)认为，在古巴导弹危机期间，为肯尼迪总统提供建议的执行委员会成员的偏好是在他们通过评估选项的审议过程中才出现的。愿望和利益的相互决定是否会给决策理论带来问题，还是说这只是对内隐观点(implicit view)下审议如何进行的抨击，对此的讨论参见 Kusser and Spohn 1992 及 Broome 1994。

73. 关系性权力——影响他人报偿的能力——可以区别于元权力(metapower)——构造他人选项和报偿的能力(Baumgartner, Buckley, and Burns 1975；

Baumgartner，Buckley，Burns，and Schuster 1976)。

74. 制度设计的其他元素包括构建私有产权，以便将某些领域"市场化"，而非对这些进行规制，还包括构建不同的监督结构(火警警报/警察巡逻的区别)。

以下内容为译者补注：关于火警警报与警察巡逻之间区别的探讨可参见 Mathew D. McCubbins and Thomas Schwartz，"Congressional Oversight Overlooked：Police Patrols versus Fire Alarms，"*American Journal of Political Science*，Vol.28，No.1，1984，pp.165—179。——译者注

75. 斯坦(Stein 1984，1990)对此进行过讨论，鲁杰(Ruggie 1992)接着也谈到过。

76. 战略情景的五个要素是："(1)玩家的集合；(2)博弈进行的外在顺序；(3)每当轮到一名玩家行动时这名玩家可获得的选择；(4)被轮到要行动的玩家可获得的关于其他人先前所做选择的信息；(5)每个玩家在博弈各个玩法中的报偿"(Reny 1992，103)。正如菲利普·雷尼(Philip Reny ibid.)所指出的，这种战略情景非常灵活，"值得注意的是，人们很难发现一个现实生活中的战略情景是无法被精心选择的扩展形式的博弈进行有效建模的"。

77. 参见斯坦(Stein 1990，chap.6)的讨论。

78. 各种各样的悖论反映了得出理性选择的不同方式。更具体地说，作为理性选择之基础的逆向归纳法会产生某种悖论(Selten 1978；Binmore 1987；Pettit and Sugden 1989；Basu 1994；关于其与共同知识问题的联系，可参见 Reny 1992)。

79. 精于计算的行为体所做出的看似有悖常理的决定在政治生活中并不新鲜。有些激进分子会反对改革并且支持守旧派，因其认为这样做能更快地带来革命，这提供了一个耐人寻味的例子，说明政治决策背后的计算之扭曲。

80. 当复杂性超出一定程度后，形式模型的局限性可以被看作与更一般意义上数学中的哥德尔不完备定理(Gödel's incompleteness theorem)有关。超出了一定的复杂程度，所有的逻辑系统都是不完备的，因其包含了那些在该系统的规则之下不能被证明为真或被证明为假的命题。

81. 萨顿(Sutton 1990，507)认为，产业经济学中的博弈论模型同样受到未确定性问题的困扰，而产业经济学正是在 20 世纪 80 年代被博弈论转变的领域，也一直是国际关系学者的灵感来源。萨顿想知道"那句旧时的讥讽是否属实，即'在寡头垄断下，什么都有可能发生'"，他还继续问道，"在一切都能'解释'的时候，我们是否什么都没解释？"在某种程度上，国际关系也是一个由从事战略行为的少数大国所主导的领域，那么在该领域或许也可能出现多种结果，并且可以开发许多具有同等可行性的模型。萨顿对产业经济学博弈论模型的描述是："可接受的表达方法的丰富性导致了常常令人尴尬的各种结果，这些范围广泛的结果可作为在某种'合理的'具体说明之下的均衡而获得支持"，这种描述也可以很容易地适用于国际关系。

82. 必胜主义和归附性劝导的结合表明，这要么是一场宗教运动，要么是一场

庞氏骗局。

83. 应该要注意的是,组织本书的最初宣言写得好像谢林在 20 世纪 50 年代末没有任何影响一样。

84. 这方面的一个显著迹象是 20 世纪 60 年代《世界政治》的两期特刊对博弈论相对关注程度。如前所述,1961 年的特刊对博弈论相当重视。然而,1969 年的特刊对这一主题却关注甚少,主要集中在 20 世纪 60 年代中期已成为该领域关注焦点的量化经验研究浪潮上。

85. 关于威慑研究的演变,参见 Jervis 1979。作为对历史的一个记录,格雷厄姆·艾利森的工作方向受到了安德鲁·马歇尔(Andrew Marshall)的影响,后者是国防部研究主任,也是 20 世纪 50 年代中期兰德公司(RAND Corporation)的关键人物,当时博弈论和经济模型已被应用于战略问题。

86. 斯奈德和迪辛(Snyder and Diesing 1977)著作的出版也是一个重要事件,不过他们的成果显示的是作为 20 世纪 70 年代印记之一的对决策制定和经验研究的兴趣。

87. 经济学家对演化博弈论的转向,可参见 Binmore and Samuelson 1994 和 Van Damme 1994。关于将实验法作为行为博弈论(behavioral game theory)的描述,参见 Camerer 1997。另可参见 Honkapohja 1993 对适应性学习(adaptive-learning)路径的讨论。

88. 杰维斯(Jervis 1978)关于军事学说的成果帮助推动了这一新知识议程的出现,罗伯特·鲍威尔用博弈论的新发展来重新讨论谢林也起到了同样的作用。

89. 例如,费伦、塞廷延(Cetinyan)等人的形式化成果会比其他路径更能说明族群在国际政治中的影响吗?〔此处提到的鲁彭·塞廷延(Rupen Cetinyan)的成果应该是指其于 1997 年在加州大学洛杉矶分校完成的博士论文,参见 Rupen Cetinyan, "Strategy of Ethnic Conflict: Rational Choice in Ethnic Organization and Politics," Ph.D. diss., University of California, Los Angeles, 1997。费伦关于族群冲突的形式化成果可参见 James D. Fearon, "Ethnic War as a Commitment Problem," presented at Annual Meetings of the American Political Science Association, 1994。——译者注〕

90. 在经济学历史中也可以看到形式化成果与行为学成果之间的循环现象(Seligman 1971;Latsis 1972)。形式理论化产生了重大的洞察力,但关于形式理论化的两方面压力也在增加,一方面是对其假定的经验评估,另一方面则是关于形式主义者所忽略事物的信息。

91. "不成长就停滞"的劝诫或许不适用于政治实体,但它确实可以适用于智识事业。

92. 人们可以很容易地生成那些关于选择的模型,在这些模型中行为体实际上是没有选择的"战略傻瓜"(这是结构模型的观点)。人们也可以聚焦社会规范背后的选择。普洛特(Plott 1987)的简单说法是,除了理性选择,没有其他选择。

93. 可以将传统和规范建立在一种理性选择的基础上,这是社会学思想中经常勾画的替代方案。关于 20 世纪一些经典社会学家对理性的讨论，参见 Cohen 1976 和 Lane 1974。关于规范何时削弱或不削弱理性选择的评估，参见 Mortimore 1976。我的相关讨论可见 Stein 1996。

94. 与此相关的是，亚伯拉罕·卡普兰（Abraham Kaplan 1967）解释说他虽然不缺乏对理性模型的信仰，但想要对信徒们说声"可是"。

参 考 文 献

Abelson, R. P. 1976. "Social Psychology's Rational Man." In *Rationality and the Social Sciences: Contributions to the Philosophy and Methodology of the Social Sciences*, edited by S. I. Benn and G. W. Mortimore. London: Routledge and Kegan Paul.

Alchian, Armen A. 1950. "Uncertainty, Evolution, and Economic Theory." *Journal of Political Economy* 58:211–21.

Alesina, Alberto, and Enrico Spolaore. 1997. "On the Number and Size of Nations." *Quarterly Journal of Economics* 112:1027–56.

Allison, Graham T. 1971. *Essence of Decision: Explaining the Cuban Missile Crisis*. Boston: Little, Brown.

Allison, Graham T., and Morton Halperin. 1972. "Bureaucratic Politics: A Paradigm and Some Policy Implications." *World Politics* 24:40–79.

Alt, James, and Michael Gilligan. 1994. "The Political Economy of Trading States: Factor Specificity, Collective Action Problems, and Domestic Political Institutions." *Journal of Political Philosophy* 2:165–92.

Altfeld, Michael F. 1985. "The Decision to Ally: A Theory and Test." *Western Political Quarterly* 37:523–44.

Altfeld, Michael F., and Bruce Bueno de Mesquita. 1979. "Choosing Sides in Wars." *International Studies Quarterly* 23:87–112.

Amsden, Alice H. 1985. "The State and Taiwan's Economic Development." In *Bringing the State Back In*, edited by Peter B. Evans, Dietrich Rueschemeyer, and Theda Skocpol. Cambridge: Cambridge University Press.

———. 1989. *Asia's Next Giant: South Korea and Late Industrialization*. New York: Oxford University Press.

Anderson, Paul A. 1983. "Decision Making by Objection and the Cuban Missile Crisis." *Administrative Science Quarterly* 28:201–22.

Anderson, Perry. 1974. *Lineages of the Absolutist State*. London: NLB.

Angier, Natalie. 1995. "Heredity's More Than Genes, New Theory Proposes." *New York Times*, January 3, B13, B22.

Apter, David, and Tony Saich. 1994. *Revolutionary Discourse in Mao's Republic*. Cambridge, Mass.: Harvard University Press.

Arrow, Kenneth J. 1951. *Social Choice and Individual Values*. New York: Wiley.

Art, Robert J. 1973. "Bureaucratic Politics and American Foreign Policy: A Critique." *Policy Sciences* 4:467–90.

Art, Robert J., and Robert Jervis. 1992. *International Politics: Enduring Concepts and Contemporary Issues*, 3rd ed. New York: HarperCollins.

Arthur, W. Brian. 1994. "Inductive Reasoning and Bounded Rationality." *American Economic Review* 84:406–11.

Aumann, Robert J. 1985. "What Is Game Theory Trying to Accomplish?" In *Frontiers of Economics*, edited by K. Arrow and S. Honkapohja. Oxford: Basil Blackwell.

246

Aumann, Robert J. 1992. "Irrationality in Game Theory." In *Economic Analysis of Markets and Games: Essays in Honor of Frank Hahn*, edited by Partha Dasgupta, Douglas Gale, Oliver Hart, and Eric Maskin. Cambridge: MIT Press.

———. 1997. "Rationality and Bounded Rationality." *Games and Economic Behavior* 21:2–14.

Axelrod, Robert M. 1984. *The Evolution of Cooperation*. New York: Basic Books.

———. 1986. "An Evolutionary Approach to Norms." *American Political Science Review* 8:1095–1111.

Axelrod, Robert M., and Robert O. Keohane. 1986. "Achieving Cooperation under Anarchy: Strategies and Institutions." In *Cooperation under Anarchy*, edited by Kenneth A. Oye. Princeton, N.J.: Princeton University Press.

Bacharach, Michael. 1987. "A Theory of Rational Decision in Games." *Erkenntnis* 27:17–55.

———. 1994. "The Epistemic Structure of a Theory of a Game." *Theory and Decision* 37:7–48.

Baldwin, David A., ed. 1993. *Neorealism and Neoliberalism: The Contemporary Debate*. New York: Columbia University Press.

Ball, Desmond. 1974. "The Blind Men and the Elephant: A Critique of Bureaucratic Politics Theory." *Australian Outlook* 28:71–92.

Baron, David P. 1991. "Majoritarian Incentives, Pork Barrel Programs, and Procedural Controls." *American Journal of Political Science* 35:57–90.

Baron, David P., and John Ferejohn. 1989. "Bargaining in Legislatures." *American Political Science Review* 83:1181–1206.

Baron, James N., and Michael T. Hannan. 1994. "The Impact of Economics on Contemporary Sociology." *Journal of Economic Literature* 32:1111–46.

Baron-Cohen, Simon. 1995. *Mindblindness: An Essay on Autism and Theory of Mind*. Cambridge: MIT Press.

Barrow, John D. 1992. *Pi in the Sky: Counting, Thinking, and Being*. Oxford: Oxford University Press.

Basu, Kaushik. 1994. "The Traveler's Dilemma: Paradoxes of Rationality in Game Theory." *American Economic Review* 84:391–95.

Baumgartner, Tom, Walter Buckley, and Tom R. Burns. 1975. "Relational Control: The Human Structuring of Cooperation and Conflict." *Journal of Conflict Resolution* 19:417–40.

Baumgartner, Tom, Walter Buckley, Tom R. Burns, and Peter Schuster. 1976. "Meta-Power and the Structuring of Social Hierarchies." In *Power and Control: Social Structures and Their Transformation*, edited by Tom R. Burns and Walter Buckley. Beverly Hills: Sage.

Bean, Richard. 1973. "War and the Birth of the Nation-State." *Journal of Economic History* 33:203–27.

Becker, Gary S. 1976. *The Economic Approach to Human Behavior*. Chicago: University of Chicago Press.

Bendor, Jonathan, and Thomas H. Hammond. 1992 "Rethinking Allison's Models." *American Political Science Review* 86:301–22.

Benoit, Jean-Pierre, and Vijay Krishna. 1985. "Finitely Repeated Games." *Econometrica* 53:890–904.

Bergsten, C. Fred, Robert O. Keohane, and Joseph S. Nye Jr. 1975. "International Economics and International Politics: A Framework for Analysis." In *World Politics and International Economics*, edited by C. Fred Bergsten and Lawrence B. Krause. Washington, D.C.: Brookings Institution.

Bernstein, Michael A. 1995. "American Economics and the National Security State, 1941–1953." *Radical History Review*, no. 63: 8–26.

Binmore, Ken. 1987. "Modeling Rational Players: Part I." *Economics and Philosophy* 3:179–214.

———. 1988. "Modeling Rational Players: Part II." *Economics and Philosophy* 4:9–55.

———. 1992. *Fun and Games: A Text on Game Theory.* Lexington: Heath.

Binmore, Ken, and Partha Dasgupta, eds. 1986. *Economic Organizations as Games.* Oxford: Basil Blackwell.

Binmore, Ken, and Larry Samuelson. 1992. "Evolutionary Stability in Repeated Games Played by Finite Automata." *Journal of Economic Theory* 57:278–305.

———. 1994. "Drift." *European Economic Review* 38:859–67.

Blainey, Geoffrey. 1988. *The Causes of War*, 3rd ed. New York: Free Press.

Blechman, Barry M. 1966. "The Quantitative Evaluation of Foreign Policy Alternatives: Sinai, 1956." *Journal of Conflict Resolution* 16:408–26.

Blume, Lawrence, and David Easley. 1992. "Evolution and Market Behavior." *Journal of Economic Theory* 58:9–40.

Boulding, K. E. 1958. "Theoretical Systems and Political Realities: A Review of Morton A. Kaplan, *System and Process in International Politics*." *Journal of Conflict Resolution* 2:329–34.

Bowler, Peter J. 1983. *The Eclipse of Darwinism: Anti-Darwinian Evolution Theories in the Decades around 1900.* Baltimore: The Johns Hopkins University Press.

———. 1988. *The Non-Darwinian Revolution: Reinterpreting a Historical Myth.* Baltimore: The John Hopkins University Press.

Braithwaite, Richard Bevan. 1955. *Theory of Games as a Tool for the Moral Philosopher.* Cambridge: Cambridge University Press.

Brams, Steven J. 1975. *Game Theory and Politics.* New York: Free Press.

———. 1980. *Biblical Games: A Strategic Analysis of Stories in the Old Testament.* Cambridge, Mass.: MIT Press.

———. 1985. *Superpower Games: Applying Game Theory to Superpower Conflict.* New Haven, Conn.: Yale University Press.

Brams, Steven J., and D. Marc Kilgour. 1988. *Game Theory and National Security.* New York: Basil Blackwell.

Breslauer, George, and Philip Tetlock, eds. 1991. *Learning in U.S. and Soviet Foreign Policy.* Boulder, Colo.: Westview.

Brewer, John. 1989. *The Sinews of Power: War, Money, and the English State, 1688–1783.* New York: Knopf.

Broome, John. 1994. "The Mutual Determination of Wants and Benefits." *Theory and Decision* 37:333–38.

Broz, J. Lawrence. 1997. "The Domestic Politics of International Monetary Order: The Gold Standard." In *Contested Social Orders and International Politics*, edited by David Skidmore. Nashville, Tenn.: Vanderbilt University Press.

Broz, J. Lawrence. 1998. *International Origins of Federal Reserve Systems*. Ithaca, N.Y.: Cornell University Press.

Bueno de Mesquita, Bruce, and David Lalman. 1992. *War and Reason: Domestic and International Imperatives*. New Haven, Conn.: Yale University Press.

Bueno de Mesquita, Bruce, and Randolph M. Siverson. 1995. "War and the Survival of Political Leaders: A Comparative Study of Regime Types and Political Accountability." *American Political Science Review* 89: 841–55.

Bueno de Mesquita, Bruce, James D. Morrow, and Ethan R. Zorick. 1997. "Capabilities, Perception, and Escalation." *American Political Science Review* 91:15–27.

Burley, Anne-Marie. 1993. "Regulating the World: Multilateralism, International Law, and the Projection of the New Deal Regulatory State." In *Multilateralism Matters*, edited by John G. Ruggie. New York: Columbia University Press.

Burley, Anne-Marie, and Walter Mattli. 1993. "Europe Before the Court: A Political Theory of Legal Integration." *International Organization* 47:41–76.

Burns, Arthur Lee. 1961. "Prospects for a General Theory of International Relations." In *The International System: Theoretical Essays*, edited by Klaus Knorr and Sidney Verba. Princeton, N.J.: Princeton University Press.

Burns, Tom, and Walter Buckley. 1974. "The Prisoners' Dilemma Game as a System of Social Domination." *Journal of Peace Research* 11:221–28.

Cain, P. J. 1980. *Economic Foundations of British Overseas Expansion, 1815–1914*. London: Macmillan.

———. 1985. "J. A. Hobson, Financial Capitalism and Imperialism in Late Victorian and Edwardian England." *Journal of Imperial and Commonwealth History* 13:1–27.

Cain, P. J., and A. G. Hopkins. 1993a. *British Imperialism: Innovation and Expansion, 1688–1914*. London: Longman.

———. 1993b. *British Imperialism: Crisis and Deconstruction, 1914–1990*. London: Longman.

Camerer, Colin F. 1997. "Progress in Behavioral Game Theory." *Journal of Economic Perspectives* 11:167–88.

Caporaso, James A. 1989. "Microeconomics and the International Political Economy: The Neoclassical Approach to Institutions." In *Global Changes and Theoretical Challenges*, edited by Ernst-Otto Czempiel and James N. Rosenau. Lexington, Ky.: Lexington Books.

Carroll, Glenn R. 1984. "Organizational Ecology." *Annual Review of Sociology* 10:71–93.

Chase, Kerry. 1998. "Sectors, Firms, and Regional Trade Blocs in the World Economy." Ph.D. diss., University of California at Los Angeles.

Chatterjee, Kalyan, and Lawrence Samuelson. 1987. "Bargaining with Two-Sided Incomplete Information: An Infinite Horizon Model with Alternating Offers." *Review of Economic Studies* 54:175–92.

Christensen, Thomas J., and Jack Snyder. 1990. "Chain Gangs and Passed Bucks: Predicting Alliance Patterns in Multipolarity." *International Organization* 44:137–68.

Clague, Christopher, Philip Keefer, Stephen Knack, and Mancur Olson. 1995. "Contract-Intensive Money: Contract Enforcement, Property Rights, and Economic Performance," IRIS Working Paper, no. 151, February 10, 1995. Center on Institutional Reform and the Informal Sector (IRIS). University of Maryland, College Park.

Cohen, Benjamin J. 1973. *The Question of Imperialism: The Political Economy of Dominance and Dependence.* New York: Basic Books.

Cohen, P. S. 1976. "Rational Conduct and Social Life." In *Rationality and the Social Sciences: Contributions to the Philosophy and Methodology of the Social Sciences,* edited by S. I. Benn and G. W. Mortimore. London: Routledge and Kegan Paul.

Colman, Andrew M. 1982. *Game Theory and Experimental Games: The Study of Strategic Interaction.* New York: Pergamon.

Conlisk, John. 1996. "Why Bounded Rationality?" *Journal of Economic Literature* 34:669–700.

Conybeare, John A. C. 1984. "Public Goods, Prisoner's Dilemmas, and the International Political Economy." *International Studies Quarterly* 28:5–22.

———. 1987. *Trade Wars: The Theory and Practice of International Commercial Rivalry.* New York: Columbia University Press.

Cooper, Richard N. 1972–73. "Trade Policy Is Foreign Policy." *Foreign Policy,* no. 9: 18–36.

Cooter, Robert, and Daniel Rubinfeld. 1989. "Economic Analysis of Legal Disputes and Their Resolution." *Journal of Economic Literature* 27:1067–97.

Cowhey, Peter F. 1993. "Domestic Institutions and the Credibility of International Commitments: Japan and the United States." *International Organization* 47:299–326.

D'Lugo, David, and Ronald Rogowski. 1993. "The Anglo-German Naval Race as a Study in Grand Strategy." In *The Domestic Bases of Grand Strategy,* edited by Richard Rosecrance and Arthur Stein. Ithaca, N.Y.: Cornell University Press.

Dahl, Robert A. 1956. *A Preface to Democratic Theory.* Chicago: University of Chicago Press.

Damasio, Antonio R. 1994. *Descartes' Error: Emotion, Reason, and the Human Brain.* New York: G. P. Putnam.

Daston, Lorraine. 1980. "Probabilistic Expectation and Rationality in Classical Probability Theory." *Historia Mathematica* 7:234–60.

———. 1988. *Classical Probability in the Enlightenment.* Princeton, N.J.: Princeton University Press.

Davis, Lance, and Robert Huttenback. 1986. *Mammon and the Pursuit of Empire: The Political Economy of British Imperialism, 1860–1912.* Cambridge: Cambridge University Press.

Davis, Philip J., and Reuben Hersh. 1981. *The Mathematical Experience.* Boston: Birkhäuser.

Dennett, Daniel C. 1995. *Darwin's Dangerous Idea: Evolution and the Meanings of Life.* New York: Simon and Schuster.

Depew, David J., and Bruce H. Weber. 1995. *Darwinism Evolving: Systems Dynamics and the Genealogy of Natural Selection.* Cambridge: MIT Press.

Destler, I. M. 1980. *Making Foreign Economic Policy.* Washington, D.C.: The Brookings Institution.

Destler, I. M. 1986. *American Trade Politics: System under Stress*. Washington, D.C.: Institute for International Economics; New York: Twentieth Century Fund.

Dimand, Robert W., and Mary Ann Dimand. 1992. "The Early History of the Theory of Strategic Games from Waldegrave to Borel." In *Toward a History of Game Theory*, edited by E. Roy Weintraub. Durham: Duke University Press.

Downing, Brian M. 1992. *The Military Revolution and Political Change*. Princeton, N.J.: Princeton University Press.

Downs, George W., and David M. Rocke. 1990. *Tacit Bargaining, Arms Races, and Arms Control*. Ann Arbor: University of Michigan Press.

———. 1995. *Optimal Imperfection: Domestic Uncertainty and Institutions in International Relations*. Princeton, N.J.: Princeton University Press.

Downs, George W., David M. Rocke, and Peter N. Barsoom. 1996. "Is the Good News about Compliance Good News about Cooperation?" *International Organization* 50:379–406.

Doyle, Michael W. 1983. "Kant, Liberal Legacies, and Foreign Affairs." *Philosophy and Public Affairs* 12:205–35, 323–53.

———. 1986a. "Liberalism and World Politics." *American Political Science Review* 80:1151–69.

———. 1986b. *Empires*. Ithaca, N.Y.: Cornell University Press.

Dugatkin, Lee Alan, and Hudson Kern Reeve, eds. 1998. *Game Theory & Animal Behavior*. New York: Oxford University Press.

Duverger, Maurice. 1959. *Political Parties: Their Organization and Activity in the Modern State*. 2nd ed. Translated by Barbara and Robert North. New York: Wiley.

Eggertsson, Thráinn. 1990. *Economic Behavior and Institutions*. Cambridge: Cambridge University Press.

Eichenberg, Richard C. 1993. "Dual Track and Double Trouble: The Two-Level Politics of INF." In *Double-Edged Diplomacy: International Bargaining and Domestic Politics*, edited by Peter B. Evans, Harold K. Jacobson, and Robert D. Putnam. Berkeley: University of California Press.

Eichengreen, Barry. 1989a. "The Political Economy of the Smoot-Hawley Tariff." *Research in Economic History* 12:1–43.

———. 1989b. Hegemonic Stability Theories of the International Monetary System. In *Can Nations Agree?*, edited by Richard Cooper et al. Washington, D.C.: Brookings Institution.

———. 1992. *Golden Fetters: The Gold Standard and the Great Depression 1919–1939*. New York: Oxford University Press.

Ellickson, Robert C. 1991. *Order without Law: How Neighbors Settle Disputes*. Cambridge, Mass.: Harvard University Press.

Ellsberg, Daniel. 1960. "The Crude Analysis of Strategic Choices." RAND P-2183. Santa Monica: Rand Corporation.

Elster, Jon. 1979. *Ulysses and the Sirens: Studies in Rationality and Irrationality*. Cambridge: Cambridge University Press.

———. 1985. "The Nature and Scope of Rational-Choice Explanation." In *A Companion to Actions and Events*, edited by B. MacLaughlin and E. LePore. Oxford: Basil Blackwell.

Elster, Jon. 1986. "Introduction." In *Rational Choice*, edited by Jon Elster. New York: New York University Press.

———. 1989. *Nuts and Bolts for the Social Sciences*. Cambridge: Cambridge University Press.

Evans, J. St B. T. 1993. "Bias and Rationality." In *Rationality: Psychological and Philosophical Perspectives*, edited by K. I. Manktelow and D. E. Over. New York: Routledge.

Evans, Peter B., Harold K. Jacobson, and Robert D. Putnam, eds. 1993. *Double-Edged Diplomacy: International Bargaining and Domestic Politics*. Berkeley: University of California Press.

Evans, Peter B., Dietrich Rueschemeyer, and Theda Skocpol, eds. 1985. *Bringing the State Back In*. Cambridge: Cambridge University Press.

Farnham, Barbara. 1994. *Avoiding Losses/Taking Risks: Prospect Theory and International Conflict*. Ann Arbor: University of Michigan Press.

Farrar, L. L. Jr. 1972. "The Limits of Choice: July 1914 Reconsidered." *Journal of Conflict Resolution* 16:1–23.

Fearon, James D. 1990. "Deterrence and the Spiral Model: The Role of Costly Signals in Crisis Bargaining." Presented at the Annual Meeting of the American Political Science Association, San Francisco, August 30–September 2.

———. 1993. "Ethnic War as a Commitment Problem." Manuscript, University of Chicago.

———. 1994a. "Domestic Political Audiences and the Escalation of International Disputes." *American Political Science Review* 88:577–92.

———. 1994b. "Signaling versus the Balance of Power and Interests: An Empirical Test of a Crisis Bargaining Model." *Journal of Conflict Resolution* 38:236–69.

———. 1995. "Rationalist Explanations for War." *International Organization* 49:379–414.

———. 1996. "Causes and Counterfactuals in Social Science: Exploring an Analogy between Cellular Automata and Historical Processes." In *Counterfactual Thought Experiments in World Politics: Logical, Methodological, and Psychological Perspectives*, edited by Philip E. Tetlock and Aaron Belkin. Princeton, N.J.: Princeton University Press.

———. 1997. "Signaling Foreign Policy Interests: Tying Hands versus Sinking Costs." *Journal of Conflict Resolution* 41:68–90.

———. 1998. "Commitment Problems and the Spread of Ethnic Conflict." In *The International Spread of Ethnic Conflict: Fear, Diffusion, and Escalation*, edited by David A. Lake and Donald Rothchild. Princeton, N.J.: Princeton University Press.

Fearon, James D., and David Laitin. 1996. "Explaining Interethnic Cooperation." *American Political Science Review* 90:715–35.

Fenno, Richard F. Jr. 1978. *Home Style: House Members in their Districts*. Boston: Little, Brown.

Ferguson, Niall. 1994. "Public Finance and National Security: The Domestic Origins of the First World War Revisited." *Past and Present*, no. 142: 141–68.

Fieldhouse, D. K. 1961. "Imperialism: An Historiographical Revision." *Economic History Review* 14:187–209.

Finley, M. I. 1973. *The Ancient Economy*. Berkeley: University of California Press.

Frank, Robert H. 1988. *Passions within Reason: The Strategic Role of the Emotions*. New York: W. W. Norton.

———. 1993. "The Strategic Role of the Emotions: Reconciling Over- and Under-socialized Accounts of Behavior." *Rationality and Society* 5:160–84.

Freedman, Lawrence, and Efraim Karsh. 1993. *The Gulf Conflict, 1990–1991: Diplomacy and War in the New World Order*. Princeton, N.J.: Princeton University Press.

Frieden, Jeffry A. 1988. "Sectoral Conflict and U.S. Foreign Economic Policy, 1914–1940." *International Organization* 42:59–90.

———. 1991. "Invested Interests: The Politics of National Economic Policies in a World of Global Finance." *International Organization* 45:425–52.

———. 1994a. "Exchange Rate Politics: Contemporary Lessons from American History." *Review of International Political Economy* 1:81–103.

———. 1994b. "International Investment and Colonial Control: A New Interpretation." *International Organization* 48:559–93.

———. 1996. "Economic Integration and the Politics of Monetary Policy in the United States." In *Internationalization and Domestic Politics*, edited by Robert O. Keohane and Helen Milner. Cambridge: Cambridge University Press.

Frieden, Jeffry A., and Ronald Rogowski. 1996. "The Impact of the International Economy on National Policies: An Analytical Overview." In *Internationalization and Domestic Politics*, edited by Robert O. Keohane and Helen V. Milner. New York: Cambridge University Press.

Friedman, David. 1977. "A Theory of the Size and Shape of Nations." *Journal of Political Economy* 85:59–77.

Friedman, Milton. 1953. *Essays in Positive Economics*. Chicago: University of Chicago Press.

Froot, Kenneth, and David Yoffie. 1993. "Trading Blocs and the Incentives to Protect." In *Regionalism and Rivalry: The United States and Japan in Pacific Asia*, edited by Jeffrey Frankel and Miles Kahler. Chicago: University of Chicago Press.

Fudenberg, Drew, and Eric Maskin. 1986. "The Folk Theorem in Repeated Games with Discounting or Incomplete Information." *Econometrica* 54:533–56.

Fudenberg, Drew, and Jean Tirole. 1991. *Game Theory*. Cambridge: MIT Press.

Gaddis, John Lewis. 1992–93. "International Relations Theory and the End of the Cold War." *International Security* 17, no. 3: 5–58.

Gallagher, John, and Ronald Robinson. 1953. "The Imperialism of Free Trade." *Economic History Review* 6:1–15.

Gardner, Howard. 1985. *The Mind's New Science: A History of the Cognitive Revolution*. New York: Basic Books.

Garrett, Geoffrey. 1992. "International Cooperation and Institutional Choice." *International Organization* 46:533–60.

———. 1995. "The Politics of Legal Integration in the European Union." *International Organization* 49:171–81.

Garrett, Geoffrey, and Peter Lange. 1994. "Internationalization, Institutions, and Political Change." In *Internationalization and Domestic Politics*, edited by Helen Milner and Robert O. Keohane. Cambridge: Cambridge University Press.

Garrett, Geoffrey, and George Tsebelis. 1996. "An Institutional Critique of Intergovernmentalism." *International Organization* 50:269–99.

Gaubatz, Kurt Taylor. 1993. "Still Hazy after All These Years: Kant's Secret Plan of Nature and the Expansion of Democratic States in the International System." Manuscript, Stanford University.

Gauthier, David. 1986. *Morals by Agreement*. New York: Oxford University Press.

Geanakoplos, John. 1992. "Common Knowledge." *Journal of Economic Perspectives* 6:53–82.

———. 1994. "Common Knowledge." In *Handbook of Game Theory with Economic Applications*, edited by Robert J. Aumann and Sergiu Hart. Vol. 2. New York: Elsevier.

Gerber, Elisabeth R., and John Jackson. 1993. "Endogenous Preferences and the Study of Institutions." *American Political Science Review* 87:639–56.

Gerber, Elisabeth R., and Arthur Lupia. 1997. "Voter Competence in Direct Legislation Elections." In *Democracy and Citizen Competence*, edited by Steven L. Elkin and Karol E. Soltan. College Park: Penn State Press.

Gilbert, Margaret. 1989a. *On Social Facts*. New York: Routledge.

———. 1989b. "Rationality and Salience." *Philosophical Studies* 57:61–77.

Gilpin, Robert. 1975. *U.S. Power and the Multinational Corporation: The Political Economy of Foreign Direct Investment*. New York: Basic Books.

———. 1981. *War and Change in World Politics*. New York: Cambridge University Press.

Ginsberg, Benjamin. 1982. *The Consequences of Consent: Elections, Citizen Control, and Popular Acquiescence*. Reading, Mass.: Addison-Wesley.

Glaser, Charles L. 1994–95. "Realists as Optimists: Cooperation as Self-Help." *International Security* 19, no. 3: 50–90.

Goldstein, Judith. 1988. "Ideas, Institutions, and American Trade Policy." *International Organization* 42:179–217.

———. 1993. *Ideas, Interests, and American Trade Policy*. Ithaca, N.Y.: Cornell University Press.

Goldstein, Judith, and Robert O. Keohane, eds. 1993. *Ideas and Foreign Policy: Beliefs, Institutions, and Political Change*. Ithaca, N.Y.: Cornell University Press.

Goodman, John, and Louis Pauly. 1993. "The Obsolescence of Capital Controls? Economic Management in an Age of Global Markets." *World Politics* 46:50–82.

Gould, Stephen Jay. 1989. *Wonderful Life*. New York: W. W. Norton.

———. 1992. "Punctuated Equilibrium in Fact and Theory." In *The Dynamics of Evolution: The Punctuated Equilibrium Debate in the Natural and Social Sciences*, edited by Albert Somit and Steven A. Peterson. Ithaca, N.Y.: Cornell University Press.

Gould, Stephen Jay, and Richard C. Lewontin. 1979. "The Spandrels of San Marco and the Panglossian Paradigm." *Proceedings of the Royal Society of London* B205:581-98.

Gourevitch, Peter A. 1977. "International Trade, Domestic Coalitions, and Liberty: Comparative Responses to the Crisis of 1873-1896." *Journal of Interdisciplinary History* 8:281-313.

―――. 1978a. "The International System and Regime Formation: A Critical Review of Anderson and Wallerstein." *Comparative Politics* 10:419-38.

―――. 1978b. "The Second Image Reversed: The International Sources of Domestic Politics." *International Organization* 32:881-912.

―――. 1986. *Politics in Hard Times : Comparative Responses to International Economic Crises.* Ithaca, N.Y.: Cornell University Press.

Gowa, Joanne, 1986. "Anarchy, Egoism, and Third Images." *International Organization* 40:167-86.

―――. 1989. "Bipolarity, Multipolarity, and Free Trade." *American Political Science Review* 83:1245-56.

―――. 1994. *Allies, Adversaries, and International Trade.* Princeton, N.J.: Princeton University Press.

Gowa, Joanne, and Edward D. Mansfield. 1993. "Power Politics and International Trade." *American Political Science Review* 87:408-20.

Grether, David M., and Charles R. Plott. 1979. "Economic Theory of Choice and the Preference Reversal Phenomenon." *American Economic Review* 69:623-38.

Grieco, Joseph. 1988a. "Anarchy and the Limits of Cooperation: A Realist Critique of the Newest Liberal Institutionalism." *International Organization* 42:485-507.

―――. 1988b. "Realist Theory and the Problem of International Cooperation." *Journal of Politics* 50:600-624.

―――. 1990. *Cooperation among Nations: Europe, America, and Non-Tariff Barriers to Trade.* Ithaca, N.Y.: Cornell University Press.

―――. 1993. "Understanding the Problem of International Cooperation: The Limits of Neoliberal Institutionalism and the Future of Realist Theory." In *Neorealism and Neoliberalism: The Contemporary Debate*, edited by David A. Baldwin. New York: Columbia University Press.

Grieco, Joseph, Robert Powell, and Duncan Snidal. 1993. "The Relative Gains Problem for International Cooperation." *American Political Science Review* 87:729-43.

Grief, Abner, Paul Milgrom, and Barry Weingast. 1994. "Coordination, Commitment, and Enforcement: The Case of the Merchant Guild." *Journal of Political Economy* 102:745-76.

Grilli, Vittorio, Donato Masciandaro, and Guido Tabellini. 1991. "Political and Monetary Institutions and Public Financial Policies in the Industrial Countries." *Economic Policy* 6, no. 2: 342-91.

Groenewegen, Peter. 1991. "Political Economy and Economics." In *The New Palgrave: The World of Economics*, edited by John Eatwell, Murray Milgate, and Peter Newman. New York: W. W. Norton.

Grossman, Sanford, and Oliver Hart. 1986. "The Costs and Benefits of Ownership: A Theory of Vertical and Lateral Integration." *Journal of Political Economy* 94:691–719.

Güth, Werner. 1991. "Game Theory's Basic Question: Who Is a Player? Examples, Concepts, and Their Behavioral Relevance." *Journal of Theoretical Politics* 3:403–35.

Haas, Peter M. 1992. "Banning Chloroflurocarbons: Epistemic Community Efforts to Protect Stratospheric Ozone." *International Organization* 46:187–224.

Haas, Peter M., ed. 1992. *Knowledge, Power, and International Policy Co-ordination.* Special issue of *International Organization* 46, no. 1 (winter).

Haggard, Stephan. 1988. "The Institutional Foundations of Hegemony: Explaining the Reciprocal Trade Agreements Act of 1934." *International Organization* 42:91–120.

Haggard, Stephan, and Sylvia Maxfield. 1996. "The Political Economy of Financial Internationalization in the Developing World." *International Organization* 50:35–68.

Hall, Peter A. 1986. *Governing the Economy: The Politics of State Intervention in Britain and France.* Cambridge: Polity.

Hall, Peter A., and Rosemary C. R. Taylor. 1996. "Political Science and the Three New Institutionalisms." *Political Studies* 44:936–57.

Hallerberg, Mark. 1996. "Tax Competition in Wilhelmine Germany and Its Implications for the European Union." *World Politics* 48:324–57.

Hamilton, Alexander, James Madison, and John Jay. [1787–88] 1982. *The Federalist Papers*, with an introduction and commentary by Garry Wills. New York: Bantam.

Hammerstein, Peter. 1989. "Biological Games." *European Economic Review* 33:635–44.

Hammerstein, Peter, and Reinhard Selten. 1994. "Game Theory and Evolutionary Biology." In *Handbook of Game Theory with Economic Applications*, edited by Robert J. Aumann and Sergiu Hart. Vol. 2. New York: Elsevier.

Hannan, Michael T., and John Freeman. 1989. *Organizational Ecology.* Cambridge: Harvard University Press.

Hansson, Sven Ove. 1995. "Changing in Preferences." *Theory and Decision* 38:1–28.

Harris, Marvin. 1979. *Cultural Materialism: The Struggle for a Science of Culture.* New York: Random House.

Harsanyi, John C. 1969. "Rational-Choice Models of Political Behavior vs. Functionalist and Conformist Theories." *World Politics* 21:513–38.

———. 1977. "Advances in Understanding Rational Behavior." In *Foundational Problems in the Social Sciences*, edited by R. E. Butts and J. Hintikka. Dordrecht, Holland: D. Reidel.

———. 1988. "Some Recent Developments in Game Theory." In *Theory And Decision: Essays in Honor of Werner Leinfellner*, edited by Gerald L. Eberlein and Hal Berghel. Theory and Decision Library series, vol. 50. Dordrecht, Holland: D. Reidel.

Hausman, Daniel, and Michael McPherson. 1994. "Preference, Belief, and Welfare." *American Economic Review* 84:396–400.

Hayek, Friedrich Von. 1979. *Law, Legislation, and Liberty.* Volume 3: *The Political Order of a Free People.* Chicago: University of Chicago Press.

Heap, Shaun Hargreaves. 1993. "Post-Modernity and New Conceptions of Rationality in Economics." In *The Economics of Rationality,* edited by Bill Gerrard. New York: Routledge.

Heidenheimer, Arnold J. 1957. "German Party Finance: The CDU." *American Political Science Review* 51:369–85.

———. 1964. "Succession and Party Politics in West Germany." *Journal of International Affairs* 18:32–42.

Heidenheimer, Arnold J., and Frank C. Langdon. 1968. *Business Associations and the Financing of Political Parties.* The Hague: Martinus Nijhoff.

Helleiner, G. K. 1977. "Transnational Enterprises and the New Political Economy of U.S. Trade Policy." *Oxford Economic Papers* 29:102–16.

Herz, John H. 1950. "Idealist Internationalism and the Security Dilemma." *World Politics* 2:157–80.

Higonnet, Patrice. 1995. *Truth the Self and the Nation: A Cultural and Political History of Jacobins and Jacobinism During the French Revolution.* Manuscript, Harvard University.

Hillman, Arye. 1989. *The Political Economy of Protection.* London: Harwood Academic Publishers.

Hillman, Arye, and Heinrich Ursprung. 1988. "Domestic Politics, Foreign Interests, and International Trade Policy." *American Economic Review* 78:729–46.

Hintze, Otto. 1906. "Military Organization and the Organization of the State." Lecture to the Gene-Stifung, 17 February. In *The Historical Essays of Otto Hintze,* edited by Felix Gilbert, chap. 5. New York: Oxford University Press, 1975.

Hirschman, Albert O. 1977. *The Passions and the Interests: Political Arguments for Capitalism Before Its Triumph.* Princeton, N.J.: Princeton University Press.

———. 1991a. "Interests." In *The New Palgrave: The World of Economics,* edited by John Eatwell, Murray Milgate, and Peter Newman. New York: W. W. Norton.

———. 1991b. *The Rhetoric of Reaction: Perversity, Futility, Jeopardy.* Cambridge: Belknap.

———. 1993. "Exit, Voice, and the Fate of the German Democratic Republic: An Essay in Conceptual History." *World Politics* 45:173–202.

Hirshleifer, Jack. 1977. "Economics from a Biological Viewpoint." *Journal of Law and Economics* 20:1–52.

———. 1978a. "Competition, Cooperation, and Conflict in Economics and Biology." *American Economic Review* 68:238–43.

———. 1978b. "Natural Economy versus Political Economy." *Journal of Social and Biological Structures* 1:319–37.

———. 1982. "Evolutionary Models in Economics and Law." *Research in Law and Economics* 4:1–60.

———. 1985. "The Expanding Domain of Economics." *American Economic Review* 75:53–68.

Hirshleifer, Jack. 1987a. "On the Emotions as Guarantors of Threats and Promises." In *The Latest on the Best: Essays in Evolution and Optimality*, edited by John Dupre. Cambridge: MIT Press.

———. 1987b. *Economic Behaviour in Adversity*. Brighton: Wheatsheaf.

———. 1993. The Affections and the Passions. *Rationality and Society* 5:185–202.

———. 1995. "Theorizing About Conflict." In *Handbook of Defense Economics*, edited by K. Hartley and T. Sandler. Amsterdam: Elsevier.

Hirshleifer, Jack, and Juan Carlos Martinez Coll. 1988. "What Strategies Can Support the Evolutionary Emergence of Cooperation?" *Journal of Conflict Resolution* 32:367–98.

———.1992. "Selection, Mutation, and the Preservation of Diversity in Evolutionary Games (1)." *Revista Españolade Economia* 9:272.

Hiscox, Michael. 1997. *The Trade War at Home: International Trade, Factor Mobility, and Political Coalitions in Democracies*. Ph.D. diss., Harvard University.

Hodgson, Geoffrey M. 1993a. "Calculation, Habits, and Action." In *The Economics of Rationality*, edited by Bill Gerrard. New York: Routledge.

———. 1993b. *Economics and Evolution*. Ann Arbor: University of Michigan Press.

Holsti, Ole R. 1989. "Crisis Decision Making." In *Behavior, Society, and Nuclear War*, edited by Philip Tetlock, Jo Husbands, Robert Jervis, Paul Stern, and Charles Tilly. Vol. 1. New York: Oxford University Press.

Honkapohja, Seppo. 1993. "Adaptive Learning and Bounded Rationality: An Introduction to Basic Concepts." *European Economic Review* 37:587–94.

Humphreys, S. C. 1969. "History, Economics, and Anthropology: The Work of Karl Polanyi." *History and Theory* 8:165–212.

Huth, Paul K. 1988. *Extended Deterrence and the Prevention of War*. New Haven: Yale University Press.

Huth, Paul K., and Bruce Russett. 1984. "What Makes Deterrence Work? Cases from 1900 to 1980." *World Politics* 36:496–526.

Ikenberry, G. John. 1989. "Manufacturing Consensus: The Institutionalization of American Private Interest in the Tokyo Trade Round." *Comparative Politics* 21:289–309.

Janis, Irving L. 1982. *Groupthink*. Rev. ed. Boston: Houghton Mifflin.

Jervis, Robert. 1970. *The Logic of Images in International Relations*. Princeton, N.J.: Princeton University Press.

———. 1976. *Perception and Misperception in International Politics*. Princeton, N.J.: Princeton University Press.

———. 1978. "Cooperation under the Security Dilemma." *World Politics* 30:167–214.

———. 1979. "Deterrence Theory Revisited." *World Politics* 31:289–324.

———. 1986. "From Balance to Concert: A Study of International Security Cooperation." In *Cooperation under Anarchy*, edited by Kenneth Oye. Princeton, N.J.: Princeton University Press.

———. 1988. "Realism, Game Theory, and Cooperation." *World Politics* 40:317–49.

Jervis, Robert, and Jack Snyder, eds. 1991. *Dominoes and Bandwagons: Strategic Beliefs and Great Power Competition in the Eurasian Rimland.* New York: Oxford University Press.

Jones, E. L. 1987. *The European Miracle.* 2nd ed. Cambridge: Cambridge University Press.

Kahler, Miles. 1992. "Multilateralism with Small and Large Numbers." *International Organization* 46:681–708.

Kahneman, Daniel, and Amos Tversky. 1973. "On the Psychology of Prediction." *Psychological Review* 80:237–51.

Kahneman, Daniel, Paul Slovic, and Amos Tversky, eds. 1982. *Judgment under Uncertainty: Heuristics and Biases.* New York: Cambridge University Press.

Kandori, Michihiro, George J. Mailath, and Rafael Rob. 1993. "Learning, Mutation, and Long Run Equilibria in Games." *Econometrica* 61:29–56.

Kaplan, Abraham. 1967. "Some Limitations on Rationality." In *Nomos VII: Rational Decision,* edited by Carl J. Friedrich. New York: Atherton.

Kaplan, Fred. 1983. *The Wizards of Armageddon.* New York: Simon and Schuster.

Kaplan, Morton A. 1957. *System and Process in International Politics.* New York: Wiley.

———. 1961. "Problems of Theory Building and Theory Confirmation in International Politics." In *The International System: Theoretical Essays,* edited by Klaus Knorr and Sidney Verba. Princeton, N.J.: Princeton University Press.

Kapteyn, Arie, Tom Wansbeek, and Jeannine Buyze. 1980. "The Dynamics of Preference Formation." *Journal of Economic Behavior and Organization* 1:123–57.

Katzenstein, Peter J., ed. 1978. *Between Power and Plenty.* Madison: University of Wisconsin Press.

———. 1985. *Small States in World Markets.* Ithaca, N.Y.: Cornell University Press.

———, ed. 1996a. *The Culture of National Security: Norms and Identity in World Politics.* New York: Columbia University Press.

———. 1996b. *Cultural Norms and National Security: Police and Military in Postwar Japan.* Ithaca, N.Y.: Cornell University Press.

Katzenstein, Peter J., Robert O. Keohane, and Stephen D. Krasner. 1998. "International Organization and the Study of World Politics." *International Organization* 52:645–85.

Kelley, Harold H., and John W. Thibaut. 1978. *Interpersonal Relations: A Theory of Interdependence.* New York: Wiley.

Kennan, John, and Robert Wilson. 1993. "Bargaining with Private Information." *Journal of Economic Literature* 31:45–104.

Keohane, Robert O. 1980. "The Theory of Hegemonic Stability and Changes in International Economic Regimes, 1967–1977." In *Change in the International System,* edited by O. R. Holsti, R. M. Siverson, and A. L. George. Boulder, Colo.: Westview.

———. 1984. *After Hegemony: Cooperation and Discord in the World Political Economy.* Princeton, N.J.: Princeton University Press.

Keohane, Robert O., ed. 1986. *Neorealism and Its Critics*. New York: Columbia University Press.

———. 1993. "Institutional Theory and the Realist Challenge after the Cold War." In *Neorealism and Neoliberalism: The Contemporary Debate*, edited by David A. Baldwin. New York: Columbia University Press.

———. 1996. "Commitment Incapacity, the Commitment Paradox, and American Political Institutions." Paper prepared for a conference on "International Influences on U.S. Politics," Cambridge, Mass., November 2–3.

Keohane, Robert O., and Lisa L. Martin. 1995. "The Promise of Institutional Theory." *International Security* 20, no. 1: 39–51.

Keohane, Robert O., and Helen V. Milner, eds. 1996. *Internationalization and Domestic Politics*. Cambridge: Cambridge University Press.

Keohane, Robert O., and Joseph S. Nye, eds. 1972. *Transnational Relations and World Politics*. Cambridge, Mass.: Harvard University Press.

———. 1989. *Power and Interdependence*. 2nd ed. Glenview, Ill.: Scott, Foresman.

Khong, Yuen Fong. 1992. *Analogies at War*. Princeton, N.J.: Princeton University Press.

Kindleberger, Charles P. 1951. "Group Behavior and International Trade." *Journal of Political Economy* 59:30–46.

———. 1973. *The World in Depression, 1929–1939*. Berkeley: University of California Press.

———. 1974. "*The Great Transformation* by Karl Polanyi" (Book Review). *Daedalus* 103:45–52.

———. 1975. "The Rise of Free Trade in Western Europe, 1820–1875." *Journal of Economic History* 35:20–55.

Kissinger, Henry. 1957. *A World Restored*. Boston: Houghton Mifflin.

Kline, Morris. 1985. *Mathematics and the Search for Knowledge*. New York: Oxford University Press.

Kowert, Paul, and Jeffrey Legro. 1996. "Norms, Identity, and Their Limits: A Theoretical Reprise." In *The Culture of National Security: Norms and Identity in World Politics*, edited by Peter J. Katzenstein. New York: Columbia University Press.

Krasner, Stephen D. 1976. State Power and the Structure of International Trade. *World Politics* 28:317–47.

———. 1978. *Defending the National Interest: Raw Materials Investments and U.S. Foreign Policy*. Princeton, N.J.: Princeton University Press.

———. 1991. "Global Communications and National Power: Life on the Pareto Frontier." *World Politics* 43:336–66.

Krehbiel, Keith. 1987. "Sophisticated Committees and Structure-Induced Equilibria in Congress." In *Congress: Structure and Policy*, edited by Mathew D. McCubbins and Terry Sullivan. New York: Cambridge University Press.

Kreps, David M. 1990a. "Corporate Culture and Economic Theory." In *Perspectives on Positive Political Economy*, edited by James Alt and Kenneth Shepsle. New York: Cambridge University Press.

———. 1990b. *A Course in Microeconomic Theory*. Princeton, N.J.: Princeton University Press.

Kreps, David M. 1990c. *Game Theory and Economic Modelling.* Oxford: Oxford University Press.

Kreps, David M., and Robert Wilson. 1982. "Sequential Equilibria." *Econometrica* 50:863–94.

Kugler, Jacek. 1984. "Terror Without Deterrence." *Journal of Conflict Resolution* 28:470–506.

Kupchan, Charles A. 1994. *The Vulnerability of Empire.* Ithaca, N.Y.: Cornell University Press.

Kusser, Anna, and Wolfgang Spohn. 1992. "The Utility of Pleasure Is a Pain for Decision Theory." *Journal of Philosophy* 89:10–29.

Lagueux, Maurice. 1994. "Friedman's 'Instrumentalism' and Constructive Empiricism in Economics." *Theory and Decision* 37:147–74.

Laitin, David. 1998. *Identity in Formation: The Russian-Speaking Populations in the Near Abroad.* Ithaca, N.Y.: Cornell University Press.

Lake, David A. 1987. "Power and the Third World: Toward a Realist Political Economy of North-South Relations." *International Studies Quarterly* 31:217–34.

———. 1988. *Power, Protection, and Free Trade: The International Sources of U.S. Commercial Strategy, 1887–1939.* Ithaca, N.Y.: Cornell University Press.

———. 1992. "Powerful Pacifists: Democratic States and War." *American Political Science Review* 86:24–37.

———. 1993. "Leadership, Hegemony, and the International Economy: Naked Emperor or Tattered Monarch with Potential?" *International Studies Quarterly* 37:459–89.

———. 1996. "Anarchy, Hierarchy, and the Variety of International Relations." *International Organization* 50:1–33.

———. 1999. *Entangling Relations: American Foreign Policy in Its Century.* Princeton, N.J.: Princeton University Press.

Lake, David A., and Donald Rothchild. 1996. "Containing Fear: The Origins and Management of Ethnic Conflict." *International Security* 21, no. 2: 41–75.

Landes, David. 1961. "Some Thoughts on the Nature of Economic Imperialism." *Journal of Economic History* 21:496–512.

Lane, Jan-Erik. 1974. "Two Kinds of Means-End Contexts: On the Use of Means-End Terminology in Weber, Parsons, and Simon." *Scandinavian Journal of Politics* 9:23–50.

Laplace, Pierre Simon Marquis De. 1951 [1814]. *A Philosophical Essay on Probabilities.* Translated by Frederick Wilson Truscott and Frederick Lincoln Emory. New York: Dover.

Larson, Deborah Welch. 1985. *Origins of Containment: A Psychological Explanation.* Princeton, N.J.: Princeton University Press.

Latsis, Spiro J. 1972. "Situational Determinism in Economics." *British Journal for the Philosophy of Science* 23:207–45.

Legro, Jeffrey W. 1996. "Culture and Preferences in the International Cooperation Two-Step." *American Political Science Review* 90:118–37.

Lenin, V. I. 1939. *Imperialism: The Highest Stage of Capitalism.* New York: International.

Leonard, Robert J. 1992. "Creating the Context for Game Theory." In *Toward a History of Game Theory*, edited by E. Roy Weintraub. Durham: Duke University Press.

Levy, Jack S. 1990–91. "Preferences, Constraints, and Choices in July 1914." *International Security* 15(3):151–86.

———. 1994. "Learning and Foreign Policy: Sweeping a Conceptual Minefield." *International Organization* 48:279–312.

Lewis, David K. 1969. *Convention: A Philosophical Study*. Cambridge, Mass.: Harvard University Press.

Lipman, Barton L. 1991. "How to Decide How to Decide How to . . .: Modeling Limited Rationality." *Econometrica* 59:1105–25.

———. 1995. "Information Processing and Bounded Rationality: A Survey." *Canadian Journal of Economics* 28:42–67.

Lipnowski, Irwin, and Shlomo Maital. 1983. "Voluntary Provision of a Pure Public Good as the Game of 'Chicken.'" *Journal of Public Economics* 20:381–86.

Lipset, Seymour Martin, and Stein Rokkan. 1967. *Party Systems and Voter Alignments*. New York: Free Press.

Lipson, Charles. 1984. "International Cooperation in Economic and Security Affairs." *World Politics* 37:1–23.

———. 1985. *Standing Guard: Protecting Foreign Capital in the Nineteenth and Twentieth Centuries*. Berkeley: University of California Press.

———. 1997. "The Promise of Peace: Why Liberal Democracies Do Not Fight Wars Against Each Other." Draft manuscript, University of Chicago, Department of Political Science.

Lismont, Luc, and Philippe Mongin. 1994. "On the Logic of Common Belief and Common Knowledge." *Theory and Decision* 37:75–106.

Lohmann, Susanne. 1994. "Dynamics of Informational Cascades: The Monday Demonstrations in Leipzig, East Germany, 1989–91." *World Politics* 47:42–101.

Lohmann, Susanne, and Sharon O'Halloran. 1994. "Divided Government and U.S. Trade Policy: Theory and Evidence." *International Organization* 48:595–632.

Lomborg, Bjorn. 1993. "International Cooperation and Relative Gains." Manuscript, University of Copenhagen.

Lowe, E. J. 1993. "Rationality, Deduction, and Mental Models." In *Rationality: Psychological and Philosophical Perspectives*, edited by K. I. Manktelow and D. E. Over. New York: Routledge.

Lowi, Theodore J. 1979. *The End of Liberalism: The Second Republic of the United States*. 2nd ed. New York: W. W. Norton.

Lowry, S. Todd. 1979. "Recent Literature on Ancient Greek Economic Thought." *Journal of Economic Literature* 17:65–86.

Lukes, Steven. 1977. "Power and Structure." In *Essays in Social Theory*. London: Macmillan.

Lupia, Arthur. 1994. "Shortcuts versus Encyclopedias: Information and Voting Behavior in California Insurance Reform Elections." *American Political Science Review* 88:63–76.

Lupia, Arthur, and Mathew D. McCubbins. 1998. *The Democratic Dilemma: Can Citizens Learn What They Need to Know?* New York: Cambridge University Press.

Mack, Andrew. 1975. "Why Big Nations Lose Small Wars: The Politics of Asymmetric Conflict." *World Politics* 27:175–200.

Magee, Stephen. 1980. "Three Simple Tests of the Stolper-Samuelson Theorem." In *Issues in International Economics*, edited by Peter Oppenheimer. London: Oriel.

Magee, Stephen, et. al. 1989. *Black Hole Tariffs and Endogenous Policy Theory.* New York: Cambridge University Press.

Magnus, Philip. 1954. *Gladstone: A Biography.* New York: Dutton.

Mailath, George J. 1992. "Introduction: Symposium on Evolutionary Game Theory." *Journal of Economic Theory* 57:259–77.

Mansfield, Edward, and Marc Busch. 1995. "The Political Economy of Nontariff Barriers: A Cross-National Analysis." *International Organization* 49:723–49.

Mansfield, Edward D., and Jack Snyder. 1995. "Democratization and the Dangers of War." *International Security* 20, no. 1: 5–38.

Maoz, Zeev. 1983. "Resolve, Capabilities, and the Outcomes of Interstate Disputes, 1816–1976." *Journal of Conflict Resolution* 27:195–229.

Maoz, Zeev, and Dan S. Felsenthal. 1987. "Self-Binding Commitments, the Inducement of Trust, Social Choice, and the Theory of International Cooperation." *International Studies Quarterly* 31:177–200.

March, James G. 1978. "Bounded Rationality, Ambiguity, and the Engineering of Choice." *Bell Journal of Economics* 9:587–608.

Mariotti, Marco. 1995. "Is Bayesian Rationality Compatible with Strategic Rationality?" *Economic Journal* 105:1099–1109.

Martin, Lisa L. 1992a. "Interests, Power, and Multilateralism." *International Organization* 46:765–92.

———. 1992b. *Coercive Cooperation: Explaining Multilateral Economic Sanctions.* Princeton, N.J.: Princeton University Press.

———. 1994. "International and Domestic Institutions in the EMU Process." In *The Political Economy of European Integration*, edited by Jeff Frieden and Barry Eichengreen. Boulder, Colo.: Westview.

———. 1995. "The Influence of National Parliaments on European Integration." In *Politics and Institutions in an Integrated Europe*, edited by Barry Eichengreen, Jeffry Frieden, and Jürgen von Hagan. New York: Springer-Verlag.

———. 1997. "Evasive Maneuvers? Reconsidering Presidential Use of Executive Agreements." In *Strategic Politicians, Institutions, and Foreign Policy*, edited by Randolph M. Siverson. Ann Arbor: University of Michigan Press.

Marvel, Howard P., and Edward J. Ray. 1983. "The Kennedy Round: Evidence on the Regulation of International Trade in the United States." *American Economic Review* 73:190–97.

Matthews, R.C.O. 1993. "Darwinism and Economic Change." In *Evolutionary Economics*, edited by Ulrich Witt. Brookfield: Edward Elgar.

Mattli, Walter, and Anne-Marie Slaughter. 1995. "Law and Politics in the European Union: A Reply to Garrett." *International Organization* 49:183–90.

Mayer, Arno J. 1959. *Political Origins of the New Diplomacy, 1917–1918*. New Haven: Yale University Press.

Mayhew, David. 1974. *Congress: The Electoral Connection*. New Haven: Yale University Press.

Maynard Smith, John. 1972. *On Evolution*. Edinburgh: Edinburgh University Press.

———. 1976. "Evolution and the Theory of Games." *American Scientist* 64:41–45.

———. 1982. *Evolution and the Theory of Games*. Cambridge: Cambridge University Press.

———. 1984. "Game Theory and the Evolution of Behaviour." *Behavioral and Brain Sciences* 7:101.

Mayr, Ernst. 1982. *The Growth of Biological Thought*. Cambridge: Belknap.

———. 1988. *Toward a New Philosophy of Biology*. Cambridge, Mass.: Harvard University Press.

McClelland, Peter D. 1975. *Causal Explanation and Model Building in History, Economics, and the New Economic History*. Ithaca, N.Y.: Cornell University Press.

McCubbins, Mathew, Roger Noll, and Barry Weingast. 1987. "Administrative Procedures as Instruments of Political Control." *Journal of Law, Economics, and Organization* 3:243–76.

———. 1989. "Structure and Process, Politics and Policy: Administrative Arrangements and the Political Control of Agencies." *Virginia Law Review* 75:431–82.

McKelvey, Richard. 1976. "Intransitivities in Multi-dimensional Voting Models and Some Implications for Agenda Control." *Journal of Economic Theory* 12:472–82.

McKeown, Timothy. 1983. "Hegemonic Stability Theory and 19th Century Tariff Levels in Europe." *International Organization* 37:73–91.

———. 1986. "The Limitations of 'Structural Theories' of Commercial Policy." *International Organization* 40:43–64.

Mearsheimer, John J. 1983. *Conventional Deterrence*. Ithaca, N.Y.: Cornell University Press.

———. 1990–91. "Back to the Future: Instability in Europe after the Cold War." *International Security* 15, no. 1: 5–56.

———. 1994–95. "The False Promise of International Institutions." *International Security* 19, no. 3: 5–49.

Milgrom, Paul R., Douglas C. North, and Barry R. Weingast. 1990. "The Role of Institutions in the Revival of Trade: The Medieval Law Merchant, Private Judges, and the Champagne Fairs." *Economics and Politics* 2:1–23.

Miller, Gary J. 1997. "The Impact of Economics on Contemporary Political Science." *Journal of Economic Literature* 35:1173–1204.

Milner, Helen V. 1988. *Resisting Protectionism: Global Industries and the Politics of International Trade*. Princeton, N.J.: Princeton University Press.

———. 1997. *Interests, Institutions, and Information: Domestic Politics and International Relations*. Princeton, N.J.: Princeton University Press.

Milner, Helen, and David Yoffie. 1989. "Between Free Trade and Protectionism: Strategic Trade Policy and a Theory of Corporate Trade Demands." *International Organization* 43:239–72.

Mirowski, Philip. 1991. "When Games Grow Deadly Serious: The Military Influence on the Evolution of Game Theory." In *Economics and National Security*, edited by Craufurd D. Goodwin. Durham: Duke University Press.

———. 1992. "What Were von Neumann and Morgenstern Trying to Accomplish?" In *Toward a History of Game Theory*, edited by E. Roy Weintraub. Durham: Duke University Press.

Moravcsik, Andrew. 1997. "Taking Preferences Seriously: A Liberal Theory of International Politics." *International Organization* 51:513–53.

Morgenthau, Hans J. 1948. *Politics among Nations: The Struggle for Power and Peace*. New York: Knopf.

Morrow, James D. 1985. "A Continuous-Outcome Expected Utility Theory of War." *Journal of Conflict Resolution* 29:473–502.

———. 1989. "Capabilities, Uncertainty, and Resolve: A Limited Information Model of Crisis Bargaining." *American Journal of Political Science* 33:941–72.

———. 1991a. "Alliances and Asymmetry: An Alternative to the Capability Aggregation Model of Alliances." *American Journal of Political Science* 35:904–33.

———. 1991b. "Electoral and Congressional Incentives and Arms Control." *Journal of Conflict Resolution* 35:245–65.

———. 1992. "Signaling Difficulties with Linkage in Crisis Bargaining." *International Studies Quarterly* 36:153–72.

———. 1993. "Arms versus Allies: Trade-offs in the Search for Security." *International Organization* 47:207–33.

———. 1994a. *Game Theory for Political Scientists*. Princeton, N.J.: Princeton University Press.

———. 1994b. "Modelling the Forms of International Cooperation: Distribution versus Information." *International Organization* 48:387–423.

———. 1994c. "Alliances, Credibility, and Peacetime Costs." *Journal of Conflict Resolution* 38:270–97.

Mortimore, G. W. 1976. "Rational Action." In *Rationality and the Social Sciences: Contributions to the Philosophy and Methodology of the Social Sciences*, edited by S. I. Benn and G. W. Mortimore. London: Routledge and Kegan Paul.

Mueller, John. 1989. *Retreat from Doomsday*. New York: Basic Books.

Nalebuff, Barry. 1986. "Brinkmanship and Nuclear Deterrence." *Journal of Conflict Management and Peace Science* 9:19–30.

———. 1987. "Credible Pretrial Negotiation." *RAND Journal of Economics* 18:241–75.

———. 1991. "Rational Deterrence in an Imperfect World." *World Politics* 43:313–35.

Nelson, Richard R. 1995. "Recent Evolutionary Theorizing about Economic Change." *Journal of Economic Literature* 33:48–90.

Nelson, Richard R., and Sidney G. Winter. 1982. *An Evolutionary Theory of Economic Change*. Cambridge, Mass.: Harvard University Press.

New Yorker. 1995. "Talk of the Town: Bad Mommies and Other Omens." December 5.

Nicholson, Michael. 1992. *Rationality and the Analysis of International Conflict.* Cambridge: Cambridge University Press.

Niou, Emerson, and Peter Ordeshook. 1994. "Less Filling, Tastes Great: The Realist-Neoliberal Debate." *World Politics* 46:209–34.

Niou, Emerson, Peter Ordeshook, and Gregory Rose. 1989. *The Balance of Power: Stability in International Systems.* Cambridge: Cambridge University Press.

North, Douglass C. 1990. *Institutions, Institutional Change, and Economic Performance.* Cambridge: Cambridge University Press.

———. 1994. "Economic Performance Through Time." *American Economic Review* 84:359–368.

North, Douglass C., and Robert Paul Thomas. 1973. *The Rise of the Western World: A New Economic History.* Cambridge: Cambridge University Press.

North, Douglas, and Barry Weingast. 1989. "Constitutions and Commitment: The Evolution of Institutions Governing Public Choice in Seventeenth-Century England." *Journal of Economic History* 49:803–32.

Nowak, Martin A., and Karl Sigmund. 1993. "A Strategy of Win-Stay, Lose-Shift That Outperforms Tit-for-Tat in the Prisoner's Dilemma Game." *Nature* 364:56–58.

Nowak, Martin A., Robert M. May, and Karl Sigmund. 1995. "The Arithmetics of Mutual Help." *Scientific American* 272:76–81.

Nozick, Robert. 1993. *The Nature of Rationality.* Princeton, N.J.: Princeton University Press.

O'Halloran, Sharyn. 1994. *Politics, Process, and American Trade Policy.* Ann Arbor: University of Michigan Press.

O'Neill, Barry. 1994. "Game Theory Models of Peace and War." In *Handbook of Game Theory with Economic Applications*, edited by Robert J. Aumann and Sergiu Hart. Vol. 2. New York: Elsevier.

Oaksford, M., and N. Chater. 1993. "Reasoning Theories and Bounded Rationality." In *Rationality: Psychological and Philosophical Perspectives*, edited by K. I. Manktelow and D. E. Over. New York: Routledge.

Olson, Mancur C. 1982. *The Rise and Decline of Nations: Economic Growth, Stagflation, and Social Rigidities.* New Haven: Yale University Press.

Ordeshook, Peter C. 1986. *Game Theory and Political Science: An Introduction.* New York: Cambridge University Press.

Osborne, Martin J., and Ariel Rubinstein. 1994. *A Course in Game Theory.* Cambridge: MIT Press.

Oye, Kenneth, ed. 1986a. *Cooperation under Anarchy.* Princeton, N.J.: Princeton University Press.

———. 1986b. "Explaining Cooperation under Anarchy: Hypotheses and Strategies." In *Cooperation under Anarchy*, edited by Kenneth Oye. Princeton, N.J.: Princeton University Press.

Papayoanou, Paul A. 1996. "Interdependence, Institutions, and the Balance of Power: Britain, Germany, and World War I." *International Security* 20, no. 4: 42–76.

Papayoanou, Paul A. 1997. "Economic Interdependence and the Balance of Power." *International Studies Quarterly* 41:113–40.

———. 1999. *Power Ties: Economic Interdependence, Balancing, and War.* Ann Arbor: University of Michigan Press.

Parfit, Derek. 1984. *Reasons and Persons.* Oxford: Oxford University Press.

Paulos, John Allen. 1991. *Beyond Numeracy: Ruminations of a Numbers Man.* New York: Knopf.

Perlmutter, Amos. 1974. "The Presidential Political Center and Foreign Policy: A Critique of the Revisionist and Bureaucratic-Political Orientations." *World Politics* 27:87–106.

Pettit, Philip, and Robert Sugden. 1989. "The Backward Induction Paradox." *Journal of Philosophy* 86:169–82.

Phelps, Edmund S. 1991. "Equilibrium: An Expectational Concept." In *The New Palgrave: The World of Economics*, edited by John Eatwell, Murray Milgate, and Peter Newman. New York: W. W. Norton.

Pinker, Steven. 1997. *How the Mind Works.* New York: W. W. Norton.

Plott, Charles R. 1987. "Rational Choice in Experimental Markets." In *Rational Choice: The Contrasts between Economics and Psychology*, edited by Robin M. Hogarth and Melvin W. Reder. Chicago: University of Chicago Press.

———. 1991. "Will Economics Become an Experimental Science?" *Southern Economic Journal* 57:901–19.

Polanyi, Karl. 1944. *The Great Transformation.* New York: Farrar and Rinehart.

Popkin, Samuel L. 1979. *The Rational Peasant: The Political Economy of Rural Society in Vietnam.* Berkeley: University of California Press.

Posen, Barry. 1984. *The Sources of Military Doctrine.* Ithaca, N.Y.: Cornell University Press.

———. 1991. *Inadvertent Escalation: Conventional War and Nuclear Risks.* Ithaca, N.Y.: Cornell University Press.

Poterba, James. 1994. "State Responses to Fiscal Crises: The Effects of Budgetary Institutions and Processes." *Journal of Political Economy* 102:799–821.

Powell, Robert. 1987. "Crisis Bargaining, Escalation, and MAD." *American Political Science Review* 81:717–35.

———. 1988. "Nuclear Brinkmanship with Two-Sided Incomplete Information." *American Political Science Review* 82:155–78.

———. 1989. "Nuclear Deterrence Theory and the Strategy of Limited Retaliation." *American Political Science Review* 83:504–19.

———. 1991. "Absolute and Relative Gains in International Relations Theory." *American Political Science Review* 85:1303–20.

———. 1993. "Guns, Butter, and Anarchy." *American Political Science Review* 87:115–32.

———. 1994. "Anarchy in International Relations Theory." *International Organization* 48:313–44.

———. 1996a. "Bargaining in the Shadow of Power." *Games and Economic Behavior* 15:255–89.

———. 1996b. "Stability and the Distribution of Power." *World Politics* 48:239–67.

Powell, Robert. 1996c. "Uncertainty, Shifting Power, and Appeasement." *American Political Science Review* 90:749–64.

Putnam, Robert D. 1988. "Diplomacy and Domestic Politics: The Logic of Two-Level Games." *International Organization* 42:427–60.

Quandt, Richard E. 1961. "On the Use of Game Models in Theories of International Relations." *World Politics* 14:69–78.

Radnitzky, Gerard, ed. 1992. *Universal Economics: Assessing the Achievements of the Economic Approach.* New York: Paragon House.

Radnitzky, Gerard, and Peter Bernholz, eds. 1987. *Economic Imperialism.* New York: Paragon House.

Rapoport, Anatol. 1988. "Editorial Comments on the Article by Hirshleifer and Martinez Coll." *Journal of Conflict Resolution* 32:400.

Rapoport, Anatol, and Albert M. Chammah. 1965. *Prisoner's Dilemma: A Study in Conflict and Cooperation.* Ann Arbor: The University of Michigan Press.

Rasmussen, Eric. 1989. *Games and Information: An Introduction to Game Theory.* New York: Basil Blackwell.

Rauch, James. 1995. "Bureaucracy, Infrastructure, and Economic Growth: Evidence from U.S. Cities During the Progressive Era." *American Economic Review* 85:968–79.

Ray, Edward John. 1981. "The Determinants of Tariff and Nontariff Trade Restrictions in the United States." *Journal of Political Economy* 89:105–21.

Reinganum, Jennifer, and Louis Wilde. 1986. "Settlement, Litigation, and the Allocation of Litigation Costs." *RAND Journal of Economics* 17:557–66.

Reiter, Dan, and Allan C. Stam III. 1998. "Democracy, War Initiation, and Victory." *American Political Science Review* 92:377–89.

Rellstab, Urs. 1992. "New Insights into the Collaboration between John von Neumann and Oskar Morgenstern on the Theory of Games and Economic Behavior." In *Toward a History of Game Theory,* edited by E. Roy Weintraub. Durham: Duke University Press.

Reny, Philip J. 1992. "Rationality in Extensive-Form Games." *Journal of Economic Perspectives* 6:103–18.

Rhodes, Edward. 1989. *Power and MADness: The Logic of Nuclear Coercion.* New York: Columbia University Press.

Richards, John. 1997. *The Domestic Politics of International Institutions: The Regulatory Institutions for Trade in Aviation Services.* Ph.D. diss., University of California at San Diego.

———. 1999. "Toward a Positive Theory of International Institutions: Regulating International Aviation Markets." *International Organization* 53:1–37.

Richardson, J. David. 1990. "The Political Economy of Strategic Trade Policy." *International Organization* 44:107–35.

Riker, William H. 1980. "Implications from the Disequilibrium of Majority Rule for the Study of Institutions." *American Political Science Review* 74:432–46.

———. 1992. "The Entry of Game Theory into Political Science." In *Toward a History of Game Theory,* edited by E. Roy Weintraub. Durham: Duke University Press.

Risse-Kappen, Thomas, ed. 1995. *Bringing Transnational Relations Back In: Non-State Actors, Domestic Structures, and International Institutions.* New York: Cambridge University Press.

Robinson, Ronald. 1972. "Non-European Foundations of European Imperialism: Sketch for a Theory of Collaboration." In *Studies in the Theory of Imperialism,* edited by Roger Owen and Bob Sutcliffe. London: Longman.

Robson, Arthur J. 1995. "The Evolution of Strategic Behaviour." *Canadian Journal of Economics* 28:17–41.

Roeder, Philip G. 1993. *Red Sunset: The Failure of Soviet Politics.* Princeton, N.J.: Princeton University Press.

Rogoff, Kenneth. 1985. "The Optimal Degree of Commitment to an Intermediate Monetary Target." *Quarterly Journal of Economics* 100:1169–89.

Rogowski, Ronald. 1978. "Rationalist Theories of Politics: A Midterm Report." *World Politics* 30:296–323.

———. 1987. "Trade and the Variety of Democratic Institutions." *International Organization* 41:203–24.

———. 1989. *Commerce and Coalitions: How Trade Affects Domestic Political Alignments.* Princeton, N.J.: Princeton University Press.

———. 1997. *The Electoral System(s) of the European Union: How Economically Distortionary Are They Likely to Be?* Political Economy of European Integration (PEEI) Working Paper: WP1.58. Berkeley: PEEI.

Romanelli, Elaine. 1991. "The Evolution of New Organizational Forms." *Annual Review of Sociology* 17:93–96.

Root, Hilton L. 1989. "Tying the King's Hands: Credible Commitments and Royal Fiscal Policy During the Old Regime." *Rationality and Society* 1:240–58.

Rosecrance, Richard N. 1961. "Categories, Concepts, and Reasoning in the Study of International Relations." *Behavioral Science* 6:222–31.

Rosecrance, Richard N., and Arthur A. Stein, eds. 1993. *The Domestic Bases of Grand Strategy.* Ithaca, N.Y.: Cornell University Press.

Rosenau, James N. 1968. "National Interest." In *International Encyclopedia of the Social Sciences.* Vol. 11. New York: Macmillan.

———. 1976. "Pre-theories and Theories of Foreign Policy." In *Approaches to Comparative and International Politics,* edited by R. Barry Farrell. Evanston, Ill.: Northwestern University Press.

Rosendorff, B. Peter. 1996. "Voluntary Export Restraints, Antidumping Procedures, and Domestic Politics." *American Economic Review* 86:544–62.

Roubini, Nouriel, and Jeffrey Sachs. 1989. "Political and Economic Determinants of Budget Deficits in the Industrial Democracies." *European Economic Review* 33:903–33.

Rubinstein, Ariel. 1982. "Perfect Equilibrium in a Bargaining Model." *Econometrica* 50:97–109.

———. 1991. "Comments on the Interpretation of Game Theory." *Econometrica* 59:909–24.

Ruggie, John Gerard. 1982. "International Regimes, Transactions, and Change: Embedded Liberalism in the Postwar Economic Order." *International Organization* 36:379–415.

———. 1992. "Multilateralism: The Anatomy of an Institution." *International Organization* 46:561–98.

Russett, Bruce. 1985. "The Mysterious Case of Vanishing Hegemony: Or Is Mark Twain Really Dead?" *International Organization* 39:207–31.

———. 1993. *Grasping the Democratic Peace: Principles for a Post–Cold War World*. Princeton, N.J.: Princeton University Press.

Sagan, Scott. 1986. "1914 Revisited: Allies, Offense, and Instability." *International Security* 11, no. 2: 151–75.

Samuelson, Larry. 1993. "Recent Advances in Evolutionary Economics: Comments." *Economic Letters* 42:313.

Samuelson, Paul A. 1978. "Maximizing and Biology." *Economic Inquiry* 16:174–83.

———. 1985. "Modes of Thought in Economics and Biology." *American Economic Review* 75:166–72.

Schattschneider, E. E. 1935. *Politics, Pressures, and the Tariff; A Study of Free Private Enterprise in Pressure Politics, as Shown in the 1929–1930 Revision of the Tariff*. New York: Prentice-Hall. Reprinted, 1963. Hamdon, Conn.: Archon.

Schelling, Thomas C. 1960. *The Strategy of Conflict*. Cambridge, Mass.: Harvard University Press.

———. 1961. "Experimental Games and Bargaining Theory." In *The International System: Theoretical Essays*, edited by Klaus Knorr and Sidney Verba. Princeton, N.J.: Princeton University Press.

———. 1966. *Arms and Influence*. New Haven: Yale University Press.

———. 1984. "Self-Command in Practice, in Policy, and in a Theory of Rational Choice." *American Economic Review* 74:1–11.

Schoemaker, Paul J. H. 1982. "The Expected Utility Model: Its Variants, Purposes, Evidence, and Limitations." *Journal of Economic Literature* 20:529–63.

Schonhardt-Bailey, Cheryl. 1994. "Linking Constituency Interests to Legislative Voting Behaviour: The Role of District Economic and Electoral Composition in the Repeal of the Corn Laws." In *Computing Parliamentary History: George III to Victoria*, edited by John Phillips. Edinburgh: Edinburgh University Press.

Schotter, Andrew. 1992. "Oskar Morgenstern's Contribution to the Development of the Theory of Games." In *Toward a History of Game Theory*, edited by E. Roy Weintraub. Durham: Duke University Press.

Schroeder, Paul. 1994. "Historical Reality vs. Neorealist Theory." *International Security* 19, no. 1: 108–48.

Schultz, Kenneth A. 1999. "Do Democratic Institutions Constrain or Inform: Contrasting Two Institutional Perspectives on Democracy and War." *International Organization* 53 (2):233–66.

Schumpeter, Joseph A. 1951. "The Sociology of Imperialisms." In *Imperialism and Social Classes*, edited by Joseph A. Schumpeter. New York: Augustus Kelley.

Schweizer, Urs. 1989. "Litigation and Settlement under Two-Sided Incomplete Information." *Review of Economic Studies* 18:163–78.

Scott, James C. 1975. "Exploitation in Rural Class Relations: A Victim's Perspective." *Comparative Politics* 7:489–532.

Scott, James C. 1976. *The Moral Economy of the Peasant: Rebellion and Subsistence in Southeast Asia*. New Haven: Yale University Press.

Seligman, Ben B. 1971. "The Revolt Against Formalism." In *Main Currents in Modern Economics: Economic Thought Since 1870*. Vol. 1. Chicago: Quadrangle Books.

Selten, Reinhard. 1975. "Reexamination of the Perfectness Concept for Equilibrium Points in Extensive Form Games." *International Journal of Game Theory* 4:25–55.

———. 1978. "The Chain Store Paradox." *Theory and Decision* 9:127–59.

Sen, Amartya. 1973. "Behaviour and the Concept of Preference." *Economica* 40:241–59.

———. 1994. "The Formulation of Rational Choice." *American Economic Review* 84:385–90.

———. 1995. "Rationality and Social Choice." *American Economic Review* 85:1–24.

Shafir, E. 1993. "Intuitions about Rationality and Cognition." In *Rationality: Psychological and Philosophical Perspectives*, edited by K. I. Manktelow and D. E. Over. New York: Routledge.

Shepsle, Kenneth. 1979. "Institutional Arrangements and Equilibrium in Multidimensional Voting Models." *American Journal of Political Science* 23:27–60.

Shepsle, Kenneth, and Barry Weingast. 1982. "Structure-Induced Equilibrium and Legislative Choice." *Public Choice* 37:503–19.

Shirk, Susan L. 1993. *The Political Logic of Economic Reform in China*. Berkeley: University of California Press.

Shubik, Martin. 1992. "Game Theory at Princeton, 1949–1955: A Personal Reminiscence." In *Toward a History of Game Theory*, edited by E. Roy Weintraub. Durham: Duke University Press.

———. 1993. "Models of Strategic Behavior and Nuclear Deterrence." In *Behavior, Society, and International Conflict*, edited by Philip E. Tetlock, Jo L. Husbands, Robert Jervis, Paul C. Stern, and Charles Tilly. New York: Oxford University Press.

Sigmund, Karl. 1995. *Games of Life: Explorations in Ecology, Evolution, and Behaviour*. New York: Penguin.

Simmons, Beth. 1994. *Who Adjusts? Domestic Sources of Foreign Economic Policy during the Interwar Years*. Princeton, N.J.: Princeton University Press.

Simon, Herbert A. 1976. "From Substantive to Procedural Rationality." In *Method and Appraisal in Economics*, edited by Spiro J. Latsis. Cambridge: Cambridge University Press.

———. 1978a. "Rationality as Process and as Product of Thought." *American Economic Review* 68:1–16.

———. 1978b. "On How to Decide What to Do." *Bell Journal of Economics* 9:494–507.

———. 1990. "Invariants of Human Behavior." *Annual Review of Psychology* 41:1–19.

Singer, J. David. 1961. "The Level-of-Analysis Problem in International Relations." In *The International System: Theoretical Essays*, edited by Klaus Knorr and Sidney Verba. Princeton, N.J.: Princeton University Press.

Siverson, Randolph M., and Michael P. Sullivan. 1983. "The Distribution of Power and the Onset of War." *Journal of Conflict Resolution* 27:473–94.

Skålnes, Lars. 1998. "Grand Strategy and Foreign Economic Policy: British Grand Strategy in the 1930s." *World Politics* 50:582–616.

———. 1999. *When International Politics Matters: Grand Strategy and Economic Discrimination.* Ann Arbor: University of Michigan Press.

Smith, Alastair. 1995. "Alliance Formation and War." *International Studies Quarterly* 39:405–25.

———. 1996. "Diversionary Foreign Policy in Democratic Systems." *International Studies Quarterly* 40:133–53.

Smith, Tony. 1981. *The Pattern of Imperialism.* Cambridge: Cambridge University Press.

Smith, Vernon L. 1992. "Game Theory and Experimental Economics: Beginnings and Early Influences." In *Toward a History of Game Theory,* edited by E. Roy Weintraub. Durham: Duke University Press.

Snidal, Duncan. 1985. "The Limits of Hegemonic Stability Theory." *International Organization* 39:579–614.

———. 1986. "The Game Theory of International Politics." In *Cooperation under Anarchy,* edited by Kenneth Oye. Princeton, N.J.: Princeton University Press.

———. 1991a. "Relative Gains and the Pattern of International Cooperation." *American Political Science Review* 85:701–26.

———. 1991b. "International Cooperation among Relative Gains Maximizers." *International Studies Quarterly* 35:387–402.

Snyder, Glenn H. 1984. "The Security Dilemma in Alliance Politics." *World Politics* 36:461–95.

Snyder, Glenn H., and Paul Diesing. 1977. *Conflict among Nations: Bargaining, Decision Making, and System Structure in International Crises.* Princeton, N.J.: Princeton University Press.

Snyder, Jack L. 1978. "Rationality at the Brink: The Role of Cognitive Processes in Failures of Deterrence." *World Politics* 30:345–65.

———. 1984a. *The Ideology of the Offensive: Military Decision Making and the Disasters of 1914.* Ithaca, N.Y.: Cornell University Press.

———. 1984b. "Civil-Military Relations and the Cult of the Offensive, 1914 and 1984." *International Security* 9, no. 1: 108–46.

———. 1991. *Myths of Empire: Domestic Politics and International Ambition.* Ithaca, N.Y.: Cornell University Press.

Somit, Albert, and Steven A. Peterson. 1992. *The Dynamics of Evolution: The Punctuated Equilibrium Debate in the Natural and Social Sciences.* Ithaca, N.Y.: Cornell University Press.

Spier, Katherine. 1992. "The Dynamics of Pretrial Negotiation." *Review of Economic Studies* 59:93–108.

Spolaore, Enrico. 1997. "Macroeconomic Policy, Institutions, and Efficiency." Ph.D. diss., Department of Economics, Harvard University.

Spruyt, Hendrik. 1994. *The Sovereign State and Its Competitors.* Princeton, N.J.: Princeton University Press.

Stalnaker, Robert. 1994. "On the Evaluation of Solution Concepts." *Theory and Decision* 37:49–73.

Stam, Allan C. III. 1996. *Win, Lose, or Draw: Domestic Politics and the Crucible of War.* Ann Arbor: University of Michigan Press.

Steele, Cherie J. 1995. "Altered States: Innovation, Power, and the Evolution of the International System." Ph. D. diss., University of California at Los Angeles.

Stein, Arthur A. 1978. *The Nation at War.* Baltimore: The Johns Hopkins University Press.

———. 1980. "The Politics of Linkage." *World Politics* 33:62–81.

———. 1982. "When Misperception Matters." *World Politics* 34:505–26.

———. 1983. "Coordination and Collaboration: Regimes in an Anarchic World." In *International Regimes*, edited by Stephen D. Krasner. Ithaca, N.Y.: Cornell University Press.

———. 1984. "The Hegemon's Dilemma: Great Britain, the United States, and the International Economic Order." *International Organization* 38:355–86.

———. 1990. *Why Nations Cooperate: Circumstance and Choice in International Relations.* Ithaca, N.Y.: Cornell University Press.

———. 1992. "Constraints and Determinants: Realism, Domestic Politics, Levels of Analysis, and International Politics." Paper presented at the Conference on Domestic Politics and Multilateralism, University of California, San Diego, May 1–2.

———. 1993. "Governments, Economic Interdependence, and International Cooperation." In *Behavior, Society, and International Conflict*, edited by Philip E. Tetlock, Jo L. Husbands, Robert Jervis, Paul C. Stern, and Charles Tilly. Vol. 3. New York: Oxford University Press, for the National Research Council of the National Academy of Sciences.

———. 1995. "Ethnicity, Extraterritoriality, and International Politics." Paper presented at the Annual Meeting of the American Political Science Association, Chicago, August 31–September 3.

———. 1996. "Normative Equilibrium and International Politics." Paper presented at the Annual Meeting of the American Political Science Association, San Francisco, August 29–September 1.

Steinbruner, John. 1974. *The Cybernetic Theory of Decision: New Dimensions in Political Analysis.* Princeton, N.J.: Princeton University Press.

Stevenson, R. J. 1993. "Rationality and Reality." In *Rationality: Psychological and Philosophical Perspectives*, edited by K. I. Manktelow and D. E. Over. New York: Routledge.

Stigler, George J., and Gary S. Becker. 1977. "De Gustibus Non Est Disputandum." *American Economic Review* 67:76–90.

Stokes, Eric. 1969. "Late Nineteenth Century Colonial Expansion and the Attack on the Theory of Economic Imperialism: A Case of Mistaken Identity?" *Historical Journal* 12:285–301.

Strange, Susan. 1992. "States, Firms, and Diplomacy." *International Affairs* 68:1–15.

Sutton, John. 1990. "Explaining Everything, Explaining Nothing? Game Theoretic Models in Industrial Economics." *European Economic Review* 34:505–12.

Taagepera, Rein. 1978. "Size and Duration of Empires: Systematics of Size." *Social Science Research* 7:108–27.

Taagepera, Rein, and Matthew Soberg Shugart. 1989. *Seats and Votes: The Effects and Determinants of Electoral Systems*. New Haven: Yale University Press.

Thomas, L. C. 1984. *Games, Theory, and Applications*. Chichester: Ellis Horwood.

Tilly, Charles. 1975. "Reflections on the History of European State-Making." In *The Formation of National States in Western Europe*, edited by Charles Tilly. Princeton, N.J.: Princeton University Press.

———. 1990. *Coercion, Capital, and European States, 990–1990 A.D.* Cambridge: Basil Blackwell.

Tirole, Jean. 1988. *The Theory of Industrial Organization*. Cambridge, Mass.: MIT Press.

Tollison, Robert D., and Thomas D. Willett. 1979. "An Economic Theory of Mutually Advantageous Issue Linkages in International Negotiations." *International Organization* 33:425–49.

Truman, David B. 1951. *The Governmental Process*. New York: Knopf.

Tsebelis, George. 1995. "Decision Making in Political Systems: Veto Players in Presidentialism, Parliamentarism, Multicameralism, and Multipartyism." *British Journal of Political Science* 25:289–325.

Tsebelis, George, and Jeannette Money. 1995. "Bicameral Negotiations: The *Navette* System in France." *British Journal of Political Science* 25:101–29.

Tufte, Edward R. 1973. "The Relationship between Seats and Votes in Two-Party Systems." *American Political Science Review* 67:540–54.

Tversky, Amos. 1972. "Elimination by Aspects: A Theory of Choice." *Psychological Review* 79:281–99.

Tversky, Amos, and Daniel Kahneman. 1974. "Judgment under Uncertainty: Heuristics and Biases in Judgments Reveal Some Heuristics of Thinking under Uncertainty." *Science* 185:1124–31.

———. 1981. "The Framing of Decisions and the Psychology of Choice." *Science* 211:453–58.

———. 1987. "Rational Choice and the Framing of Decisions." In *Rational Choice: The Contrasts between Economics and Psychology*, edited by Robin M. Hogarth and Melvin W. Reder. Chicago: University of Chicago Press.

Van Damme, Eric. 1994. "Evolutionary Game Theory." *European Economic Review* 38:847–58.

Van Evera, Stephen. 1984. "The Cult of the Offensive and the Origins of the First World War." *International Security* 9, no. 1: 58–107.

———. 1986. "Why Cooperation Failed in 1914." In *Cooperation under Anarchy*, edited by Kenneth Oye. Princeton, N.J.: Princeton University Press.

Vaubel, Roland, and Thomas D. Willett. 1991. *The Political Economy of International Organizations*. Boulder, Colo.: Westview.

Verdier, Daniel. 1994. *Democracy and International Trade: Britain, France, and the United States, 1860–1990*. Princeton, N.J.: Princeton University Press.

Wade, Robert. 1990. *Governing the Market: Economic Theory and the Role of Government in East Asian Industrialization*. Princeton, N.J.: Princeton University Press.

Wagner, R. Harrison. 1983. "The Theory of Games and the Problem of International Cooperation." *American Political Science Review* 77:330–46.

Walsh, Vivian. 1994. "Rationality as Self-Interest versus Rationality as Present Aims." *American Economic Review* 84:401–5.

Walt, Stephen M. 1987. *The Origins of Alliances*. Ithaca, N.Y.: Cornell University Press.

———. 1991. "Alliance Formation in Southwest Asia: Balancing and Bandwagoning in Cold War Competition." In *Dominoes and Bandwagons: Strategic Beliefs and Great Power Competition in the Eurasian Rimland*, edited by Robert Jervis and Jack Snyder. New York: Oxford University Press.

Walter, Barbara. 1994. "The Resolution of Civil Wars: Why Negotiations Fail." Ph.D. diss., University of Chicago.

———. 1997. "The Critical Barrier to Civil War Settlement." *International Organization*, 51:335–64.

———. 1998. "Rebuilding States under Anarchy." In *Civil Wars and the Security Dilemma*, edited by Barbara Walter and Jack Snyder. New York: Columbia University Press.

Waltz, Kenneth N. 1959. *Man, the State and War: A Theoretical Analysis*. New York: Columbia University Press.

———. 1979. *Theory of International Politics*. Reading, Mass.: Addison-Wesley.

———. 1990. "Realist Thought and Neorealist Theory." *Journal of International Affairs* 44:21–37.

Watt, Donald Cameron. 1989. *How War Came: The Immediate Origins of the Second World War, 1938–1939*. New York: Pantheon.

Weber, Eugen. 1976. *Peasants into Frenchmen: The Modernization of Rural France, 1870–1914*. Stanford: Stanford University Press.

Weber, Katja. 1997. "Hierarchy Amidst Anarchy: A Transaction Costs Approach to International Security Cooperation." *International Studies Quarterly* 41:321–40.

Weingast, Barry R. 1995. "The Economic Role of Political Institutions: Market-Preserving Federalism and Economic Development." *Journal of Law, Economics, and Organization* 11:1–31.

———. 1997. "The Political Foundations of Democracy and the Rule of Law." *American Political Science Review* 91:245–63.

Weingast, Barry R., and William J. Marshall. 1988. "The Industrial Organization of Congress; Or, Why Legislatures, Like Firms, Are Not Organized as Markets." *Journal of Political Economy* 96:132–63.

Wendt, Alexander. 1992. "Anarchy Is What States Make of It: The Social Construction of Power Politics." *International Organization* 46:391–425.

———. 1994. "Collective Identity Formation and the International State." *American Political Science Review* 88:384–97.

Wendt, Alexander, and Daniel Friedhcim. 1995. "Hierarchy under Anarchy: Informal Empire and the East German State." *International Organization* 49:689–721.

White, Lynn Jr. 1962. *Medieval Technology and Social Change*. London: Oxford University Press.

Wight, Martin. 1978. *Power Politics*. New York: Penguin.

Williams, Philip M. 1966. *Crisis and Compromise: Politics in the French Fourth Republic.* Garden City, N.Y.: Anchor.

Williams, Philip M., and Martin Harrison. 1973. *Politics and Society in de Gaulle's Republic.* Garden City, N.Y.: Anchor.

Williamson, Oliver E. 1985. *The Economic Institutions of Capitalism: Firms, Markets, Relational Contracting.* New York: Free Press.

———. 1994. "Transaction Cost Economics and Organization Theory." In *The Handbook of Economic Sociology*, edited by Neil J. Smelser and Richard Swedberg. Princeton, N.J.: Princeton University Press.

Wilson, James Q. 1973. *Political Organizations.* New York: Basic Books.

Witt, Ulrich. 1989. "The Evolution of Economic Institutions as a Propagation Process." *Public Choice* 62:155–72.

Wittman, Donald. 1979. "How a War Ends." *Journal of Conflict Resolution* 23:743–63.

Wong, Carolyn. 1997. *The Politics of Immigration: An Analysis of Policy Reform in Congress, 1965–1996.* Ph.D. diss., University of California at Los Angeles.

Yarbrough, Beth, and Robert Yarbrough. 1992. *Cooperation and Governance in International Trade: The Strategic Organizational Approach.* Princeton, N.J.: Princeton University Press.

Young, David. 1992. *The Discovery of Evolution.* Cambridge: Cambridge University Press.

Young, H. Peyton. 1991. "The Evolution of Conventions." *Econometrica* 61:76–77.

Young, H. Peyton, and Dean Foster. 1991. "Cooperation in the Short and in the Long Run." *Games and Economic Behavior* 3:145–56.

Young, Ruth C. 1988. "Is Population Ecology a Useful Paradigm for the Study of Organizations?" *American Journal of Sociology* 94:1–24.

Zaller, John. 1992. *The Nature and Origins of Mass Opinion.* New York: Cambridge University Press.

Zartman, I. William, and Maureen R. Berman. 1982. *The Practical Negotiator.* New Haven: Yale University Press.

译后记

在求学阶段，没有任何词像"战略互动"那样深刻影响了我对整个社会科学的理解。本书便是国际关系领域讨论战略互动问题的经典著作，至今仍是国内外国际关系理论等课程中的重要参考。书里各章作者，彼时作为学界中坚力量，现在多数已经或接近退休。从催生本书的研讨会至今的三十余年里，时间已证明他们对国际关系等学科不可磨灭的贡献以及他们作品的生命力。

诚然，作为1999年初版的著作，这算得上是一本"老书"。有些读者，某种意义上也包括我在内，或许会觉得在历经年岁后，书中的观点已大多成为"老生常谈"。不过，如果从学术史和理论发展的角度看，这些"老书"总能给人以惊喜。至少回过头来，它们能十分方便地让我们注意到那些我们可能不曾注意的思想源流和理论应用，并从中找到与当前研究的"意外"契合之处，或是发现新的不(再)被当下学界所重视的"宝藏"洞见。

战略选择路径是将国际关系中战略互动进行理论化的重要方法，其一方面强调了打破传统区分以及跨层次分析的必要性，另一方面则展示了研究不同行为体的战略动机和战略约束对理论创新的重要价值。当讨论政治与经济的国际—国内跨层次互动时，这些见解对我的启示颇多。

其一，战略选择路径是国际政治经济学中"开放经济的政治学"的先声。开放经济的政治学这一说法源于罗伯特·贝茨1997年的著作。在为《牛津政治经济学手册》(2006)撰写相关章节时，本书主编之一戴维·莱克用其为第二代国际政治经济学标志性且主导性的研究路径命名。事实上,在本书中莱克就已指出,战略选择路径假定次国家行为体之间存在互动,这种互动有效地将这些行为体聚合为国家,这些国家继而又彼此进行互动,并且他还尤为关注制度对行为体所起的约束和塑造作用。杰弗里·弗里登在论述"套盒"的思想比喻时明确提出,这一方法包括三个步骤,首先是在理论基础上推导出国内层次的偏好;然后考虑将这些利益聚合为"国家"偏好;最后考察国家偏好和国际战略环境的互动以解释结果。这与开放经济的政治学分析框架中的先后步骤极度契合。身为国际政治经济学的研究者,我在翻译过程中遇到的"彩蛋"还有很多。

其二,战略选择路径更加笃定了我对"选择"的关注。针对行为体所作选择的差异性发问,有助于识别并解释同一经验议题的内部差异。在这方面,我也有意识地做了一些尝试。一是讨论了国家间缔约成本和议价能力如何影响了中国双边投资协定争端解决机制的"形式选择"。二是讨论了对外释放信号和国际制度竞争两大外交考虑如何影响了中国自由贸易协定的"伙伴选择"。三是基于交易成本的综合分析框架讨论了不同所有制企业在面对不同的东道国政治制度时的"区位选择"。四是从产业组织理论出发讨论了国际竞争如何影响了一国对外基础设施投资的"策略选择"以及一国参与区域经济一体化的"路径选择"。将特定行为体的选择作为研究对象,为发展国际关系中层理论提供了丰富的可能性。

其三,战略选择路径提示我在国际格局调整时期愈加重视环境因素。当前,世界进入动荡变革期,国际战略格局、全球产业格局、全球治理体系、综合国力竞争发生深刻复杂变化,这对过于执着于寻找"微观基础"的那类国际关系学者造成了越来越大的挑战。宏大进程的不可还原和不可解构性要求我们将各种环境结构找回来,研究行为体所处战略环境中的行动选项和信息结构对其行动和福利的影响。在这方面,书中对战争和政治冲突、互竞制度、外部选项、选择效应、演化压力等议题的探讨有望为当前时代的理论创新提供历久弥新的重要参照。

与此同时,战略选择路径还是对陷入数据驱动型研究的一种友善提醒。即使统计结果可能是有说服力的,但作为学者还是应该更多地去"回答理论问题",而不应止步或满足于通过统计结果来"提出理论问题"。

译著筹备、翻译和出版过程中得到的许多支持让我心怀感激。感谢莱克教授,他对这部编著的中译本十分上心并专门撰写了序言。我2018年至2019年在加州大学圣地亚哥分校访学期间,他曾担任我的指导老师,与莱克教授的定期讨论不仅加深了我对战略选择路径的理解,而且使我有机会用更多样的视角看待自己所从事的研究。甚为遗憾的是,本书另一主编罗伯特·鲍威尔教授于2021年底离世,以致无法在译稿完成时得到他的指点。莱克等人为鲍威尔撰写的纪念文章中特别提到,"尽管鲍威尔的很多研究都是单独完成的,但他也是一个极好的合作者,这点从他共同主编的一本关于战略选择的书中就可以看出来"。鲍威尔在为本书提供思想推动力的同时,还悉心帮助了书中其他作者,使本书成为一部异常连贯且有条理的编著。

感谢田野教授,早在我本科入学那年,肯尼思·奥耶编著的《无政府状态下的合作》这部先驱作品就已由他和辛平老师译介出版,成为激发我从事国际关系理论研究的启蒙作之一。本书翻译之初正值我博士论文写作的关键时期,且当时我刚完成前一部译著的出版,但田野老师依旧鼓励并支持了我的选择。在我毕业之后,他也一直关注着译稿的进展。我还要感谢陈拯教授对本译著的关心,以及王梓元老师就"战略"一词的渊源和用法向我提出的有益意见。

感谢刘舒天、李宏洲、张倩雨、宋亦明、王志琛等五位同侪分别对初译稿第二至第六章的仔细校读,在此基础上举办的研讨会对进一步理解战略选择路径并运用其开展国际关系理论研究富有启发。与黄宇韬、李冲关于战略问题要素和类型的讨论亦使我受益良多,曾晨宇为书中关于罗马历史表述的相关问题提供了解答,任琳主任和熊爱宗主任促使我不断将译著中的理论与现实世界相结合,在此一并致谢。感谢本书责任编辑王冲女士,她严谨细致的审校使全书更加流畅准确,为译稿顺利出版提供了有力保障。尤其感激潘丹榕老师,她的信任与支持让本译著得以启动并收录进久负盛名的"东方编译所译丛"。要特别感谢妻子和女儿,她们无疑对书中文字有着不同的理解,但都有能力将我从事的翻译工作视为或变为一项乐事,这对我是最大的鼓舞。

翻译家严复所言"译事三难"中,"求其信已大难矣"。我在翻译过程中亦将"信"(即忠实原文)放在首位,这可能会不得不在一定程度上牺牲翻译中部分的"达"和"雅"。不过,相比起因为强求表达浅显流畅或一味适应本土语习而对原文进行调整、裁剪甚至扭曲,这种牺牲或许仍是值得的。虽怀抱敬畏与诚意,然囿于译者水平,谬讹之处敬希读者批评指正。

陈兆源

2024 年 7 月于京西万泉河

图书在版编目(CIP)数据

战略选择与国际关系/(美)戴维·莱克
(David A. Lake),(美)罗伯特·鲍威尔
(Robert Powell)编;陈兆源译.—上海:上海人民
出版社,2024
(东方编译所译丛)
书名原文:Strategic Choice and International
Relations
ISBN 978 - 7 - 208 - 18815 - 0

Ⅰ.①战… Ⅱ.①戴… ②罗… ③陈… Ⅲ.①国际关
系-研究 Ⅳ.①D81

中国国家版本馆 CIP 数据核字(2024)第 079195 号

责任编辑 王 冲
封面设计 王小阳

东方编译所译丛

战略选择与国际关系
[美]戴维·莱克 罗伯特·鲍威尔 编
陈兆源 译

出 版 上海人民出版社
　　　　　(201101 上海市闵行区号景路 159 弄 C 座)
发 行 上海人民出版社发行中心
印 刷 上海商务联西印刷有限公司
开 本 635×965 1/16
印 张 19.75
插 页 2
字 数 284,000
版 次 2024 年 10 月第 1 版
印 次 2024 年 10 月第 1 次印刷
ISBN 978 - 7 - 208 - 18815 - 0/D·4288
定 价 88.00 元

Strategic Choice and International Relations
Edited By David A. Lake and Robert Powell
Originally published by Princeton University Press
Copyright © 1999 by Princeton University Press
Chinese(Simplified Characters only) Trade Paperback
Copyright © 2024 by Shanghai People's Publishing House
This edition is a translation authorized by the original publisher

东方编译所译丛·世界政治与国际关系